国際学力調査からみる日本の教育システム

教育による〈効果〉と〈格差〉の計量分析

森いづみ◉著

明石書店

はじめに

　本書の刊行目的は、国際学力調査などの社会調査の計量的な分析を通じて、日本の教育の「強み」と「弱み」の両方を一般読者に伝えることにある。具体的には日本の学齢期の生徒の学力や学習意欲、進学期待等について、国際比較や経年変化の観点から検討を行い、現在の日本の教育の特徴を解明することが目的である。

　日本の教育システムは、国際的に見ると学業や人間形成の面で多くの強みが指摘される一方、国内の議論には教育格差の指摘など批判的な見方もあり、評価が定まっていない状態にある。社会の見方だけでなく個々人にとっても、子どもに受けさせる教育や学校環境が子の学びや成長にどう影響するかは社会的にも関心を集めるテーマであり、本書はそうした点への示唆を与える分析結果を世に示すことを企図している。

　教育とは、社会の根幹をなす「人」を育てる重要な営みであるにもかかわらず、現在の日本の教育において、教員のなり手は不足し、教員を支援するための政策や条件整備も不十分な状況にある。こうした中、教育の学術研究の役割とは、安易な事実認識にもとづいて個々の教員に責めを負わせることではなく、現状で学校や教員に「できていること・すべきこと」と「できていないこと・しなくてよいこと」を区別し、学校や教員をとりまく環境にも目を向けながら、真に必要な教育政策を議論するための根拠や枠組みを提示していくことにある。

　本書で扱う教育の効果や格差に関する研究は、この10数年の間にも多く研究が蓄積されてきた。本書ではこうした分野の関連研究の成果をふまえた上で、著者がこの間に行ってきた実証研究の成果をまとめて発信する。近年は教育委員会の間でも教育データの利活用が徐々に広まっており、本書では計量的な学術研究の知見を政策担当者や実践者に向けて分かりやすく提示するための基盤を提供することも意図している。

　本書の根底にあるのは、教育の効果や格差に関する分析を通じて、人々のものの見方や議論のしかたの断絶を乗り越えるというテーマでもある。一般に教

3

育をめぐる議論において、立場の異なる人の間（例えば専門家同士、専門家と実践者、政策担当者との間など）で話がかみ合わないということが頻繁に起こりうる。本書は各自が無意識に持っている認識枠組みの違いに自覚的になることで、そのような断絶をスムーズにすることも念頭に書かれている。

国際学力調査からみる日本の教育システム
——教育による〈効果〉と〈格差〉の計量分析——

目　次

はじめに　3

序　章　理論枠組みと分析のアプローチ　9

1. 本書の視角と枠組み　9
2. 先行研究に対する本書の意義　16
3. 本書の概要と構成　18

第1章　ゆとり教育、学力水準と階層間格差
───経年変化───　23

1. 「ゆとり」教育改革　23
2. 「学力低下」論争　26
3. 海外からみた日本の教育改革　28
4. 国際学力調査データを用いた検証　32
5. 教育の語られ方の再検討　46
6. まとめ　47

第2章　宿題と通塾にみる学習時間の構造
───パネル調査による変化───　49

1. はじめに　49
2. 先行研究　49
3. データと方法　50
4. 分析結果　52
5. 結論と考察　60

第3章　中学段階における家庭背景と学力の関係の国際比較　63

1. 問題関心　63
2. 先行研究の検討　64
3. 学校間の学力格差と日本の位置づけ　65
4. 学校SESの影響についての分析結果　68
5. 結論と考察　74

第4章　国・私立中学への進学が進学期待と自己効力感に及ぼす影響　77

1. はじめに　77
2. 私立学校の効果に関する研究　78
3. 進学期待と学業上の自己効力感に関する先行研究　79
4. データと方法　82
5. 分析結果　86
6. 結論と考察　91

第5章　中学受験による進学の効果（1）
──パネル調査による小6～中1の変化の検討──　95

1. 問題の所在　95
2. 分析方法　96
3. 分析結果　99
4. 結論と考察　105

第6章　中学受験による進学の効果（2）
──パネル調査による小6～中3の変化の検討──　109

1. 問題設定　109
2. データと方法　113
3. 成長曲線モデルを用いた変化の軌跡のパターン　119
4. 効果の異質性とメカニズムの解明　122
5. 結論と今後の展望　133

第7章　高校段階における家庭背景と学力の関係の国際比較
──PISA調査──　137

1. 問題関心　137
2. 理論的背景　138
3. PISAデータにみるSES概念と分析手法　141
4. PISAデータにみるSESと学力の関係に関する分析　143
5. 結論と考察　152

第8章 学力と学習意欲の長期的な経年変化（1）

──第1回国際数学教育調査（FIMS）の基礎分析── 155

1. 問題の所在 155
2. 先行研究と分析枠組み 156
3. データと方法 162
4. 分析結果 169
5. 結論 176

第9章 学力と学習意欲の長期的な経年変化（2）

──第2回国際数学教育調査（SIMS）の基礎分析── 179

1. 問題の所在 179
2. 先行研究と分析枠組み 182
3. データと変数 184
4. 分析結果 191
5. 結論 198

終 章 結論と示唆 201

1. 各章の知見のまとめ 201
2. 日本の教育システムと学力・学習意欲の格差 205
3. 効果研究の課題 208
4. 示唆と提言 214
5. 限界と展望 218

参考文献 221
初出一覧 245
あとがき 246
索引 251

序　章

理論枠組みと分析のアプローチ

1．本書の視角と枠組み

　本書の目的は、日本の教育システムの特徴、とくに生徒の社会経済的背景が学力や意欲におよぼす影響について、国際的な視点から、計量的な解明を行うことである。本書では、具体的に以下の点を考慮しながら、計量データを用いて日本の教育システムについて読み解いていく。

　　・データと人々の認識の乖離：称賛と批判、「危機」言説
　　・格差と効果の研究視角のすれ違い：データと方法論の重要性
　　・経年変化の視点の必要性
　　・国際学力調査における指標の使われ方と分析結果の解釈
　　・格差や効果の意味に関する議論と政策との接合

以下にそれぞれの点の詳細を示す。

1.1. データと人々の認識の乖離：称賛と批判、「危機」言説

　日本の教育に対する国内外の見方は、一般に称賛と批判に分かれやすく、国内ではとくに「危機」に注目する語りが多くなりがちである。たとえば1980年代当時、日本の教育について語られる際、海外から称賛された光の部分と、日本国内から見て問題であると思われていた影の部分が同居していた。1984年から87年にかけて行われた臨時教育審議会では、日本の教育のあり方が長期的かつ幅広い視点から議論された。その際に校内暴力や非行、落ちこぼれや学力の低下が問題点として挙げられ、学校の序列化や教育の画一化といった点が

9

教育システムの弊害として語られた。このように国内からはさまざまな疑問が投げかけられていた一方、80年代の日本の教育とは、海外の目から見れば非常にうまくいっているケースとして取り上げられていた。たとえば1987年に米国教育省から出版された *Japanese Education Today: Report from the U.S. Study of Education in Japan* と題する報告書では、日本の教育のしくみや実践が米国への「教訓」として紹介された。

　2000年代初頭の「ゆとり教育」への批判も、こうした国内からの批判の一種として見ることができる。詳細は第1章で述べるが、Tsuneyoshi（2004）はゆとり教育や学力低下に関する議論の経緯を整理した上で、国内の「危機」言説を海外の視点から相対化する作業を行っている。同様にGoodman（2003）も、日本の教育は海外から見ると過度に「問題」や「危機」が強調されやすいことを述べている。こうした言説の乖離の一因として考えられるのは、教育の現状に対する妥当な「診断」が行われず、それに見合った「処方箋」が提示されないこと（苅谷 2002）、すなわち実際のデータとのすり合わせが少ないままに政策が進むという点にあった。また、日米が双方の教育を語る際など、比較にもとづいてある国の教育の特徴が語られる際の言説は二項対立に陥りやすいこともこれまでに指摘されてきた（Takayama 2008）。よって本書では、日本の教育を語る際にこうした認識や言説の乖離が生じやすいことを、本書全体を通じた分析の視点として扱う。

1.2. 格差と効果の研究視角のすれ違い：データと方法論の重要性

　教育社会学の分野では、教育の「格差」に着目する研究と、教育の「効果」に着目する研究の間ですれ違いや没交渉が生じてきた。たとえば日本の学力研究では、階層的視点にもとづいて家庭背景が学力格差に及ぼす影響を検討する研究と、学校効果の視点にもとづいて望ましい成果を挙げている学校のさまざまな特徴を探る研究とが併存してきた。第3章で詳述するが、学力に関するこれまでの計量的な分析は「格差」と「効果」のいずれかの見方に立つものが多く、両者を架橋する視点に欠けていたと言える。

　近年は日本国内で教育の格差に関する課題が広く認識されてきた一方、教育が実質的に成し遂げている「効果」に関する研究はまだ蓄積が浅い。もちろん、

序　章　理論枠組みと分析のアプローチ

　日本国内における特定の地域内の「効果のある学校」に関する研究蓄積は多い（川口 2006、志水編 2009、垂見 2014b）。また、特定の教育実践が学力に与える「効果」に関する研究も近年までに増加している（たとえば須藤 2007、耳塚・中西編 2021）。しかし、同じく効果に関する視点として、日本全体において、比較の視点から教育システムの特徴に関する計量的なエビデンスを提示する研究は、これまでにあまりなかったと言ってよい。

　また、教育の「格差」と「効果」の視点の見分けの難しさは、以下のような研究の実例にも見られる。2002 年に刊行された『学力低下の実態』と題するブックレットでは、関西のある地域の学力調査の分析結果にもとづいて、通塾していない生徒の学力が二回の調査（1989 年と 2001 年）の間に低下した可能性を示した（苅谷ほか 2002）。

　こうした結果にもとづき、著者らは「塾に頼ることができず、学校中心に学習をしている子どもだけを見た場合、89 年に比べ 01 年での基礎学力の落ち込みが大きくなっている」とし、「塾に行っていない半分の生徒たちは、数学の学習事項を習得する上で以前よりきびしい状況に置かれるようになった」こと、また「塾に行く者と行かない者・行けない者との格差が拡大する傾向にある」ことを指摘した（p.19）。これらの指摘は、いずれも調査結果から読み取れる事実を正しく解釈したものである。ただし、著者らは同時に、以下のような解釈も行っている。

　　もう一つ注目に値するのは（中略）「今の塾に通う子」は「かつての塾に通わなかった子」よりも、平均点で 6 点ほど低い。89 年の小学校の教室では、今よりずっとみっちりと算数の基本的事項を指導していたのだろう。あるいは、塾の多様化戦略のもとでいわゆる進学塾だけでなく補習塾に通う小学生が増えたことを、この数値は反映しているのかもしれない（p.19）。

　著者らも指摘するように、こうした調査結果の背後には、この間に、必ずしも塾に行かない生徒の学力が下がったのではなく、学力の低い生徒ほど塾に行くようになったという関係性の変化が含まれる可能性がある。こうした異なる解釈の可能性をふまえたとき、「基礎学力を下支えする主役であるはずの公立

11

学校の役割が弱まっている」という著者らの主張には、未だ検証されていない一つの前提があることに気づく[1]。それは、「通塾をすれば学力が上がる」という前提である。2002 年に本ブックレットが出版された時点では、この因果関係に関する命題は調査データによっては直接検証されていなかった。そうした検証を実際に行う際に必要となるのが、日本の教育研究ではまだ存在の比較的薄い、調査観察データを用いた「教育の因果効果」に関する研究である。

　米国の教育学会（American Educational Research Association: AERA）は、2007 年に *Estimating Causal Effects*（教育の因果効果を推計する）と題するブックレットを刊行している（Schneider et al. 2007）。これは、教育指導者や政策立案者の間で、「どのようなプログラムや実践が効果的であるか、あるいは効果的でないかを決定するための、より良いエビデンスが必要である」という認識にもとづき、「特定のプログラムや実践が、生徒の学業達成度、社会的発達、教育達成度を向上させるかどうかといった因果関係の問題」を分析する際に必要な研究デザインや方法、分析アプローチについて解説した本である。本書は必ずしもこうしたアプローチや統計手法に詳しくない研究者や教育者、政策担当者に向けても因果推論の論理を分かりやすく説明するために書かれている。この背後には米国に特有のエビデンスを強調する近年の政策の流れ（NCLB 法など）と、そうした手法を用いないと研究助成金が得にくいという事情があった。そうした事情を考慮した上でも、米国の教育学会（AERA）が主導でこのような啓発を行っている点は示唆的である[2]。従来の研究デザインや手法では、因果関係についての解明が十分になされないことへの疑問が、このような書籍の刊行の背景にあったと言える。

　こうした視点は近年の日本では主に経済学の視点から、相関と因果の違いを見分け、原因と結果の関係をデータで説明する手法として一般向けの発信がされている（中室・津川 2017）が、日本の教育社会学ではまだそうした視点へのなじみが薄い。Schneider ら（2007）では、「ランダム化比較実験は教育プログラムや実践の有効性について因果関係を推論するための最良のデザイン」であるという認識を持ちつつ、現実の教育の現場では「無作為割付けが常に保証され、実行可能で、倫理的であるとは限らない」ことも強調している。このような場合には、ランダム化実験に近似した形で使用できる疑似実験的な手法や統計モ

12

デルの使用を推奨している。本書内では第4章で、疑似実験的な手法の一つである傾向スコアを用いた分析を行う。また第2章、第5章、および第6章では、上述のような疑似実験的な因果推論の手法は直接適用しないものの、パネル調査データを用いて二時点以上の間の「差分」や「変化」の情報を活用することで、教育の効果を明らかにすることを試みている。

1.3. 経年変化の視点の必要性

1990年代後半以降、日本社会では「格差」への社会的な注目が高まり、教育の分野でも学力や進学の格差が意識されやすい状況になった。こうした中、階層と教育をめぐる社会学的な研究は、そうした格差の動向や要因について、必ずしも統一された視点を提供してきたわけではない。長期的・俯瞰的な視点にたつ研究によれば、戦後の日本社会における階層と教育の関係はおおむね不変である（つまり一定の格差が維持されている）（荒牧 2000、原・盛山 1999、苅谷 1995、尾嶋 1990）か、あるいは財所有の効果に限って言えば、若干縮小した（近藤・古田 2009）という知見がある。他方で、90年代や 2000年代以降の比較的新しい時代に焦点を当てた局所的な経年変化に関する研究によれば、近年の日本社会では家庭背景による教育の格差が拡大しているという見方もある（苅谷 2001、苅谷ほか 2002、尾嶋 2002 など）。これらの知見を総合すると、長期的・大局的に見て、階層と教育に関する指標との関係は、それほど変わっていないようだが、局所的に見ると、拡大や縮小が観察されうるということである。

本書でも学力や学習意欲の水準や階層間格差の経年変化を分析する際、上記のような研究蓄積を念頭に置いた上で、経年変化の視点を取り入れた分析を行う。具体的には第1章で 1999 年から 2019 までの中期的な経年変化を扱うとともに、第8章と第9章ではそれぞれ 1964 年と 1982 年という過去の国際学力調査の日本のデータを分析し、終章でそれらの結果を 2010 年代までの結果とつなげて長期的な経年変化として総括する。このように対象とする時代区分にさまざまな区切りを設けることで、教育の格差を複数の局面から検討することを意図している。

1.4. 国際学力調査における指標の使われ方と分析結果の解釈

米国の教育研究者で日本の教育に詳しいジェラルド・ルタンドルは、国際教育到達評価委員会（IEA）による国際学力調査[3]が適切な計画と意図にもとづいて実施されてきたにもかかわらず、調査データの利用に問題があることを指摘した（LeTendre 1999a）。たとえばこうした調査の結果がメディアで報道されることで、単にテストの点数による競争が促進されやすいことや、その結果が政治に利用されやすいこと等を挙げた。そしてこうした議論の際、学力調査の結果が示す計量的な指標とは別に存在する、日本の教育に関する質的研究やエスノグラフィーにもとづいた知見への言及がまったくないことに疑念を呈した[4]。その上で、米国の国内の議論では「日本の学校の複雑さを記述した質の高いデータを無視することによって、研究者は自分たちの政治的あるいは学術的な意図を支持するために、統計を利用しているように見える」（LeTendre 1999a: 22）と述べた。ルタンドルによれば、日本の学校は「国際的なテストに関する文献に描かれているよりも良くも悪くもない」し、日本の教育の可能性と問題の両方を認識することが重要であるとし、「日本は"教育天国"か"受験地獄"のどちらかになる」という従来の見方に異議を唱えた[5]。

国際学力調査をめぐっては、OECD による生徒の学習到達度調査（Programme for International Student Assessment: PISA）の実施に対しても批判的な見方が存在する。PISA は各国の教育政策に多大なる影響を与えてきたことがいわれている（松下 2014）。そうした中、多くの国の研究者が OECD のグローバルな影響やその功罪についての研究を発表し、PISA は新たな教育政策のアクターとして世界的に認知されている（高山 2018）。高山敬太（2018: 333）は英語圏のPISA 研究の特徴の一つとして、PISA をグローバルな教育統治の一環として分析する傾向を挙げる。とくにイギリス、アメリカ、オーストラリア等の教育政策において、「学力調査のデータが教員・学校評価、学校選択、さらには授業・学校改善計画に組み込まれることで、データを中心に据えた教育統治体制が確立した」こと、すなわち「数値による統治」（governance by numbers）を挙げている。

以上のように、国際学力調査の実施やその結果の解釈に対しては幾多の議論が積み重ねられてきた。本書はこのような指摘をふまえた上で、自ら国際学力

序　章　理論枠組みと分析のアプローチ

調査等の計量データを自ら分析する立場に立ち、分析結果から得られた示唆を、日本の教育をめぐる建設的な対話を導くための糧として用いる。TIMSS やPISA などの一連の国際学力調査は、各国で調査対象とされた生徒の母集団の代表性が担保され、多国間の国際比較、かつ経年変化の分析が可能なように設計された貴重な調査である。国を越えて繰り返し実施されるこうした調査は、個人の研究者や国内の一つの研究者チームだけでは実施が難しい、得難い資料でもある。少なくとも、調査が実施された理念自体に異論があるからといって、この豊富な資源を見捨ててよいということにはならない。

　国際学力調査の実施は、関係各所の多大な努力の上に成り立っている。日本でも実査を担う国立教育政策研究所をはじめ、学力調査を受け質問紙に回答した生徒や、実施ための時間や場所を提供する学校現場の協力があって実現されている調査である。その意味で、こうした社会調査は社会の共有財産であり、その成果を十分に分析して知見を社会に発信することは研究者の責務でもある。もちろん先述のような PISA 調査に対する批判的視点や教育政策における「エビデンス」批判の言説は念頭に置きつつ、実証的な研究が示すことを地道にかつ注意深く示していくことが、本書のスタンスの根底にある。

1.5. 格差や効果の意味に関する議論と政策との接合

　教育の効果や格差についての計量分析の知見を教育政策や教育実践とつなげて論じる際には、実証研究のプロセス以上に、科学的な合理性を越えた意味の解釈や規範的な判断が必要になってくることもある。たとえば、子どもの学力格差の一因である子どもの貧困は最優先の対策事項であることに多くの人は異存がないだろう。一方で、その間にある様々な「格差」をどう政策や実践につなげるかについては、いくつかの橋渡しとなる考察が必要となる。たとえば「格差」と「不平等」の違い（白波瀬編 2006）や教育機会の平等の意味（卯月 2004a）といった観点からの検討の必要性が挙げられる。また近年は、研究者が実践と関わりながら研究を進めるアクション・リサーチの方法も進化している（酒井2014、徳永ほか編 2023）。こうした意味で、本書では教育の実態に関する計量分析の知見が単独で直ちに何らかの示唆や判断に結びつくのではなく、計量分析以外のさまざまな関連研究の知見も参照しながら、こうした接合について検討

15

する必要があるという立場をとる。つまり、個々の計量分析の結果から性急に政策や実践に関わる示唆を導くことには、慎重であるべきだと考えている。

たとえば、教育格差に関する問題が実証的な知見として浮かび上がったとして、その責めを負い、改善を任されるべきはどこなのか。現実には子どもの貧困対策や、教員個人の格差への認識の改善といった方向で議論が進みがちであるが、実証研究の知見と政策的・実践的示唆との間には、計量分析だけではとらえきれない視点を含めた丁寧な議論が必要であることを、研究者や政策担当者は意識しておく必要がある。

あるいは計量分析の結果、私立学校に行くことに何らかの「効果」が見つかったり、逆に見つからなかったとして、その研究が当該教育の当事者にとってもつ意味とは何だろうか。そうした個別の現実に対して計量分析の研究の知見がもつ意味を考える時、研究者は自らが対象とするアウトカム（効果検証の対象や効果をどのような側面からとらえるか）が自らの学問的な研究領域の関心に強く規定されていることに気づくだろう。そして同時に、必ずしも計量研究の視角からだけでは明らかにならない、研究対象とする事象に対する人々の「意味」や「解釈」の重要性を意識することになる[6]。

2. 先行研究に対する本書の意義

日本の教育について量的なデータを用いた議論がなされる際、生徒の家庭背景が学力や進学に及ぼす影響といった特定の学問的関心に沿ったエビデンスが提示されることが多い（苅谷 2001、松岡 2019）。しかしそのような研究の多くは、日本の教育について論じる際、「家庭背景が教育機会の格差を生み出している部分」と「学校が下支えをしている部分」を統計的に区別して示すことを十分に行ってこなかった。学校がその機能を十分に果たしても縮小できない格差ばかりに焦点を当てるのでなく、学校が現にできていることについても統計的な解明と発信を行うことが重要である。また教育格差の議論においては、単に差があるという事実の指摘に終始するのでなく、差を生み出している部分と同時に、見えにくいものの学校などの努力により差を縮めている部分への注目も必要である（志水編 2009、志水 2020 など）。

序　章　理論枠組みと分析のアプローチ

　よって本書の意義は、日本の教育の特徴、とくに社会経済的背景が学力や意欲におよぼす影響について、家庭と学校の影響を区別した計量的な分析結果を発信することにある。

　日本の教育についての計量的な分析結果を示した著作はこれまでにも複数刊行されてきた。たとえば学校の効果に注目した須藤 (2013)、学力格差に注目した中西 (2017) や川口編 (2019) のほか、全国学力・学習状況調査の詳細な分析結果も発信されている (お茶の水女子大学 2014、福岡教育大学 2017 など)。国際的に見た日本の教育という観点では、長所に着目した小松・ラプリー (2021) と、教育格差の問題点を強調した松岡 (2019) がある。このような既存研究の動向をふまえた上で、本書は教育の「効果」と「格差」の両方に目配りした上で、日本の教育の現状について、より丁寧な学術的議論を促すための枠組みを提示したいと考えている。

　教育社会学がよって立つ社会学の理論では、社会における教育の役割を見る際に機能主義的なアプローチと葛藤理論的なアプローチがある。教育の効果に着目するのは前者の視点、階層間格差や再生産に着目するのは後者の視点に近く、同じ分野内でも研究の志向性に相違があるのは、こうした伝統からすれば致し方ないことである [7]。しかし、教育は実践や政策とのつながりも深い分野であるからこそ、研究者はそうしたパラダイムの違いが生む分断にも自覚的であるべきである。本書はこうした研究内部の断絶をつなぎ、それらを統合した枠組みのもとで実証的知見を示すことを企図している。

　本書は、日本国内の教育研究に対しては、日本の現状を「相対化」する視点をもつことにより、その強みと弱みを外部の視点から把握するという位置づけに立つ。日本の研究者が日本語で、比較社会学的な視点から日本の教育を読み解いた研究成果は、管見の限りそれほど多くない (例外は恒吉 1992、中村・藤田・有田 2012、シム 2005、恒吉 2008、多喜 2020、小松・ラプリー 2021 など)。これは、国内や海外の研究者による、同様の視点に立つ英文の研究成果が数多くあることと対照的である (Aizawa et al. 2018, DeCoker 2002、DeCocker & Bjork 2013、Goodman & Phillips 2003、Gordon et al. 2010, Kariya & Rappleye 2020、LeTendre 1999b、Okano 1999、Park 2013、Roesgaard 1998、Shimahara & Sakai 1996、Stevenson & Stigler 1992、Tsuneyoshi 2018、Willis & Rappleye 2011、Yonezawa et al. 2018)。また、海外の研究

17

者による日本の教育をテーマとした良質なフィールドワーク研究の成果が数多く生み出されてきたこととも対照的である（例えばCave 2007、Cummings 1980、Rohlen 1983、LeTendre 2000、LeTendre & Fukuzawa 2001、Lewis 1995、Peak 1993、Tobin et al. 1989、Tsukada 1992、Tsuneyoshi 2001、White 1988）。本書は、こうした研究蓄積中で、いまだ不足している定量的な手法にもとづいて、国際的な視点から見た日本の教育の特徴について日本語で発信する試みとして位置づけられる。

　よって本書の位置づけは、「計量的な分析手法」と「国際的な研究視野」の両方を生かして、日本の学歴期の生徒の教育実態について社会学的な分析を行い、その成果を国内に発信するという点にある。日本の教育を、学歴や地位達成といった社会階層的な側面からだけでなく、学校教育の効果や学校内部のプロセスまで視野に入れて国際的かつ計量的に分析することが、本書の主眼である。

3. 本書の概要と構成

　本書ではこうした目的のため、多国間で複数年にわたり実施されてきた国際学力調査データや、個々の生徒を追跡したパネル調査（縦断調査）データを用いた計量分析を行う。その際とくに、教育システムや学校環境、教員の教育実践や家庭の社会階層といった要因に着目し、それらの影響に日本的な特徴が見られるかどうかを検討する。具体的には本章の第1節で述べた課題に対応する形で、以下のような複数の調査データや分析手法を用いて、各章で分析を行う。

序　章　理論枠組みと分析のアプローチ

表序 -1　各章で用いるデータと主な分析手法、分析対象

章	データ	分析手法	対象
第1章：ゆとり教育、学力水準と格差の推移	TIMSS データ	IDE を用いた分析	中2
第2章：宿題と通塾	パネルデータ TIMSS データ	重回帰分析・固定効果モデル	中1～中3
第3章：国際比較と学校／家庭の区別	TIMSS データ	マルチレベルモデル	中2
第4章：私立中進学が進学期待と自己効力感に及ぼす影響	TIMSS データ	傾向スコアマッチング	中2
第5章：私立中進学の効果 （中1まで）	パネルデータ	固定効果モデル	小6～中1
第6章：私立中進学の効果 （中3まで）	パネルデータ	成長曲線モデル	小6～中3
第7章：社会経済的背景と学力	PISA データ	SES Gradient 分析 IDB を用いた分析	高1
第8章：教育拡大と学力水準・格差	FIMS データ	単純集計	13歳
第9章：教育の大衆化と学力水準・格差	SIMS データ	単純集計	13歳

　本書では、日本の教育システムの特徴を論じるにあたり、日本国内の公立学校と私立学校（具体的には中学校段階）の違いに焦点をあてた分析も行う。これは計量分析を通じて日本の特徴を浮き彫りにしようとする際、「日本」を丸ごと他国と比較するという視点に加え、同じ日本という国の中で、制度が違うこと（＝公立と私立の違い）を利用して分析する視点が有効だと考えるためである。こうした公私の違いを取り上げる視点を通じて、日本のとくに公立学校の制度的特徴を明らかにすることを目指している。

　本書は、以下の構成からなる。第1章では「ゆとり教育」を背景とした学力水準と階層間格差の経年変化について論じる。第2章では宿題と通塾にみる学校外の学習時間の構造について、パネル調査データを用いた分析を行う。第3章では中学段階における家庭背景と学力の関係について国際比較を行う。第4章では国・私立中学への進学が進学期待と自己効力感に及ぼす影響について傾

19

向スコアの手法を用いた分析を行う。第5章では中学受験による進学の効果について、パネル調査データによる小6〜中1の変化を検討する。第6章では同様に中学受験による進学の効果について、パネル調査データを用いた中3までの変化を検討する。第7章では高校段階における家庭背景と学力の関係について、PISAの複数の指標から日本の位置づけを読み取る作業を行う。第8章では学力と学習意欲の長期的な経年変化をとらえるため、第1回国際数学教育調査（FIMS）の基礎分析を行う。第9章でも同様に学力と学習意欲の長期的な経年変化を見るため、第2回国際数学教育調査（SIMS）の基礎分析を行う。終章では結論と示唆を述べる。

注

1) 著者らは塾の利用に関して、同書内でX校とY校の比較といった学校単位の比較を通した知見も出しており、ここでの指摘がこの研究自体の重要性を貶めるわけではない。

2) むろん、教育の効果を数字で検証することに関しては批判的な見方も存在する。とりわけ米国において「教師の効果」を数値で測ることに関して、現在も議論が続いている（西野 2024）。

3) 具体的には1964年のFirst International Mathematics Study（FIMS）、1981-82年の数学調査であるSecond International Mathematics Study（SIMS）と理科調査のSISS、1995年以後4年おきに行われているThird（後にTrends in）International Mathematics and Science Study（TIMSS）を指していた。

4) そうした研究では、たとえば学校のカリキュラム、教育に対する文化的前提、教師の仕事の役割などに対する深い洞察があるとする。

5) LeTendre（1999a）は米国国内の議論において見られた日本の教育への単純化された見方には、たとえば以下のようなものがあるとした。「日本人やアジア諸国の生徒が優秀な受験生である一方、創造性や問題解決力ではアメリカ人がリードしている」「現実の日本の学校は抑圧、暴力、倦怠感が蔓延している」「研究者たちは、日本では努力が重視され、アメリカでは能力が重視されるとか、日本ではより効果的な教授法があると誤認している」「アメリカは日本に比べてうまくやっている」。

6) このことは、実は社会学の創始者であるエミール・デュルケムとマックス・ウェーバーの社会観の違いに立ち戻ることによって理解できる。デュルケムは個人より先に社会が実在するという立ち位置（方法論的集合主義）で、社会のマクロな構造を「社会的事実」という観点から読み解こうとした。一方でウェーバーはそうしたマクロな構造に関心を持ちつつ、個々人の行為の意味や解釈へ注目するという立ち位置（方法論的個人主義）にあった。この後者の「意味世界への接近」というのは社会調査の一つの重要な目的であるとされる（盛山 2004）が、社会調査の中でも数字を用いない質的研究のアプローチが「他者の合理性を理解する」（岸ほか 2016）といった意味で意味や解釈の理解に親和的である一方、数字を用いた計量分析でどこまでそうした点に迫れるかは、研究者によっても意見が分かれる。よって本書が提示する計量分析の知見

序　章　理論枠組みと分析のアプローチ

も、単独ではなく、日本の教育に対する、質的調査の知見を含めたさまざまな研究蓄積と合わせて読まれ、解釈されることで、政策や実践との接合がより明確になるだろう。

7) 菊池ほか (1992) は、「2 つの教育社会学」として、このような相違について以下のように述べている。「わが国の教育社会学には、大きく分けて、2 つの方向がこれまで存在したし、現在でも存在している。1 つは、教育研究の 1 分野として自己主張する方向である。教育関係者がつぎつぎと直面するような教育問題の解決をめざして課題設定を行い、彼らの問題や関心に応えようとする。この場合、教育はたんなる素材ではなく、現行の制度を前提とする以上、目的そのものとなる。目的である以上、その目的に「役立つ」かどうかが強く意識される。(中略) 教育政策・行政に「役立つ」ことを意識して行われる、いわゆる〈政策科学〉的研究もここに含まれる。(中略) もう 1 つは、社会科学、とりわけ社会学のなかで存在意義を主張する方向である。この場合には、社会構造や社会変動を解明する手がかりとして、教育が利用される。その意味では、教育は、たんなる素材であり、手段である。(中略) この種の研究は、直接に「役立つ」ことはなく、ある立場からみれば「現状暴露的」で、きわめて不都合であるかもしれない。この 2 つの方向は、つきつめると相容れない。つきつめないで、現実の教育社会学は、この両端の間を微妙に動きながら、現実には共存している。この共存が、わが国の教育社会学の最大の長所であると同時に短所でもあるのかもしれない」(柴野・菊池・竹内編 1992: 7)。

第1章

ゆとり教育、学力水準と階層間格差
——経年変化——

　本章の目的は以下の通りである。まず近年の日本の教育政策における大きな転換点としての「ゆとり教育」とそこからの脱却について、その経緯を概観する。その際、どのような現状認識や議論にもとづき、政策が策定されたのかを整理する。とくに、国内外の見方の違いがそこにどう関係していたかにも着目する。その後、実際の学力調査データを用いて、学力や学習意欲の水準や格差がこの間にどのように推移したかを検証し、この改革の帰結について論じる。

1. 「ゆとり」教育改革

　1998年に文部省により告示され、2002 ～ 2003年に実施された日本の学習指導要領の改革は、大きな論争の中で行われた。その中核にあったのは、知識量偏重型の教育方針を是正し、考える力を育てる学習に重きを置いた経験重視型の教育方針であった。学習時間と内容を減らしてゆとりある学校をめざす流れは、こうした方針のもとで、すでに1977年の学習指導要領の改訂[1]から続いていたが、このような議論の背後には受験勉強の重圧が、子どもたちにマイナスのプレッシャーを与えているという問題意識があった[2]（苅谷 2002）。

　1989年の教育改革以後、「新しい学力観」は子どもの自発的な動機づけや思考力、興味や関心を重視するようになった。1992年から公立学校は月に1回土曜日が休みとなり、やがて2日休みとなり、2002年に公立学校は完全週5日制が採用された。2002年の学習指導要領では、教育内容の3割が選択的に削減され、授業時間も短縮された。

　以下の図1-1と図1-2は、学習指導要領が定める小学校および中学校の標準授業時数を改訂年度ごとにまとめたものである。これらの図が示すように、教

育改革にしたがって、日本の学校の生徒が受ける授業時数は推移してきた。

図1-1　学習指導要領が定める標準授業時数の変遷（小学校）

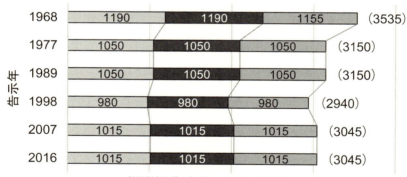

図1-2　学習指導要領が定める標準授業時数の変遷（中学校）

　それではこの間に、生徒の学校外での学習時間はどのように推移したのだろうか。以下の図1-3は、1990年から2015年の小中高生の学習時間の推移をグラフに示したものである。ベネッセ教育総合研究所の第1回〜第5回の「学習

基本調査」の調査結果によると、小中学生の生徒の学習時間は、1990年から2001年にかけていずれも16分ほど減少した。2001年を境とし、その後2015年にかけて、小学生では約24分学習時間が増加した。2015年には小学生の平日一日あたりの学校外の学習時間は96分（1時間36分）と、1990年の87分よりも長くなった。中学生については、2001年から2015年にかけて、約10分学習時間が増加した。これにより、2015年の中学生の平日一日あたりの学習時間は90分（1時間30分）と、第2回調査の1996年と同程度の水準まで回復した。高校生については、1990年から2001年までの減少が23分と小中学生よりも大きくかったが、その後2015年にかけて、14分ほど学習時間が回復して2015年には平日一日あたり84分程度となった。

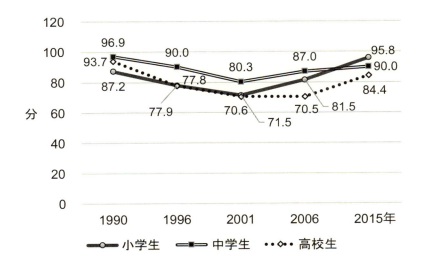

図1-3　平日一日あたりの学校外での学習時間（学習塾等を含む）の推移（小学生〜高校生）
出典：ベネッセ教育総合研究所（2016: 74）の図にあるデータをもとに整形したもの[3]

　ここでいう学習時間とは、学校の授業以外で行われる家庭での学習時間に加え、学習塾・予備校等で学習する時間を含む。先述の図1-1と図1-2の結果とあわせて考察すると、学校での標準的な授業時数が減るにしたがって、生徒の家庭や学校外での学習時間も減少していた傾向がうかがえる。つまり、「ゆと

り教育」が社会的な注目を集めた 2000 年代初頭に、子どもたちは学校内だけ
でなく学校外での平均的な学習時間を減少させていた。そしてこの傾向は、
2003 年に学習指導要領の一部が改訂され「確かな学力」が推進された政策の転
換期を境に、また上昇へと転じたことが分かる[4]。

2.「学力低下」論争

　日本国内における学力低下論争は、こうした変化のさなかに勃発した。論争
は大学生の学力が低下しているという主張から始まり、1999 年には『分数がで
きない大学生』（岡部恒治・戸瀬信之・西村和雄著）が出版され話題となった。
2001 年にはさまざまな論者や専門家の意見を紹介した『論争・学力崩壊』（「中
央公論」編集部・中井浩一編）が出版された。2002 年には小中学生を調査対象と
した西日本地域の学力・学習実態に関する調査報告書『「学力低下」の実態』が
出版された。この本では、「ゆとり教育」以前（1989 年）と以後（2001 年）で、子
供たちの学力・学習状況はどのように変わったのか、実際の学力調査データを
用いた検証が行われた。

　このように、議論の焦点は当初の大学生の学力低下から、小中学校の義務教
育における学力低下へと移っていった。その過程で、首都圏や大都市では私立
中高一貫校や中学受験の進学塾が一大キャンペーンを展開し、「ゆとり」教育
の影響を直接受ける公立校に通学する子どもたちの保護者らの不安をかき立て
た。市川はこうした状況を以下のように述べた。

　　学力低下論が高まるにつれて、がぜん活気づいたのは、私立校と塾である。
　　なにしろ、「ゆとり路線」でやってきた公立校が学力低下を起こしており、
　　次の学習指導要領が実施されれば、ますます深刻な学力低下を招くという
　　ことが、声高に言われているのである。私立校としては、「公立はもうだ
　　めになる。ぜひとも私立へ」、塾としては、「学校だけでは力がつかない。
　　ぜひ塾へ」というキャンペーンを張るのは無理もない。（市川 2002: 152）

　こうした「ゆとり教育」下の塾によるキャンペーンの様子は、図 1-4 のよう

図1-4 「ゆとり教育」下における日能研の広告

な広告に見ることができる(朝日新聞、〈「脱ゆとり」の真相：中〉円周率「3」の波紋、2012年9月6日)。

　実際に、ゆとり教育の帰結として、私立中学の選択や、家計の教育費が増えた可能性を指摘した研究もある。西村(2006)は首都圏の保護者の調査データをもとに、ゆとり教育が家庭の教育費や学校選択行動に対し、一定の影響を与えたことを示唆した。とくに学校選択の自由が限られていると感じる親は、より高額な私立中学校に子どもを通わせる傾向があり、学力への不安から教育費の負担を増やす場合もあるとした。また武内・中谷・松繁(2006)は、1994年から2002年の「子どもの学習費調査」報告書にもとづく分析の結果、とくに公立の中学3年生で学習塾の負担が大きく増加したことを示し、この増加傾向を「ゆとり教育」に伴う負の側面としてとらえた。

　またこうした議論のさなかに、2003年や2006年のOECD生徒の学習到達度調査(PISA調査)の結果が発表され、読解力や数学の順位の低下が「ゆとり教育」の問題だと結びつけられてメディア報道で取り上げられた。以下の図1-5は、国立教育政策研究所がPISA2022年調査の結果概要を発表したプレスリリース資料からの抜粋である。PISA調査とは、世界の15歳時の生徒を対象とした調査であり、日本では高校1年次に行われる図1-5では、これまでのPISAにおける各教科(読解力、数学リテラシー、科学的リテラシー)の日本の得点と国際的な順位の推移を示している。この図が示すように、2012年や2022年にはいずれの教科の点数や順位の範囲も上昇していたが、2003年や2006年に得点や順位が低下した時と比べると、こうした好成績はそれほど大々的にメディアに取り上げられることがなかった。

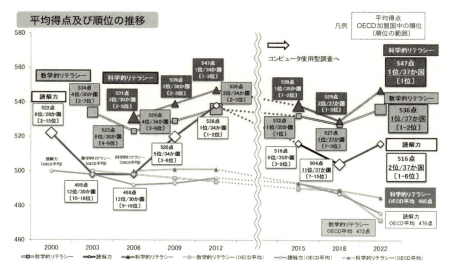

図1-5　PISA調査における平均得点および順位の推移
出典：国立教育政策研究所2023「OECD生徒の学習到達度調査　PISA2022のポイント」3ページ目より転載

3. 海外からみた日本の教育改革

Educational Policy という米国を拠点とする英文学術誌に掲載された論文の中で、恒吉僚子は海外から見た日本の学力低下論争について、以下のように述べた（Tsuneyoshi 2004: 364）。

> 日本の教育改革の現状は、外から見ると謎めいている。1990年代末以降、国際的なテストでは最も成績の良い国の一つとして国際的に知られているが、日本では2002年に実施された最新の教育課程改革をめぐって、激しい学力危機論争が繰り広げられている。

恒吉はこの論文の中で、学力危機論争の背後にある主な議論と概念、その証拠について整理し、日本の教育政策への帰結を探っている。その中で「予期された危機」（prospective crisis）という概念を提示し、それが日本の子どもたちの

実際の学力水準に関するデータと同様に、議論の行方に重要な影響を与えるとした。

恒吉によれば、日本の教育は海外から見れば肯定的なイメージでとらえられることが多かった。たとえば国際比較研究として行われた1995年のTIMSSビデオテープ分析によれば、日本の数学の授業の質の高さは、計算スキルの習得だけよりも概念の理解に重きを置いているとして、海外から高く評価された（Stigler & Hiebert 1999）。

図1-6　TIMSSビデオ分析における日本の中学2年生の数学の授業場面
出典：TIMSSVIDEO, Japan Mathematics Lessons
https://www.timssvideo.com/japan-mathematics-lessons

また、とくに小学校段階の日本の学校は、子ども中心であり、心技体のバランスの取れた発達を支援する全人的志向であるとして、外国人研究者から称賛されていた。また日本のコア・カリキュラムが効率的であり、「授業研究」などを通じた教師の同僚性も強みであることが評価されていた（Cummings 1980、Lewis 1995、Rohlen & LeTendre 1996、Shimahara & Sakai 1995など）。

しかし、こうした海外からの称賛にもかかわらず、日本では「ゆとり教育」が学力低下と結びつく形で批判され、「危機」が強調された。この点は、イギリスの日本研究の専門家であるロジャー・グッドマンによって以下のように表現された。

> まず、教育分野における「問題」についての認識が高まる。ひとたび問題が「発見」されると、それはすぐにメディアで取り上げられ、社会的な注目を集める「モラル・パニック」に変わる。レッテル貼りは重要である。まず人々の注意を引き、次に問題を定義し、〝治療〟できるようにするた

めである。このような文脈では、「問題」、「危機」、「ショック」といった
言葉がよく使われ、実際、外部から見ると、日本はこのような危機が不釣
り合いに多い国のように見える。(Goodman 2003:11)

　なぜ、日本の教育の現状に対する国内外の認識の間にこれほど大きな隔たり
があるのか。恒吉はこうした「危機」の背後には、生徒の学力低下を裏づける
縦断的なデータの欠如が一因としてあるとしながら、必ずしも証拠に裏づけら
れていない「予期される危機」（あるいは「恐怖」に煽られた議論）が実際のデータ
以上に現実を動かしたと指摘した。そして、何が「危機」であり、日本の「危
機」がどの程度危機的なのかは、おそらく観察者によって大きく異なると述べ
た (Tsuneyoshi 2004: 390)。

　市川伸一はこうした点に関連して、学力をめぐる当時の日本国内の議論を以
下のように整理した。「学力低下」論争に関わった論者の各立場は、2つの軸に
よって整理できるという。一つ目の軸は、日本の学力低下の「危機」を本当に
危機と見なすか否かである。もう一つの軸は、文部科学省の改革（例：科目時数
やカリキュラム内容の削減、総合的な学習の時間の実施、新しい学力観の推進）に賛成
か反対かである（市川 2002: 16-18）。

　そしてこの2つの軸を中心に、学力低下をとりまく国内の議論には以下の3
つの立場が見いだされるとした。第1の立場（文部科学省）は日本の子どもたち
の学力レベルについてはかなり楽観的であり、むしろ問題なのは、子どもたち
が自己発見、自己学習、実体験の能力を欠いていることだと考える立場である。
第2の立場（文部科学省の改革に反対）は、日本の教育の学力危機を問題視する立
場である。第3の立場（市川自身の立場を含む）は、学力の危機はあると考えるが、
その解決策は改革をさらに進めることだと考える立場である。この第3のグ
ループは、新しいタイプの能力（すなわち、学ぶ能力や学習意欲）に危機があると
見ている。

　恒吉はこれらの国内の立場に加え、第4の立場（海外の立場）として、日本の
学力危機論議は、主として国内の言説であり、国内事情によって流布され、煽
られているという立場が付け加えられるとした (Tsuneyoshi 2004: 372)。

　以下に示すように、実は「ゆとり教育」の理念に類似した教育改革は、同時期

に日本以外の国や地域でも進められていた。そうしたなかで改革の理念が学力低下への懸念と結びつく形でこれほど批判されたのは、日本に特有の現象だったと考えられる。たとえば図1-7の「21世紀型スキルの枠組み」は、2002年に米国で発足した非営利の教育推進団体「Partnership for 21st Century Skills (P21)」が提唱したものである（Battelle for Kids 2019）。図の中心にある伝統的な基礎学力（3Rs）を基本としながら、人生やキャリアのスキル、学習や革新性に関するスキル（批判的思考力、コミュニケーション力、協働性、創造性）、情報・メディア・テクノロジーに関するスキルを新たなスキルとして位置づけている。

　この枠組みはOECDの教育政策に関する文書の中でも紹介されるなどして、国際的な影響力をもった。P21の活動は米国だけでなく、APECやイギリス、フランス、ニュージーランドなど他国にも広がっており、これらの国々がP21の原則やスキルを教育戦略に組み込んでいるとされている（Trilling & Fadel 2012）。

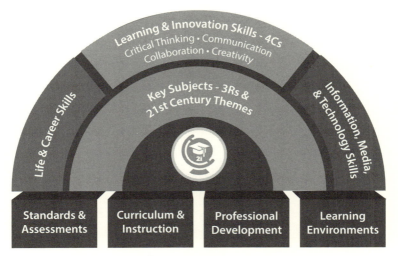

図1-7　21世紀型スキルの枠組み（Framework for 21st Century Learning）
出典：Battelle for Kids（2019）の図を転載

あるいは、中国でも「素質教育」の名の下で日本のゆとり教育に類似した政策がとられたり（代 2021）、シンガポールでも「Thinking Schools, Learning Nation」の理念の下で、Teach Less, Learn More（TLLM）というゆとり教育に類似した改革が行われた（石森 2009、Loo 2018）。しかし、いずれの国においても、日本のような強い改革への反対や「危機」言説が生じたという証拠は管見の限り見当たらない。たとえばシンガポールについて、知識詰め込み型の授業から脱却し、学習者主体のアプローチに移行することを目指して 2004 年に導入された TLLM の目指す教育理念が形骸化し、最終的には本来の意図が失われたと指摘する批判はある（Teo et al. 2013）。しかしながら、そうした批判は主に教育現場や教育省内での議論に留まっており、一般の国民を巻き込む形での大規模な社会的論争に発展したとは言いがたい。日本では「ゆとり教育」に対する懸念がメディアを通じて広範に報道され、学力低下や格差拡大への不安が国民全体に共有されたが、こうしたケースは他国ではあまり見られない。

4. 国際学力調査データを用いた検証

この節では、1990 年代後半から「ゆとり教育」の時期を含む約 20 年間（2010 年代後半に至るまでの期間）を対象に、日本の中学生の学力と学習意欲の水準や格差の推移について、国際学力調査データを用いて分析する。

国際教育到達度評価学会（IEA）や経済協力開発機構（OECD）が実施する国際学力調査は、誰でもアクセスできる形でデータが公開されている。ただし分析の際の一つのハードルとなるのが、学力に関する推計を行う際に適切に母集団を反映するための「重みづけ」（ウエイトの利用）や学力スコアを適切に分析に反映するための「Plausible Values」を用いる必要がある点である [5]。この際に、分析者は統計ソフトウェア（例：SPSS, SAS, R, Stata）を用いて自身でそれらの情報を加味した推計を行うか、IEA の提供する無償の専用ソフトウェア（IDB Analyzer: https://www.iea.nl/data-tools/tools）を用いてそれらの情報を入れ込んだ分析を走らせるか、といった方法を選ぶことになる。

ただし、学力スコア等の基本的な集計値や主要な調査結果のみを知りたい場合は、そうした統計的な詳細を加味した既存の報告書の該当箇所を参照する方

第1章　ゆとり教育、学力水準と階層間格差

法もあるし、自身で変数を合成したり、複雑な分析手法を用いたりする必要が
ない場合は、統計的な情報を自動で加味してくれるインストール不要のオンラ
イン分析システム（International Data Explorer: IDE）を用いて、分析者が選んだ
変数に関する簡単な分析を画面上で行うこともできる [6]。むろん、分析の解釈
を行う際にはこうした国際学力調査の概要や実施方法、各国の調査対象者と
なった母集団等についての理解が必要になることは言うまでもないが、このよ
うにブラウザ上で国際学力調査の分析ができることは、画期的なことである。
こうして近年、国際学力調査の結果は、以前ほど利用者にゆだねられた難しい
手順を踏まなくとも、統計的な詳細を考慮した結果がある程度までは参照でき
るようになってきている。

　本節では、まず上述の報告書およびオンライン分析システム（IDE）で得た数
値を参照し、日本の学力水準や格差を経年および国際的な視点で確認すること
から始める。なお、以下の分析は断りがない限り、TIMSS の第8学年（日本の
中学2年生段階）を対象として行う。第4学年（日本の小学4年生段階）の結果も同
様に入手可能であるが、紙幅の都合上、本節では第8学年の結果のみを載せる
こととする。また、教科に関しても、同じ理由から、後半の分析では数学に限
定した結果のみを載せる [7]。

　図1-8 は、TIMSS の得点を参照するためのウェブ画面のイメージである。
ここから該当の教科や対象学年を選び、希望するグラフのタイトルをクリック
することで、各国における TIMSS 得点の分布や男女差、経年変化などをウェ
ブ上または PDF や Excel の資料をダウンロードすることで確認できる。

　図1-9 は 1995 年から 2019 年までの TIMSS の第8学年の数学得点の経年変化
を示した資料（Exhibit 3.3: Trend Plots of Average Mathematics Achievement Across
Assessment Years）のうち、日本の図があるページの抜粋である。日本以外のい
くつかの国のこうしたトレンドも、この抜粋から確認できる。

　同様に図1-10 は、1995 年から 2019 年までの TIMSS の第8学年の理科得点
の経年変化を示した資料（Exhibit 4.3: Trend Plots of Average Science Achievement
Across Assessment Years）のうち、日本の図があるページからの抜粋である。

　数学の得点の経年変化については、2003 年から 2011 年にかけて若干停滞し、

33

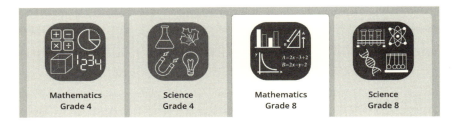

図1-8 TIMSSの得点を参照するためのウェブサイトの画面
出典：https://timss2019.org/reports/achievement/

その後平均値が上昇しているように見えるが、その変化は概してあまり大きくはない。理科については、低下の兆しはほとんど見られない。これは、2014年時点の先行研究において川口俊明が要約した以下の点とも重なる。

> 要するに、日本の子どもたちの成績は、下がっている箇所もあるが、上がっている箇所もあるし、変化がはっきりしない箇所も多いということである。少なくともいえるのは、国際学力調査は、学力低下を強く主張する根拠にはなり得ないということであろう（川口 2014: 7)[8]。

また、図1-11は、若干別の角度からこうした経年変化を見たものである（Exhibit 3.4: Differences in Average Mathematics Achievement Across Assessment Years)。ここには数学得点に関する図のみを提示しているが、理科得点に関す

34

第1章　ゆとり教育、学力水準と階層間格差

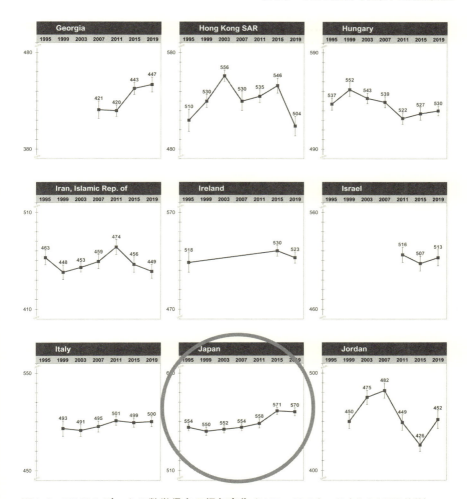

図1-9　TIMSS データの数学得点の経年変化（1995〜2019年、日本と8カ国の抜粋）

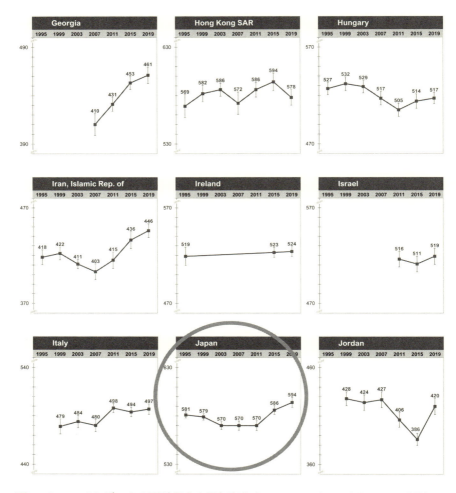

図1-10　TIMSSデータの理科得点の経年変化（1995～2019年、日本と8カ国の抜粋）

Country	Average Scale Score	Differences Between Years						Science Achievement Distribution
		2015	2011	2007	2003	1999	1995	
Hungary								
2019	530 (2.6)	2	7	-9 ▽	-13 ▽	-23 ▽	-7	
2015	527 (3.4)		5	-12 ▽	-16 ▽	-25 ▽	-9 ▽	
2011	522 (3.1)			-17 ▽	-20 ▽	-30 ▽	-14 ▽	
2007	539 (2.9)				-4	-13 ▽	2	
[2] 2003	543 (2.8)					-10 ▽	6	
1999	552 (3.6)						16 ▲	
1995	537 (3.2)							
Iran, Islamic Rep. of								
2019	449 (3.6)	-7	-25 ▽	-10	-4	1	-13 ▽	
2015	456 (4.0)		-18 ▽	-3	3	8	-6	
2011	474 (4.0)			15 ▲	21 ▲	26 ▲	12 ▲	
2007	459 (3.7)				6	11 ▲	-4	
[2] 2003	453 (2.4)					5	-9 ▽	
1999	448 (3.8)						-15 ▽	
1995	463 (3.7)							
Ireland								
2019	523 (2.9)	-7					5	
2015	530 (2.8)						12 ▲	
1995	518 (5.1)							
Israel								
[3] 2019	513 (4.2)	7	-2					
[3] 2015	507 (3.9)		-9					
[3] 2011	516 (4.0)							
Italy								
2019	500 (2.6)	2	-1	5	10 ▲	7		
[2] 2015	499 (2.4)		-2	4	8 ▲	6		
2011	501 (2.4)			6	10 ▲	8		
2007	495 (2.9)				4	2		
2003	491 (3.1)					-2		
Japan								
2019	570 (2.1)	-1	12 ▲	16 ▲	17 ▲	20 ▲	15 ▲	
2015	571 (1.8)		13 ▲	17 ▲	19 ▲	21 ▲	16 ▲	
2011	558 (2.4)			4	6	8 ▲	3	
2007	554 (1.8)				2	4	-1	
2003	552 (1.9)					3	-2	
1999	550 (2.1)						-5	
1995	554 (1.8)							

図1-11　TIMSS の数学得点の平均、分布および順位の経年変化

る図も同様にウェブ画面から入手可能である。この図から分かるのは、周囲の
国に比べて日本の学力水準は相対的に高く、1990 年代から 2000 年代初頭にか
けて学力低下が生じたといっても、その程度の変動は他国でも同様に生じてい
るということである。こうしたデータを見ると、日本で学力低下論争が生じた
ことと、実際のデータが示す現実との離齬が浮き彫りになってくる。

　もちろん、苅谷ら（2002）が学力低下の実態として強調したのは、1989 年か
ら 2001 年にかけての関西地域での学力低下であったことや、どの教科の学力
に着目するか（TIMSS は数学と理科を対象とした調査で、国語が含まれない）等に
よっても議論の余地はあるが、少なくとも TIMSS データからは、学力低下を
強く主張するような根拠は見出しがたい。瀬沼も、2005 年 3 月に開かれた国
立教育政策研究所の「国際学力調査に見る我が国の学力の現状と指導法の改
善」と題するシンポジウム報告書において、（いわゆるゆとり教育の）カリキュラ
ムでは履修しなくなった内容があるにもかかわらず、小学校 4 年生の算数の得

点や正答率が変わらなかったことを指摘していた（国立教育政策研究所編 2005: 52）。こうした指摘は、本書の知見とも重なる。

次に、学力だけでなく、同様の期間（1999～2019 年）における学力と家庭背景の関係の推移を見るために、International Data Explorer（IDE）と呼ばれるオンライン分析システムを活用したデータを提示する。このシステムは、米国の国立教育統計センター（National Center for Education Statistics: NCES）が提供するもので[9]、分析者自身がシステム上にある変数を自由に選択することで、先の集計表の結果よりももう一歩踏み込んだ結果が出せる。一部の連続変数の合成変数（スケール変数）が使えない点等も限界はあるが、操作に慣れさえすれば、専用のソフトウエアを保持していなくても、ブラウザ上でウエイトや Plausible Values を考慮した分析を行ってくれるので、このシステムを利用することのメリットは大きい。また、画面上で結果をグラフ化し、その結果をエクセル等にダウンロードして自身で図表等に整形することもできる。

なお、以下の分析では家庭の社会経済文化的背景に関する指標として、家庭の蔵書数を用いる。その理由は以下の通りである。まず、理論的な側面におい

図1-12　International Data Explorer の画面
出典：https://nces.ed.gov/surveys/international/ide/

第1章　ゆとり教育、学力水準と階層間格差

て、蔵書数が多い家庭は、読書習慣や教育への関心が高く、学習環境が整っているため、子どもの学力向上に寄与すると考えられる。ピエール・ブルデューの文化資本の概念によれば、蔵書数は家庭の文化的資源の一部を示し、知的に豊かな環境が学力に正の影響を与えるとされる。次に実証的な側面において、国内外の先行研究において、蔵書数が他の SES の指標（保護者の学歴や職業など）とともに、家庭の社会経済文化的背景（Socioeconomic Status, SES）と学力の関係を示す上で、有効な指標であることが確認されている（たとえば Evans et al. 2010, Park 2008a, 田端 2024）。さらに技術的な側面として、蔵書数は多くの場合、他の SES 項目に比べて回答が容易であるため、SES の代替指標として用いやすいという点もある。それに比べると保護者の学歴や職業、家庭の所有物に関する国別の指標等は、国や年度ごとに欠損しているケースが相対的に多い[10]。

　TIMSS の第 8 学年の生徒質問紙では、家庭の蔵書数は以下のように尋ねられている：「あなたの家には、およそどのくらいの本がありますか。（ただし、一般の雑誌、新聞、教科書は数えません）」。日本の場合、2019 年の中学 2 年生の回答分布は、以下の通りである。ほとんどない（0 〜 10 冊）が 14.6％、本棚 1 つ分（10 〜 25 冊）が 23.6％、本箱 1 つ分（26 〜 100 冊）が 30.4％、本箱 2 つ分（101 〜 200 冊）が 15.5％、本箱 3 つ分以上（200 冊より多い）が 15.8％ となっている。なお、1999 年から 2019 年の間の日本の蔵書数の回答分布は大きく変化していない。

　以下の図 1-13 は、日本の数学得点と家庭の本の数の経年変化を示したものである。家に本がほとんどない（0 〜 100 冊）、すなわち家庭の教育環境が豊かでない生徒の学力が、1999 年から 2011 年にかけて継続した低下傾向を示したことで、学力格差が広がったことを示す。須藤（2008）は、同じく TIMSS データを用いて、1999 年から 2003 年にかけて、家庭の蔵書数別に見た TIMSS の学力差の拡大を指摘していたが、本章ではこの傾向が 2007 年と 2011 年にかけても続いたことを示す。また、川口（2014: 10）は、2011 年までの中学 2 年生の数学と本の数の関係を分析した結果として、200 冊以上の子どもたちの成績が横ばいである一方、「0 〜 10 冊」の子どもたちの平均値が下がっていることをすでに示しており、本章の分析もこの知見と合致する。つまり数学に関しては、不利な家庭環境にある子どもたちの成績が 2000 年代を通じて低下し、一時期

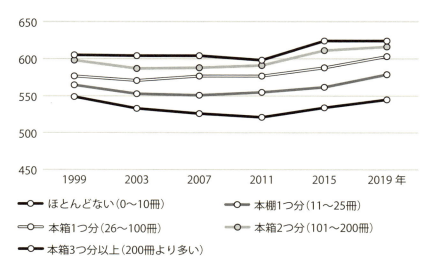

図 1-13　家庭の蔵書数別に見た数学得点の経年変化（日本、中学 2 年）

差が拡大した傾向が読み取れた[11]。

　一方で、図 1-1 と図 1-2 で見たように、2007 年の小中学校の学習指導要領の改訂（小学校は 2011 年に全面実施、中学校は 2012 年に全面実施）と時を同じくして、日本で家庭の蔵書数がもっとも少ないカテゴリの生徒の学力も、向上傾向に転じている。本章では、須藤（2008）や川口（2014）らの先行研究に対して 2015 年と 2019 年の結果が新たに追加された結果、こうした不利な層の数学の学力水準が、2019 年にかけて改善されつつあることを見出した。

　こうした変化の背景には、「ゆとり教育」の実施とその脱却に関する教育政策の影響があると見られる[12]。たとえば志水ら（2014）も、1989 年、2001 年、2013 年の三時点の経年比較を通じて、大阪府内の公立小中学校において、2001 年にかけていったん拡大した学力格差が、2013 年にかけて縮小したことを見出している。そしてその要因を、「確かな学力向上路線」のもとでの学校の基礎学力習得に向けての取り組みが関連しているのではないかと推察している（志水ほか 2014: 16）。

　実際、家にほぼ本がない生徒の学力水準自体は、2019 年には 1999 年とほぼ同水準まで回復した。ただし、家により本の多い生徒群の学力水準もこの間に

第1章　ゆとり教育、学力水準と階層間格差

上昇しているため、家庭背景による学力の格差は、1999年の時点と比べると大きいままである。こうした点は、全国学力・学習状況調査を用いてSESによる学力格差が過去10年間であまり変わらず、SESが学力に与える影響は依然として強いままであることを示した数実（2022）の知見や、日本において、親の社会経済的な地位が子どもの学力に影響していることを指摘した松岡（2018）の知見とも一致する。

　ただし、図1-13が示すように、「水準」の向上と、「格差」の拡大や維持は区別して見ることが必要である。2019年の結果のように、家庭背景もっとも不利な層の学力が回復したことと同時に、それ以外の層の学力が同時に上がっているというときの「格差」の性質を、我々はどう見たらよいのか。学力「水準」という意味では、従来苅谷ら（2002）が指摘してきたような、学力形成を学校にしか頼れない（≒学習塾等に通うことができない）層の生徒に対する公立学校の役割は、いったんは達成されたと肯定的な見方をすることも必要だろう。そうした現状認識の上で、それでも格差が縮まらない現状に対し、要因や対策を考えていくべきである。

　いま一つのバリエーションを示すため、図1-14ではシンガポールにおける数学得点と家庭の本の数の関係の経年変化を概観する。シンガポールでは、本がほとんどない生徒の、1999年から2007年にかけての数学学力の落ち込みが日本以上に顕著である。一方で、2007年から2015年にかけては同じカテゴリの生徒の学力が向上するなど、若干日本に似た動きを見せている。

　シンガポールでは、日本の「ゆとり教育」に類似した改革があったことは先に述べたが、1997年に「考える学校、学ぶ国家」というビジョンが策定され、カリキュラム内容を約30％削減した（Ong 2018）。日本と共通していると見られるのは、こうした政策をとった結果、家庭背景が豊かでない層の学力が低下した点である。しかし異なるのは、シンガポールでは2005年にも、そうした改革路線をさらに強化する施策として、「教えることを減らし、学ぶことを増やす」（TLLM）運動を開始した点である。

　2005年の改革により、カリキュラムは生徒のより積極的で自主的な学習を促すため、さらに20％削減されたという（Ong 2018）。ただし、同時に教員と学校長に対して多くの支援を行ったことが特徴的である（Loo 2018）[13]。このよ

41

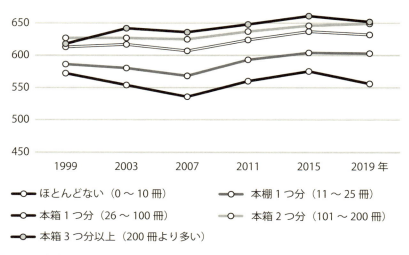

図1-14　家庭の蔵書数別に見た数学得点の経年変化（シンガポール、第8学年）

うに、日本が完遂することなく方向転換した「ゆとり教育」的な路線を維持しつつ、教員が力を発揮できる環境を整えながら政府が舵取りをするシンガポールの教育政策は、日本を鏡としたときに示唆的である[14]。

　次に、学習意欲の背景を、国際比較および経年変化を検討する。ここでは報告書やIDEから得た数値でなく、自ら統計ソフトウェアを用いて算出した値を用いて結果をグラフ化する。

　図1-15はTIMSS調査で毎回尋ねられている「数学の勉強は楽しい」という生徒への質問項目に対し、「強くそう思う」もしくは「そう思う」と答えた日本の生徒の割合を、数学得点（四分位）別に、1995年〜2015年の経年変化で示したものである。

　この図から分かるのは、1995年から2003年にかけて、学力の上位層以外で数学への意欲が低下した点である。この変化は、「ゆとり教育」の改革の影響がすべての階層の生徒にとって一様ではなく、とくに階層の低い生徒の「意欲格差」を広げたという苅谷（2001）の指摘とも重なる。その後2019年にかけて、全体的な数学への意欲はどの学力層でも向上傾向にあるが、学力別に見た数学の学習意欲の差が開いたままであることは、明らかな課題であろう。さきほど

第1章　ゆとり教育、学力水準と階層間格差

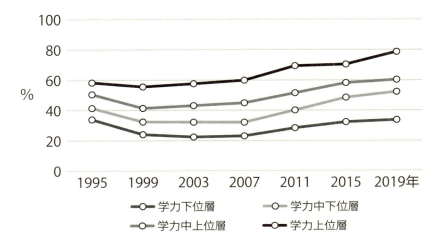

図1-15　数学得点（四分位）別における「数学の勉強は楽しい」の割合（日本、経年変化）

の学力格差の分析と合わせて、このような学習意欲の差について、引き続き検証と対策の検討が必要である。

　図1-16は、上述の点をさらに国際比較に拡張して見た図である。2015年の一時点について、「数学の勉強は楽しい」の設問に肯定的に答えた生徒の割合を、日本を含む6か国について、数学得点（四分位）別に示したものである。日本の意欲格差の現状は、同じ東アジアの韓国や台湾と比べると、同程度かやや小さいと見られ、こうした意欲格差が日本だけの課題でないことがうかがえる。一方で、シンガポールや米国、スウェーデンに比べると、学力の数学学力が低い生徒を含めて「数学の勉強は楽しい」と思う程度が全体的に高く、米国やシンガポールについてはそうした意欲の学力による差も小さい。

　たとえばシンガポールは、厳格なトラッキング制度があるように（シム 2009）、当然ながら文脈が違う国を簡単に比較することはできないが、学力下位層がどうしたら「楽しい」と思えるのか、他国のパターンや国内外の経年変化も参考に、改善の可能性を考えていくことが必要だろう。

　本節の最後に、より長期的なスパンでの、家庭背景と学力の関係に関する国際的なデータを提示する。Chmielewski（2019）は、*American Sociological Review*

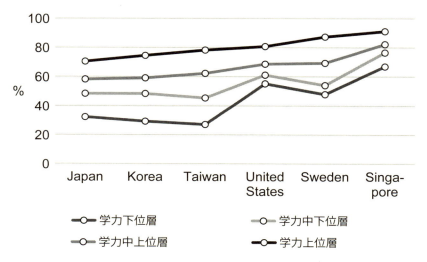

図1-16　数学得点（四分位）別における「数学の勉強は楽しい」の割合（6か国比較、2015年）

に掲載された論文の中で、FIMS、SIMS、TIMSS、PISA等の入手可能なすべての国際学力調査を用いて、生徒の社会経済的背景（父職、親学歴、本の数からなる合成変数）と学力との関係を世界のさまざまな国や地域について示した。図1-17に示すように、その関係性は社会経済的背景が10パーセンタイルと90パーセンタイルの生徒の差分という形でみた時、世界レベルで徐々に上昇している（関係が強まっている）ことを示した。

以下の図1-17では、家庭の社会経済的背景と学力の長期的推移をさまざまな国ごとに示している。日本について特徴的なのは、80年代に向けていったん階層と学力の関係が小さくなったものの、2010年に向けてまた拡大傾向にある点である。このパターンは他国ではあまり見られない。こうした長期的な変化からすれば、2000年代初頭の学力低下論争とともに、階層間の学力格差の拡大という議論が起こった背景の理解が容易になる。かつてはいったん「縮小」傾向にあった階層と学力の関係が、1980年代前後を境に再び拡大しているとしたら、それは人々のまなざしに少なからぬ影響を与えたと考えられる。

第1章　ゆとり教育、学力水準と階層間格差

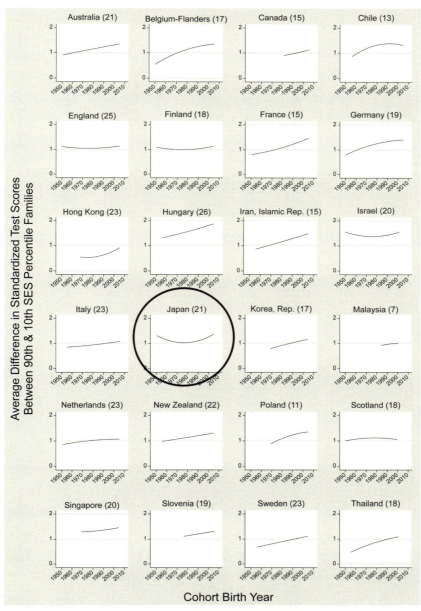

図1-17　家庭の社会経済的背景と学力の長期的推移の国際比較

5. 教育の語られ方の再検討

　前節で学力・学習意欲の水準や格差に関するさまざまな実証データを検討してきた。ここで確認したいのは、教育の実態を語る上で用いられる指標や観点について、論者の間で本当に合意が取れているか注意が必要だという点である。

　たとえば教育の何らかのアウトカムの水準が「上がった」「下がった」（または格差が「拡大した」「縮小した」）などという時、それは一体何の水準や格差に言及しているのだろうか。国際間の順位（ランキング）なのか、得点の平均値なのか。また教科は何で、どの学年を対象に、どのアセスメントに言及しているのか。何の格差（例：学力水準別の格差、社会経済的格差による格差）に注目しているのか。こうした点への共通理解がない限り、異なる論者の間の議論にはすれ違いが生じ、かみ合うことが難しい。

　政府の「審議会」のメンバーを務めた経験もある市川伸一は、教育の世界（文科省の議論や学校現場）は、より単純なスローガンによって、極端な方向に動きがちだと述べる。市川はたとえば「「知識と思考」、「教師主導と児童中心」など、本来補い合ってはたらくはずのものが、二律背反的に受け取られがち」であるとする（市川 2002: 224-225）。

　このように、教育の議論が二項対立に陥りがちであることは、高山敬太によっても指摘されている。高山は、最近の日本と米国の教育は「正反対の方向」に進んでいるというありがちな見方に異議を唱える（Takayama 2008）。高山は日米の観察者が互いの教育を理解する方法がオリエンタリズムの二元論的認識論に影響を受けていると指摘する。その結果、教育における世界共通の構造的変化を十分に考慮しようとする学術的努力が欠如していることを問題視している。

　たとえば米国の教育を「中央集権化し、進歩的教育学の理念からテスト、スタンダード、コア・カリキュラムへと移行する」という見方と、日本の教育を「「個性」と「ゆとり」という人間性を高めるスローガンの下、分権化、カリキュラムの差別化、進歩的な教育理念へとシフトする」という立場が、本当に「夜に行き交う船」（Green 2000）のイメージでとらえられるものなのか。

　高山はそのように問うた上で、米国の教育を「スキャンダル化」するためであれ、美化するためであれ、「日本の教育」は、さまざまなイデオロギーを持

つ米国の教育評論家たちが、自分たちの教育に対する不安、恐れ、願望を投影する究極の他者として機能し続けている（Takayama 2008: 24）と述べている。

6. まとめ

最後に学力低下論争の意味について考察し、本章をまとめる。学力低下論争に肯定的な意味があったとするならば、その一つはこの論争が総合学習や習熟度別指導、放課後や休日の補習学習のような、10年前にはほとんどタブーだったいくつかの新しい動きに道を開くことに貢献したことだという見方がある（市川 2002: 220）。

また学力低下論争は、これまでの日本の教育界にあった学力と階層に関する調査への忌避をある程度やわらげる効果を持ったという見方もある（川口 2011: 8）。これ以後、日本の教育社会学による学力研究が本格的に始まったとされる。

しかし一方で、こうした論争の元となった改革の帰結を十分に検証する間もなく政策が方向転換したので、結局この改革が成功だったのかどうかを問うことは難しいという面もある。少なくとも学力水準に関しては、実証データから分かる限りでは改善傾向にあり、「脱ゆとり」の政策転換は功を奏したとみられる。その一方で、学力や学習意欲の格差については、ひき続き検討すべき課題である。

このように日本の教育についての議論を行う際、実証的なデータの読み取りや分析のしかたとは別に、議論のしかた自体にも留意が必要である。重要なのは、「一方がよくて他方がよくない」といった二項対立的な物事のとらえ方にとらわれて、日本の教育のよいところや強みまでを失わない（変えない）ことである。こうした点は、国内外の議論の違いからも浮き彫りになることを本章では述べた。外から見た教育と内から見た教育のズレは、国内の教育の論じ方を見直す契機にもなる。

注
1) 学習指導要領はほぼ10年おきに改訂されている。1977年（昭和52年）の前には、1968年（昭和43年）に学習指導要領が改訂されている。1977年に告示された小中学校の学習指導要領は、移

行期間を経た上で、小学校は 1980 年、中学校は 1981 年から全面実施された。高校については 1978 年に告示され、1982 年から全面実施された。

2) 苅谷 (2002) は、複数の調査データをもとに、実際には中高生の学習時間や受験へのプレッシャーはこの間に減少傾向にあり、この認識自体が間違っていたとした。

3) ベネッセ教育総合研究所 (2016: 68-69) によると、2001 年を境として、中高生の家庭学習の平均日数 (学習塾などの学習は除く) も 2015 年にかけて上昇していた。

4) 「あなたはふだん (月曜日〜金曜日)、学校での授業以外に 1 日にだいたい何時間くらい勉強していますか。学習塾や予備校、家庭教師について勉強する時間も含めてください。」という質問に対し、「ほとんどしない、およそ 30 分、1 時間、1 時間 30 分、2 時間、2 時間 30 分、3 時間、3 時間 30 分、それ以上」の回答選択肢の平均をとったもの。小学生に対しては、「あなたはふだん (月曜日〜金曜日)、家に帰ってから 1 日にだいたい何時間くらい勉強していますか。学習塾や家庭教師について勉強する時間もふくめてください」と尋ねた。

5) 詳細は TIMSS や PISA のテクニカル・マニュアルを参照のこと。

6) IDE についての日本語の解説を含む論文としては、江草 (2017) がある。

7) 理科の結果も確認しているが、数学と理科では、若干数学の方が学力や意欲の格差が観察されやすい。また小 4 と中 2 では、中 2 の方が生徒間の学力格差は大きい。

8) ただし、須藤 (2008) によれば、TIMSS については 1999 年から 2003 年にかけて日本の数学と理科の学力変動は顕著でないものの、PISA の数学リテラシーと科学的リテラシーの学力については、学習指導要領の改訂後に明確な学力低下が観察されるとしている。

9) NCES が IDE の提供・管理を担うほか、ETS (Educational Testing Service) がデータの設計と解析に関与する技術支援を行っている。

10) 蔵書数だけでなく、保護者の学歴と家庭の所有物を含めた SES の合成指標を主成分分析によって作成する分析も行ったが、本章で示す結果とおおむね同様の傾向が見られている。

11) 川口 (2014) は中学 2 年生の理科の分析も行い、家の本が 200 冊以上の子どもたちの成績が向上傾向にある、すなわち家庭環境的に恵まれた子どもたちの成績が上昇した結果、差が広がっていることを見出した。本章では紙幅の都合上理科までは扱えないが、このように教科によって若干関係性やトレンドが異なる点には常に留意が必要である。

12) むろん、苅谷 (2004: 129) がかつて指摘したように、「社会全体の階層状況の変化と、学力形成のプロセスにおける変化の影響とを厳密に識別して分析することは容易なことではない」。たとえば、厚生労働省の「国民生活基本調査の概況」によると、子どもの貧困率は 2003 年の 13.7% から 2012 年の 16.3% まで一貫して上昇傾向にあったが、2015 年には 13.9%、2018 年にも 13% 代で推移していた (厚生労働省 2020)。こうした点が学力格差の変化におよぼした厳密な因果関係は、検証されているわけではない。

13) Loo (2018) によれば、学校は常勤のスクールカウンセラーや課外プログラムの責任者など、より多くのサポートスタッフを雇用し、教員が特定の業務から解放されることで、多様な学習者のニーズに応じた授業改善に集中できるようにしたという。また TLLM 政策のもとで、教員がそうした授業改善のための研究や改善に取り組めるよう、より多くの時間や機会、リソースが与えられたという。

14) 実際に 2018 年のスピーチにおいて、Ong 教育大臣は、日本の「ゆとり教育」の失敗の経験から学ぶべきであると述べている (Ong 2018)。

第 2 章

宿題と通塾にみる学習時間の構造
——パネル調査による変化——

1. はじめに

　国内外の研究によると、学校には、各家庭の生徒が幼少期から引き継いだ家庭背景による差を完全に縮小するほどの力はないかもしれない。学力とは生徒がさまざまな教育機会を得た上での結果であり、家庭背景の豊かでない生徒が学習時間によって学力の階層差を乗り越えるには、より多くの学習時間が必要であることも、これまでの研究で指摘されている。

　しかし、教育や学力の格差に関する国内の議論の多くは、家庭の影響と学校の影響を厳密に区別したものではない。とりわけ学校外の学習時間に注目すると、宿題や自習、通塾による学習は、少しずつ意味合いが違うことは注目に値する。今回、教育機会における家庭と学校の影響を疑似的ではあるが区別する試みとして、学校外の学習時間の中で宿題の機会が「学校」寄り、通塾の機会が「家庭」寄りであるとみなして、それらの規定要因や効果が生徒の家庭背景や地域によってどう異なるのかを分析する。

2. 先行研究

　学習時間と社会階層の関係に関する先駆的な先行研究は、苅谷 (2000) による高校生を対象とした分析であった。苅谷は学校外での学習時間を努力の指標とみなし、1979 年と 1997 年の二つの県の 11 校の公立高校 2 年生を対象にした調査を分析した。その結果から、努力の総量がこれらの調査の間の 18 年間で減少しており、その減少には階差があることを示した。苅谷はこうした知見

49

にもとづき、「努力」の背後にも階層差が現れるようになったことを主張した。

2000年に苅谷論文が発表されて以後、小針（2002）、卯月（2004b）、卯月・末冨（2016）、垂見（2017）らが高校段階とは異なる小中学学校段階の学習時間と社会階層の関係の解明に取り組んできた。そのうち小針（2002）と卯月（2004b）では、小中学校の段階では学習時間の階層差は必ずしも大きくない可能性を指摘した。また苅谷（2000）の研究では分析対象が高校段階かつ通塾による学習時間を含むものであった一方、後続の研究は分析の対象学年や学習時間の定義が調査ごとに若干異なっていた。

小6と中3が対象となる全国学力・学習状況調査のようにある学校段階の最終学年が調査対象になることも多い反面、苅谷（2000）のように2年生に着目したり、卯月（2004b）のように小5と小6、中2と中3といった複数の学年に注目することも行われており、接続段階の最終学年に比べて、そうでない学年では階層差が見えにくといった傾向も少しずつ明らかになりつつあった。

また、一口に「学習時間」と言っても、生徒が自分で学習を行う自習の時間と、学習塾で勉強を行う通塾の時間は厳密には自発性や他者の介在、費用負担の有無等という点で意味合いが異なる。卯月・末冨（2016）の使用した全国学力・学習状況調査の調査データもそうだが、これまでの調査における「学習時間」は自習時間と通塾の時間の両方を含むものも多かった。しかし、学習時間には「宿題」の時間というまた別の区分もある。こうした異なるタイプの学習時間を区別しながら分析した研究は、今までにあまりなかったと言ってよい。

本章では、学習時間のうち「宿題」と「自習」と「通塾」を区別した分析を行い、中学1年〜3年という複数の段階に焦点をあて、学習時間の背景（家庭背景を含む）だけでなく、その「効果」についても分析を行う。

3. データと方法

3.1. データと変数

本章ではまず、国際数学理科教育動向調査（TIMSS）の2015年調査を用いて、宿題および通塾が世界各国・地域で生徒の社会経済的背景とどう結びついているのかを分析する。

第2章　宿題と通塾にみる学習時間の構造

　2015 年の TIMSS 調査では、生徒質問紙の中で、「先生が出した宿題をする
とき、普通何分くらいかかるか」という数学および数学についての問いがある。
この項目への回答を、宿題時間の指標として用いる。また生徒質問紙の中で、
「学校外で提供される学習指導や個別指導を受けたことがあるか」という数学
および理科についての問いがあり、その期間についても尋ねている。この項目
への回答を、通塾時間の指標として用いる。

　同調査において生徒の社会経済的背景を推計するため、親学歴と家庭の教育
資源に関する複数の指標を主成分分析により尺度化してまとめたものを、生徒
の社会経済的地位の指標として用いる。

　本章ではその後、東京大学社会科学研究所とベネッセ教育総合研究所が共同
で実施した「子どもの生活と学びに関する親子調査」の wave1 ～ 4 のデータを
用いて、宿題と通塾それぞれの実施時間が生徒の学年や居住地によってどう異
なり、それらが生徒の学習結果にどのような影響を及ぼすのかについて分析し
する。

　この調査では学習時間について「宿題」「自習」「通塾」を生徒が週当たりど
のくらい行っているかをそれぞれ把握できる点が強みである。また、マルチコ
ホートの繰り返し調査、かつパネル調査という設計にもとづいているため、中
1 ～中 3 のすべての段階を、同時点の比較としても、同一個人の変化を見るた
めの追跡調査としても利用できる利点がある。

3.2. 分析方法

　TIMSS データを用いた宿題および通塾と社会階層との関係については、国
ごとに相関経緯数を算出してその大きさを比較する。子どもの生活と学びに関
するパネル調査を用いた学習時間の分析では、まずカテゴリ別の記述統計を示
す。つぎに中学 3 年時の宿題、自習、通塾それぞれを従属変数とした、各勉強
時間の規定要因に関する重回帰分析を行う。最後にそれぞれの勉強時間の因果
効果を明らかにするため、個人の時点間の変化を見るための固定効果モデルを
用いて、宿題、自習、通塾が成績や学習意欲にどのような効果を及ぼすのかを
推計する。

4. 分析結果

4.1. 宿題・通塾と家庭の社会経済的背景の相関の国際比較

図2-1は各国における宿題時間と社会経済的背景の関連の強さ、図2-2は学校外の補習（ここでは便宜的に通塾時間と表示している）と社会経済的背景の関連の強さを、第8学年（日本の中学2年生）について示している。

国際的に見て、学校外の通塾と社会階層との相関が強い一方、宿題は社会階層との相関が弱い。そうでない国もたくさんある中で、そのような関係性の違いが見られるところが、日本の特徴である。

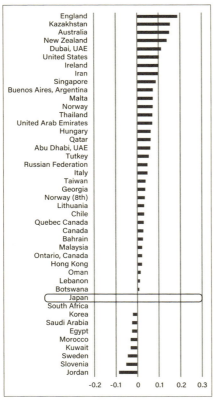
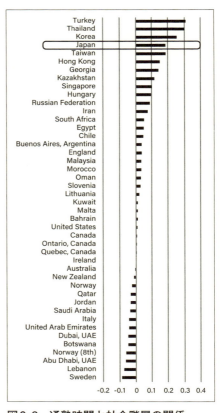

図2-1　宿題時間と社会階層の関係　　図2-2　通塾時間と社会階層の関係

第2章　宿題と通塾にみる学習時間の構造

　このことは政策面に関して、以下のような示唆をもつ可能性がある。後の第3節で見るように、日本の公立中学の学校環境は国際的に見ればばらつきが小さく、宿題時間にも家庭背景の差が生じにくい一方、学校外の通塾等を通じて家庭背景や地域による差が顕在化しやすい面がある。つまり日本ではせっかく学校が公平性を担保しても、学校外の教育機会を通じて差が顕在化する面があり、それらを見渡した上での政策を検討する必要がある。

4.2. 勉強時間の記述統計（カテゴリ別）

　次の図2-3は、親学歴別に、中1～中3生徒の平日一日あたりの平均的な勉強時間を見たものである。

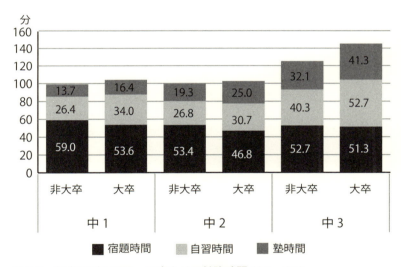

図2-3　親学歴別の平日一日当たりの勉強時間（中1～中3）

　まず注目に値するのが、宿題、自習、通塾の各時間の中で、一番比率が大きいのが宿題時間であるという点である。これは中1から中3を通じて、親が大卒であるか否かを問わず、どのカテゴリでもそのような傾向が見られる。すなわち、日本の中学校段階において宿題は平等に実施されており、これが学校が生徒に対して家庭背景によらずの一定の学習時間を確保させるという意味で、下支えの機能の一つであると見てよい。

53

また、宿題のカテゴリ間では比較的差が小さい（＝皆が同じ程度宿題に時間を費やしている）反面、それでも差を生じさせているのは、自習や通塾である。とくに明らかな差が出るのは中３段階の自習と塾であり、ここには大卒の有無による違いが大きく反映されている。

　次の図2-4は、世帯年収歴別に中１～中３生徒の勉強時間を見たものである。図2-3で親学歴について見た場合と同様に、宿題時間がいずれのカテゴリでも大きな割合を占めるが、例外は年収800万円以上の中３の生徒である。ここでは自習時間が宿題時間を上回っている。対照的に年収400万円未満の中３の生徒は、宿題時間が総勉強時間の中で占める比率が大きい。実際、中１～中３のすべての段階を通じて、世帯年収が低いほど、宿題時間が長いという関係が図に示されている。こうした結果は、「勉強時間」といったときに自習と通塾だけを含むデータを見ていては、見えてこなかった関係である。

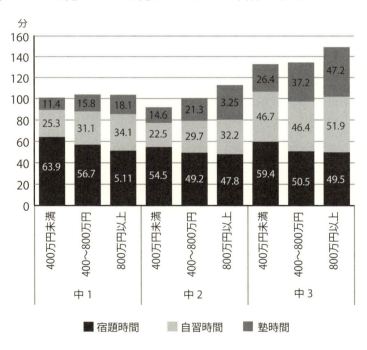

図2-4　世帯年収別の平日一日当たりの勉強時間（中１～中３）

第2章　宿題と通塾にみる学習時間の構造

　次の図2-5は、地域別に中1～中3生徒の勉強時間を見たものである。宿題と地域の規模による関連は、先の図2-3や図2-4で親学歴や世帯年収について見た以上の差が見られる。つまり、小さい市町村ほど、宿題に費やす時間が長く、総勉強時間に占めるその割合も大きい一方、人口規模の大きい政令市・23区になるほど、宿題に費やす時間が短く、比率においても小さくなる。これはつまり、都市部に行くほど、塾に行くかどうかによって勉強時間に差が出やすいという傾向を示している。

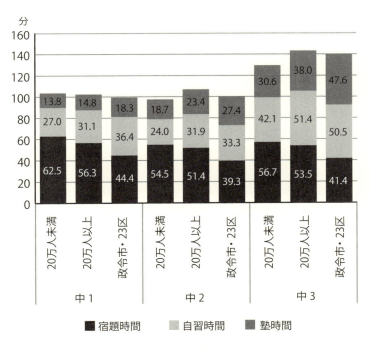

図2-5　地域別の平日一日当たりの勉強時間（中1～中3）

4.3. 勉強時間の規定要因（重回帰分析）

　以下は中3段階について、宿題、自習、塾それぞれを従属変数について、生徒の属性や地域、家庭背景等に関するさまざまな変数を統制した重回帰分析を行った結果である[1]。

まず表2-1は、中3時の宿題の規定要因を示す。女子で親が非大卒、世帯年収が低い場合に、それぞれ宿題時間が長くなっている。生徒の成績は宿題時間に差をもたらさないが、親の教育意識や学習意欲が高いほど、宿題時間が長くなる傾向にある。政令市・23区では他の要因をすべて統制した後でも、やはり宿題時間がマイナスに有意になっており、その係数も大きい。

表2-2は中3時の自習時間の規定要因を示す。自習時間には成績と地域を統制した上では有意な男女差がなく、親が大卒かどうかによる差もない。世帯収

表2-1　宿題時間の規定要因の重回帰分析（中学3年時）

	モデル1	モデル2	モデル3	モデル4
女子ダミー	0.928 ***	0.940 ***	0.952 ***	0.960 ***
	-(6.510)	-(6.660)	-(6.680)	-(6.020)
親非大卒ダミー	0.266	0.298	0.288	0.348
	-(1.770)	-(1.940)	-(1.870)	-(1.990)
世帯収入400万円未満	0.496 *	0.478 *	0.442 *	0.460 *
	-(2.510)	-(2.410)	-(2.220)	-(2.040)
世帯収入800万円以上	-0.227	-0.206	-0.228	-0.219
	(-1.35)	(-1.22)	(-1.35)	(-1.17)
世帯収入400 - 800万円（基準）	−	−	−	−
成績5段階		0.099	0.112	-0.178 *
		-(1.500)	-(1.690)	(-2.05)
政令市・23区		-1.161 ***	-1.084 ***	-1.013 ***
		(-6.49)	(-6.01)	(-5.03)
16万人以上の市		-0.299	-0.269	-0.226
		(-1.79)	(-1.61)	(-1.22)
16万人未満の市（基準）		−	−	−
通塾時間			(0.354) *	(0.479) **
			(-2.32)	(-2.70)
親の教育意識				0.089 *
				-(2.010)
本人の進学期待年数				-0.067
				(--1.05)
勉強が好きか				0.871 ***
				-(7.910)
定数	4.164 ***	4.205 ***	4.378 ***	3.418 ***
	-28.910	-14.100	-14.050	-3.680
N	3318	3289	3250	2607

* p<0.05, ** p<0.01, *** p<0.001

入の低さは、通塾時間を統制するまでは自習時間に対して有意にマイナスの影響をもっていた。成績が高いほど自習時間は有意に長く、政令市・23区と大都市であるほど、自習時間は有意に長くなる傾向がある。通塾、親の教育意識、勉強が好きかどうかは、自習時間の長さに対してすべて有意であった。

表2-3は中3時の通塾時間の規定要因を示す。通塾時間には男女差がなく、親が大卒かどうかによる差もない（すなわち、親が非大卒であってもお金を払って子

表2-2　自習時間の規定要因の重回帰分析（中学3年時）

	モデル1	モデル2	モデル3	モデル4
女子ダミー	0.358 ***	0.324	0.325	0.355
	-(2.040)	-(1.850)	-(1.860)	-(1.800)
親非大卒ダミー	-0.478	-0.136	-0.094	-0.018
	(-2.58)	(-0.72)	(-0.50)	(-0.08)
世帯収入400万円未満	-0.675 *	-0.506 *	-0.386	-0.271
	(-2.77)	(-2.08)	(-1.57)	(-0.97)
世帯収入800万円以上	0.591	0.437 *	0.321	0.214
	-(2.850)	-(2.110)	-(1.550)	-(0.920)
世帯収入400 - 800万円（基準）	−	−	−	−
成績5段階		0.682 ***	0.677 ***	0.231 *
		-(8.420)	-(8.340)	-(2.130)
政令市・23区		0.676 **	0.544 *	0.453
		-(3.070)	-(2.460)	-(1.810)
16万人以上の市		0.572 **	0.518 *	0.535 *
		-(2.790)	-(2.520)	-(2.320)
16万人未満の市（基準）		−	−	−
通塾時間			0.968 ***	0.814 ***
			-(5.160)	-(3.700)
親の教育意識				0.115 *
				-(2.100)
本人の進学期待年数				0.154
				-(1.940)
勉強が好きか				0.964 ***
				-(7.070)
定数	4.386 ***	1.540 ***	0.969 *	-3.211 **
	-24.710	-4.200	-2.530	(-2.79)
N	3322	3293	3255	2608

* $p<0.05$, ** $p<0.01$, *** $p<0.001$

どもを通塾させる程度には変わりがない）ことが分かる。世帯収入の高さは通塾に対してすべてのモデルを通じてプラスに有意であり、逆に収入の低さはすべてのモデルでマイナスに有意である。（この関係は、地域を統制した後でも変わらない。）生徒の成績は、親の教育意識や本人の進学期待を入れる前までは通塾に対して有意な正の影響をもっており、政令市・23区や都市部で階層が高いほど塾での勉強時間が長いことは先行研究の知見と合致している。ただし、勉強が好きかが塾での勉強時間と有意な関係を持たないことからも、塾は生徒の学習意欲によらず、生徒を勉強させる機能をもつと見ることもできる。

表2-3　通塾時間の規定要因の重回帰分析（中学3年時）

	モデル1	モデル2	モデル3
女子ダミー	-0.305 *	-0.330 ***	-0.168
	(-2.04)	(-2.22)	(-1.01)
親非大卒ダミー	-0.341 *	-0.019	0.129
	(-2.16)	-(0.12)	-(0.700)
世帯収入400万円未満	-0.951 ***	-0.803 *	-0.592 *
	(-4.57)	(-3.88)	(-2.52)
世帯収入800万円以上	1.270 ***	1.123 ***	0.805 ***
	-(7.200)	-(6.390)	-(4.100)
世帯収入400 – 800万円（基準）		–	–
成績5段階		0.518 ***	0.086
		-(7.520)	-(0.950)
政令市・23区		1.285 ***	1.281 ***
		-(6.880)	-(6.110)
16万人以上の市		0.762 ***	0.591 **
		-(4.380)	-(3.040)
16万人未満の市（基準）		–	–
親の教育意識			0.478 ***
			-(10.720)
本人の進学期待年数			0.105
			-(1.570)
勉強が好きか			0.256 *
			-(2.220)
定数	3.845 ***	1.335 ***	-4.793 ***
	-(25.430)	-(4.280)	(-4.95)
N	3289	3260	2615

* p<0.05, ** p<0.01, *** p<0.001

4.4. 因果分析（勉強時間の因果効果）

　以下の表2-4は、宿題、自習、通塾それぞれの勉強時間が成績や教科への好感度、授業の楽しさや勉強への自己認識におよぼす影響を、固定効果モデルを用いて推計した結果である[2]。ここでは統計的に有意差のあった値のみを表内に記載している。ここから、成績に対して有意な影響をもつのは勉強時間と通塾時間である一方、宿題時間はそうでない傾向が示された。ただし、宿題時間は授業の楽しさや教科への好感度に対しては有意な影響をもつ傾向も見られた。

表2-4　勉強時間（宿題・自習・通塾）の因果効果

	宿題・中1〜2	宿題・中2〜3	勉強・中1〜2	勉強・中2〜3	塾・中1〜2	塾・中2〜3
成績						
5教科平均			0.092	0.049	0.123	0.101
国語			0.076	0.053		0.099
数学			0.084		0.247	0.136
英語			0.130	0.086	0.151	0.109
教科への好感度						
5教科平均	0.038	0.045	0.051		0.127	
国語	0.068	0.078	0.058		0.112	
数学					0.204	0.060
英語			0.067		0.193	
授業の楽しさ						
	0.060	0.058			0.114	0.076
勉強のしかたの分からなさ						
						-0.014
何が分かっていないか確かめながら勉強する						
	0.119		0.075			

　また、生徒の学習に対する自己認識に関して、「授業の楽しさ」や「勉強のしかたの分からなさ」、「何が分かっていないか確かめながら勉強をする」といった複数の指標をアウトカムに設定することで、各タイプの勉強時間が、これらのアウトカムに対して異なる影響（意味）を持っていたことも推察された。

　宿題時間が成績に対して有意な影響をもたなかった点については、これが「成績」であり、「学力」ではない点に若干の留意が必要である。つまり、宿題

は皆がやるから成績に対して相対的な差がつかなくても当たり前である反面、仮にこれが学力の指標であったら、何らかの影響が見えていたかもしれないという可能性が挙げられる。一方で、通塾は成績に対して有意な影響をもつことが固定効果モデルの分析から示された点も、今回の発見の一つである。

5. 結論と考察

5.1. 結果のまとめ

本章では中学生の学校外の学習時間に注目し、その背景および効果について分析した。

まず国際学力調査データ TIMSS を用いて、学習時間と社会階層との相関が日本を含む各国でどう異なるかを検討した結果、日本は家庭背景に関わらず中学生が宿題に時間を費やす一方、通塾と社会階層との相関は国際的に見ても高いことが分かった。

次に東京大学社会科学研究所とベネッセ教育総合研究所の共同研究である「子どもの生活と学びに関する親子調査」を用い、学年別・地域別・階層別に学習時間（宿題、自習、通塾）を確認した後、多変量解析を実施した。日本では政令市・23区で通塾をしていないと塾以外の学習時間（宿題＋自習）も短くなる傾向を明らかにし、地域差への注目の必要性を見出した。さらに因果効果に関して、成績に対して有意な影響をもつのは勉強時間と通塾時間である一方、宿題時間はそうでない傾向を示した。ただし、宿題時間は授業の楽しさや教科への好感度に対しては有意な影響をもつ傾向も見られた。

5.2. 学校と家庭を区別する視点

学力に関する計量的な分析を行う際、学校と家庭の影響を分けることの重要性がこれまで繰り返し指摘されてきた。コールマンによる分析報告 (Coleman et al. 1966) 以後、近年でも Downey (2016, 2020) らが積極的にこうしたの議論や実証分析を牽引している。日本でもこれまでに、個別の論文でこうした点への着目や言及はあったが、まだ議論は十分でない。

地域によって教育構造が違うことへの注目は、地域を分けて学力の規定要因

第2章　宿題と通塾にみる学習時間の構造

を分析した耳塚（2007）の主張とも重なる。本章のポイントは学校外の学習構造（例：塾の有無）が地域によって異なることで、学校関連の学習（＝宿題時間）にも影響が出ているのではないかという点である。

　通塾時間に関して、これは「当たり前」のものではなく地域差があって、塾の役割が相対的に小さい市部や町村では学校が機能する比重が大きいことが、本章の結果から示された。この事実からすると、学習時間の格差とは決して所与のものではなく、絶対に変えられないものでもないことが示唆される。学校外の構造を客観視しつつ、宿題時間に見られるような、学校に今できていることを計量分析によって正しく見つめることも重要である。

注

1)　性別は男子が0、女子が1のダミー変数である。親大卒の有無は、両親のいずれかまたは両方が大卒者の場合に1、そうでない場合に0をとるダミー変数である。世帯収入は、400万円以上800万円未満を基準カテゴリとし、400万円未満、800万円以上のそれぞれについてのダミー変数である。成績5段階は、子どもが回答したクラス（学年）内の成績について、「上のほう」を5〜「下の方」を1とし、国語、数学、理科、社会、英語の5教科の平均をとった値である。居住地の都市規模は、16万人未満の市を基準カテゴリとし、政令市・23区、16万人以上の市それぞれについてのダミー変数である。通塾時間は、平日一日あたりの通塾時間（分）を示す。親の教育意識は、親の子どもの教育に対する以下の4つの項目への回答を合算した尺度である。「できるだけいい大学に入れるように成績を上げてほしい」「多少無理をしても子どもの教育にはお金をかけたい」「子どもの教育・進学面では世間一般の流れに乗り遅れないようにしている」「子どもには今のうちにいろいろな体験をさせたい」それぞれについて、「とてもそう思う」を4〜「まったくそう思わない」を1とし、最少が4、最大が16の値をとる。本人の進学期待年数は、生徒が進学したい教育段階の学歴を教育年数に直したものである。たとえば高校までの場合は12、四年制大学までの場合は16の値をとる。勉強が好きかは、「とても好き」を4〜「まったく好きでない」を1とする。

2)　5教科平均の成績は、注1と同じ方法で作成した。教科別の成績は、「上のほう」を5〜「下の方」を1とする。授業の楽しさは、「授業が楽しい」について「とてもあてはまる」を4〜「まったくあてはまらない」を1とする。勉強のしかたの分からなさは、「上手な勉強のしかたが分からない」について「とてもあてはまる」を4〜「まったくあてはまらない」を1としており、値が小さいほど勉強のしかたが分かる度合いが強まる。「何が分かっていないか確かめながら勉強をする」については、「よくする」を4〜「まったくしない」を1とする。

61

第3章

中学段階における家庭背景と学力の関係の
国際比較

1. 問題関心

　本章は、中学段階における学校レベルの社会経済的地位 (School SES Composition) が学力におよぼす影響について、日本の特徴を国際比較の中で明らかにすることを目的としている。具体的には、学校レベルの社会経済的背景が学力におよぼす影響やメカニズムについて、TIMSS データを用いた分析を通じて検討する。また、学校の SES 構成や学校環境が相互にどのように関係しながら学力に影響をおよぼすかについて考察する。

　家庭背景が学力におよぼす影響に関する研究はこれまで数多く行われてきたが、日本では学校を媒介とした影響を厳密に検討した研究は少ない。米国のコールマン報告以降、家庭背景による格差が地域や学校の格差と絡み合う状況について多くの議論が行われてきた (Alexander 2016)。日本では家庭の影響が相対的に大きいこと (Chudgar & Luschei 2009) や、学校における教員の質が生徒の社会経済的背景によらず比較的保たれていること (Akiba et al. 2007) が指摘されている。本章では、これらの研究をふまえ、家庭背景と学校の SES 構成が学力におよぼす影響を国際比較の視点から明らかにするとともに、学校レベルの SES という指標の実質的な意味や影響について、学校環境がその効果をどのように媒介しているかを検討する。家庭と学校の影響を分けて論じる重要性を強調しつつ、TIMSS データを活用して日本の教育システムの特徴を分析する。

　本研究では、School SES Composition（以下学校の SES 構成、または学校 SES）の効果をめぐる議論にもとづき、1970 年代の米国における議論 (Alexander et

63

al. 1979) から、近年の研究 (Agirdag 2018、Dumay & Dupriez 2008、Marks 2024、Rumberger & Palady 2005 など) に至るまでの知見を活用する。これらの研究では、学校環境によって学校 SES の効果が説明される場合、それは学校の特徴を媒介した効果と解釈される。一方で、学校環境を統制しても残る学校 SES の影響は、ピア効果や似た境遇の生徒間で形成される文化、あるいは学校選択などによるセレクションの影響として、家庭背景に起因する可能性があると考えられてきた。本章では、こうした議論を念頭に、学校 SES の影響を精査する。

　本章の分析は、いずれも TIMSS（国際数学・理科教育動向調査）のデータを用いて行う。最初に TIMSS2019 の国際報告書の中から、経済的に豊かな学校と困難な学校間の学力差を国際比較として提示する。次に、既存の TIMSS データを用いた国際比較研究 (Caponera & Losito 2016) の結果から、本章で対象とする国や地域の学力の総分散や学校間格差 (ICC) の状況を提示する。さらに、日本の公立中学と私立中学の区別を考慮することのできる TIMSS2011 データを用いて、学校 SES と学校環境や教育実践に関する変数との相関を見ることで、日本の位置づけを国際的な枠組みの中で確認する。最後に、同データにマルチレベルモデル（HLM）を適用して日本の学校 SES と学力との関係をモデル化し、その影響の程度や媒介変数を検討する。

2.　先行研究の検討

　教育研究における学校間格差の議論は、1966 年の Coleman レポートに端を発する。この報告は、家庭背景が学力に与える影響を強調し、学校間格差の是正に向けた議論の出発点となった。その後、Raudenbush & Willms (1995) は学校構成の持つ二重の効果、すなわち学校の社会経済的背景と学校の実践の両方を含む効果（タイプ A 効果）と、学校の実践のみを切り離した効果（タイプ B 効果）を明らかにし、教育政策の新たな視点を提供した。タイプ A 効果とは学校全体の影響を評価するもので、学校の社会経済的な文脈や実践の両方を含めた効果を測定する。一方でタイプ B 効果とは、学校の文脈を除外し、学校の実践のみを分離して評価する効果を指す。

　Dumay & Dupriez (2008) は、ベルギーの学校間で学校 SES が学力に直接お

よび間接的な影響を持つことを指摘した。また、Rumberger & Palardy（2005）は、アメリカの高校において学校 SES が学力の伸びに個人 SES と同等かそれ以上の影響を持つと主張し、この効果は教師の期待や教育環境の質を介して生じると述べている。一方、Marks（2015）は、学校 SES 効果が方法論に依存しやすく、固定効果モデルを用いた縦断的分析ではその影響が小さくなることを指摘している。

また、Agirdag et al.（2012）や Agirdag（2018）は、学校 SES が生徒の「無力感文化」や教員の「教えやすさ文化」を媒介として学力に影響することを示唆している。ただし、これらの研究は横断的データにもとづくため、これらの論文は厳密な因果効果の主張には慎重な立場を取っている。さらに近年の研究では、学校レベルの集合的な指標として、学校の SES 構成以外にも学力や言語の構成による影響に着目する研究もある（Dumay & Dupriez 2008、Marks 2024）。

このように先行研究では、学校の SES 構成が学力に与える影響について多様な視点を提供している。一部の研究（例：Rumberger & Palardy 2005、Willms 2010）は、学校の SES 構成の強い効果を主張する一方、Marks らは効果の不安定性を指摘している。また、Agirdag らは文化的要因の媒介を示唆している。本研究ではこうした研究蓄積をふまえ、日本の文脈における学校の SES 構成の影響について、相関分析やマルチレベル分析を通じて検証する。

3. 学校間の学力格差と日本の位置づけ

本章では、TIMSS（国際数学・理科教育動向調査）のデータを用い、日本を含む複数の国々を対象に検討を行う。TIMSS は、各国の生徒の学力や学習環境を把握する国際的なデータセットであり、層化二段抽出法にもとづいてデータを収集している。国際比較の対象国の選定にあたっては、人口 500 万人以上、GDP が 30,000 ドル以上（2019 年時点）という基準を満たす国を対象とした。また、データの完全性を考慮し、モデルで必要な変数が不足している国や、調査設計上比較が難しいと判断した国は除外した。

まず TIMSS2019 の報告書（Mullis et al. 2020）をもとに、家庭の経済的状況によって構成された 3 つの学校カテゴリ別の数学の平均得点を比較した。なお、

本章の主な焦点は中学段階にあるが、ここでは最初にその前段階となる小学校段階の結果についてもあわせて示す。

第4学年の数学の結果（表3-1）では、「より裕福な学校」と「より困難な学校」の間に顕著な得点差が多くの国で確認された。例えば、台湾では経済的に困難な家庭の生徒割合が4％であり、裕福な学校と困難な学校間の得点差が41点である。この結果は、経済的に困難な家庭の生徒割合が8％と同様に低く、裕福な学校と困難な学校との得点差が19点である日本とは対照的である。

第8学年の数学の結果（表3-2）では、日本では裕福な学校と困難な学校の間に29点の得点差があるものの、その差は他国と比べて小さい部類に入ることが確認された。ただし日本では、そもそも「より困難な学校」の割合自体が12％と低く抑えられている。一方、日本以上にこのカテゴリの学校割合が大きい国では、得点差が下へ開いている国や地域が多い。なおシンガポールのように「より困難な学校」の割合が小さいにもかかわらず得点差が開いている国もある。こうした背景には教育制度や政策の影響があると考えられる。

表3-1　学校カテゴリ別の数学の平均得点、第4学年

	1）より裕福な学校		2）どちらにも偏らない学校		3）より困難な学校		1）－2）	2）－3）	1）－3）
	生徒割合（％）	平均得点	生徒割合（％）	平均得点	生徒割合（％）	平均得点	得点差	得点差	得点差
シンガポール	53	635	37	623	10	584	12	39	51
香港	34	612	25	607	41	590	5	17	22
台湾	25	607	71	599	4	566	8	33	41
韓国	26	620	57	594	17	583	26	11	37
日本	48	602	45	585	8	583	17	2	19
イングランド	13	620	53	550	34	540	70	10	80
米国	23	574	19	550	58	516	24	34	58
フィンランド	36	541	54	530	10	512	11	18	29
イタリア	38	522	45	517	17	498	5	19	24
オーストラリア	34	542	38	512	28	485	30	27	57
スウェーデン	75	533	11	511	14	473	22	38	60

注：「より裕福な学校」のカテゴリは「経済的に裕福な家庭の生徒が25％以上を占め、経済的に困難な家庭の生徒が25％を超えない学校」。「より困難な学校」のカテゴリは「経済的に困難な家庭の生徒が25％以上を占め、経済的に裕福な家庭の生徒が25％を超えない学校」。
出典：TIMSS2019国際報告書のExhibit 6.2: School Composition by Socioeconomic Background of the Student Body より抜粋。

表3-2　学校カテゴリ別の数学の平均得点、第8学年

	1）より裕福な学校 生徒割合（%）	平均得点	2）どちらにも偏らない学校 生徒割合（%）	平均得点	3）より困難な学校 生徒割合（%）	平均得点	1）－2）得点差	2）－3）得点差	1）－3）得点差
台湾	14	656	66	616	20	571	40	45	85
シンガポール	43	640	46	611	10	539	29	72	101
韓国	23	639	48	607	29	581	32	26	58
日本	**52**	**602**	**36**	**588**	**12**	**573**	**14**	**15**	**29**
香港	27	622	34	581	39	553	41	28	69
米国	22	581	23	530	55	488	51	42	93
オーストラリア	39	558	34	511	27	474	47	37	84
フィンランド	30	513	60	509	10	494	4	15	19
イタリア	38	509	43	504	19	464	5	40	45
イングランド	37	562	30	500	33	489	62	11	73
スウェーデン	69	511	22	490	8	479	21	11	32

注：「より裕福な学校」のカテゴリは「経済的に裕福な家庭の生徒が25％以上を占め、経済的に困難な家庭の生徒が25％を超えない学校」。「より困難な学校」のカテゴリは「経済的に困難な家庭の生徒が25％以上を占め、経済的に裕福な家庭の生徒が25％を超えない学校」。
出典：TIMSS2019国際報告書のExhibit 6.4: School Composition by Socioeconomic Background of the Student Body より抜粋。

図3-1では、数学学力の総分散に占める学校間分散（ICC）の割合を示している。ICCは学校間格差の程度を反映し、値が大きいほど学校間の学力差が顕著であることを意味する。この分析結果から、日本のICCは11％と低く、学校

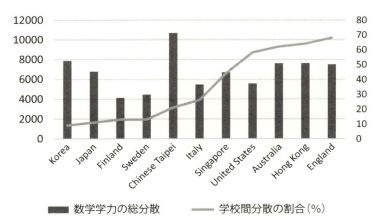

図3-1　数学学力の総分散と学校間分散の割合（TIMSS2011、Caponera & Losito 2016より作成）

間の学力差が抑制されていることが確認された。一方、イギリスや香港では
ICC が高く、学校間の学力格差が顕著である。これらの国々では、学校ごと
に SES 構成が大きく異なる傾向がある。日本では、学校間で「不利の重なり」
が小さいことが、学校が格差を広げる要因とならない仕組みを支えていると考
えられる。

　次節以後の分析では、生徒の回答を集約した学校平均の SES 指標を用いて、
学校間格差と SES の影響をさらに精査する。学校 SES の直接効果と間接効果
を区別しながら、SES が学力に与える影響を検討する。

4. 学校 SES の影響についての分析結果

　本節では、TIMSS2011 データを用いて、日本の中学校における社会経済的
地位 (SES) と学力の関係について分析を行った。とくに、学校 SES が学力に
およぼす影響に焦点を当て、私立学校と公立学校の違いを比較しながら、学校
環境や学校の教育資源との関連性を明らかにした。

　分析には、TIMSS2011 データを用いた[1]。生徒の社会経済的背景 (SES) は、
父母の学歴 (教育年数の長い方) や家庭の蔵書数、家庭の所有物を主成分分析に
よって統合した指標を用いた[2]。この SES スコアを学校ごとに平均化した値を
学校レベルの SES とし、さらに学校環境に関しては、校長や教員の回答をも
とに学校の規律や安全性、教育資源、学業重視の風潮といった変数を構築して
分析を進めた。

　図 3-2 は、日本の中学段階における学校平均 SES と数学学力の関係につい
て、公立学校と私立学校に分けて示したものである。横軸が学校平均 SES、縦
軸が数学学力を表し、グレーの丸が公立学校、白抜きの四角が私立学校を表し
ている。この結果、日本の私立中学には SES が高く、かつ数学学力が高い生
徒が集中している傾向が確認された。このような結果は、日本の公教育が社会
の公平性を担保する役割を果たしながら、私立学校がその一部で異なる動向を
示していることを浮き彫りにしている。

　表 3-3 は、学校平均 SES と学校環境や教育資源、教員や保護者、生徒の意
識などの指標との相関を示している。この分析からは、いくつかの重要な点が

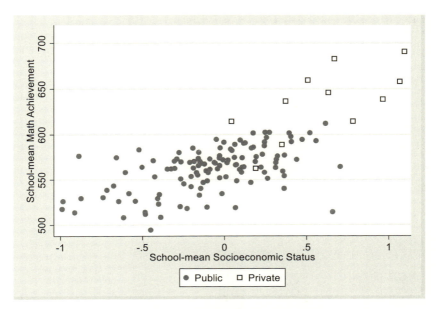

図3-2　学校の社会経済的背景と数学学力の関係（TIMSS2011、日本、公私別）

明らかになった。まず、日本では学校の規律や安全性と SES の相関が弱い傾向が見られた。これは、本章と同様に TIMSS データを用いて学力と学校規律の関係の検証を行った Ishida & Miwa（2016）の知見とも合致している。

また、学校の一般的な教育資源や、指導や教員の意識に関する指標に関しては、日本の公立学校は相関がゼロに近い指標が多く、SES にかかわらず学校環境が一定程度保たれていることが示された。ただし、日本以外の国で相関がマイナスである場合もあり、そうした場合はむしろ学校平均 SES の低い学校に対して、より多くの資源配分を行っていることを意味している。また日本の場合、私立中学も含めると国際的にみて学校平均 SES との相関が大きくなる項目も見られた（数学指導のための教育資源、年間の総授業時間、週当たりの数学の指導時間など）。

保護者の教育に対する意識は、国内的に見れば相関係数が 0.2 〜 0.3 程度と学校 SES とは一定の弱い相関関係がある。ただしこれを国際的に見ると、日本以上に学校レベル SES との相関が強い国が多いことは注目に値する。また

表3-3　学校平均の社会経済的指標（SES）と各指標との相関（TIMSS2011）

1）学校環境に関する指標

指標												
学校の一般的な教育資源（校長回答）	SWE -0.06	ENG -0.04	JPN_pub 0.00	USA 0.02	JPN 0.07	KOR 0.07	TWN 0.07	SGP 0.08	AUS 0.13	HKG 0.15	FIN 0.19	ITA 0.19
数学指導のための教育資源（校長回答）	ENG -0.03	SGP 0.04	TWN 0.06	KOR 0.09	USA 0.09	JPN_pub 0.12	HKG 0.13	JPN 0.19	SWE 0.19	ITA 0.20	FIN 0.21	AUS 0.23
勤務校の教育資源（教員回答）	JPN_pub -0.05	JPN -0.01	TWN 0.01	KOR 0.01	SWE 0.04	FIN 0.04	ENG 0.08	ITA 0.13	AUS 0.14	HKG 0.14	USA 0.14	SGP 0.25
年間の総授業時間	SWE -0.19	USA -0.17	HKG -0.11	FIN -0.06	ITA -0.03	JPN_pub -0.03	KOR -0.02	ENG 0.02	AUS 0.06	JPN 0.09	SGP 0.13	TWN 0.26
生徒の問題行動の少なさ（生徒回答の学校平均）	JPN_pub -0.16	JPN -0.09	HKG -0.03	ITA 0.06	USA 0.09	SWE 0.10	KOR 0.10	TWN 0.12	ENG 0.24	SGP 0.29	AUS 0.36	
勤務校の規律や安全（教員回答）	JPN_pub -0.10	JPN -0.01	KOR 0.06	FIN 0.06	SWE 0.14	TWN 0.26	ITA 0.27	HKG 0.28	SGP 0.33	AUS 0.36	USA 0.41	ENG 0.41
生徒の問題行動の少なさ（校長回答）	KOR 0.02	JPN_pub 0.16	TWN 0.16	FIN 0.17	ITA 0.18	SWE 0.23	USA 0.24	JPN 0.25	SGP 0.27	ENG 0.29	HKG 0.31	AUS 0.37

2）指導や教員の意識に関する指標

指標												
週当たりの数学の指導時間（教員回答）	ENG -0.23	USA -0.14	SGP -0.13	ITA -0.12	HKG -0.12	JPN_pub -0.08	SWE -0.04	KOR 0.03	AUS 0.06	FIN 0.11	JPN 0.15	TWN 0.29
数学の宿題の頻度（教員回答）	KOR -0.04	FIN -0.03	JPN_pub -0.02	JPN 0.01	SGP 0.02	SWE 0.02	ITA 0.06	HKG 0.09	USA 0.17	AUS 0.20	ENG 0.29	TWN 0.41
生徒の成績に対する教員の期待度（校長回答）	ITA 0.05	JPN_pub 0.08	FIN 0.10	JPN 0.17	ENG 0.21	USA 0.23	SGP 0.30	SWE 0.37	TWN 0.39	KOR 0.41	HKG 0.44	
生徒の成績に対する教員の期待度（教員回答）	JPN_pub 0.09	KOR 0.12	FIN 0.17	JPN 0.17	USA 0.18	ITA 0.18	SWE 0.24	TWN 0.29	ENG 0.33	SGP 0.34	AUS 0.37	HKG 0.38
教員自身の職務満足度や勤務意欲（教員回答）	HKG -0.09	JPN_pub -0.02	JPN 0.01	KOR 0.02	ITA 0.04	USA 0.04	TWN 0.07	FIN 0.08	ENG 0.10	SWE 0.15	SGP 0.18	AUS 0.25
教員の教育目標の理解度や達成度（校長回答）	ITA -0.07	ENG 0.14	JPN_pub 0.15	USA 0.18	FIN 0.18	TWN 0.22	JPN 0.25	KOR 0.31	HKG 0.34	SGP 0.38	SWE 0.38	
教員の教育目標の理解度や達成度（教員回答）	JPN_pub -0.08	JPN 0.01	ITA 0.04	KOR 0.08	FIN 0.11	HKG 0.17	USA 0.18	SWE 0.20	SGP 0.22	TWN 0.24	ENG 0.29	AUS 0.30

3）親の意識に関する指標（学校ごとの平均）

指標												
生徒の成績に対する保護者の支援（校長回答）	FIN 0.21	JPN_pub 0.22	ITA 0.31	JPN 0.31	USA 0.42	ENG 0.44	TWN 0.44	SWE 0.46	SGP 0.50	AUS 0.52	KOR 0.53	HKG 0.55
生徒の成績に対する保護者の支援（教員回答）	FIN 0.19	ITA 0.20	JPN_pub 0.22	SWE 0.28	JPN 0.28	ENG 0.41	SGP 0.43	KOR 0.44	AUS 0.44	HKG 0.45	USA 0.49	TWN 0.51

4）生徒の意識に関する指標（学校ごとの平均）

学校で良い成績をとりたいという生徒の意欲（校長回答）	USA 0.25	FIN 0.29	KOR 0.32	JPN_pub 0.32	ITA 0.35	JPN 0.37	ENG 0.38	SWE 0.39	TWN 0.41	SGP 0.46	AUS 0.47	HKG 0.62
学校で良い成績をとりたいという生徒の意欲（教員回答）	KOR 0.18	JPN_pub 0.26	JPN 0.30	ITA 0.31	SWE 0.31	FIN 0.35	USA 0.35	TWN 0.39	SGP 0.39	AUS 0.41	ENG 0.46	HKG 0.48
学校への所属感や安心感（生徒回答）	SWE 0.10	ITA 0.16	JPN_pub 0.21	JPN 0.29	TWN 0.29	FIN 0.29	KOR 0.34	USA 0.41	SGP 0.50	AUS 0.52	ENG 0.53	HKG 0.66
数学の勉強に対する好意や楽しさ（生徒回答）	JPN_pub 0.07	USA 0.07	JPN 0.09	SWE 0.14	ITA 0.15	SGP 0.19	KOR 0.27	FIN 0.27	ENG 0.28	AUS 0.32	TWN 0.41	HKG 0.42
数学の勉強に関する自己効力感（生徒回答）	JPN_pub 0.16	ITA 0.22	JPN 0.23	SWE 0.26	ENG 0.40	AUS 0.42	USA 0.44	FIN 0.45	KOR 0.49	HKG 0.50	SGP 0.53	TWN 0.55
数学を勉強することの意義や必要性の高さ（生徒回答）	SGP -0.21	ENG -0.05	ITA 0.01	SWE 0.09	AUS 0.10	JPN_pub 0.14	USA 0.18	JPN 0.22	KOR 0.34	FIN 0.36	HKG 0.43	TWN 0.60

注：各指標について、左ほど相関が弱く、右ほど相関が高い。マイナスの値には下線をつけている。

第3章　中学段階における家庭背景と学力の関係の国際比較

生徒の意識に関しては、指標によって国際的に見ても学校 SES との相関の弱いもの（例：勉強に対する意欲や自己効力感）がある一方、中程度の相関をもつものもある（例：良い成績を取りたいという意欲、数学の勉強の意義に対する認識）。後者の関係性は、日本では私立中学も含めた場合により強くなる。

　これらの結果を総括すると、日本では学校間の SES 格差が学力に与える影響は他国に比べて小さいと考えられる。とくに公立学校では、SES にかかわらず均質な教育が提供され、学校間の学力差が抑制されていることが示された。一方で、私立学校は SES の高い家庭が集中しやすく、学校間格差の拡大要因となりうる。

　最後に、マルチレベル分析を用いて、日本の中学校における学校の社会経済的背景（SES）と学力の関係性を、TIMSS2011 データを用いて分析した。生徒 SES と学校 SES は、本節の前半で述べたのと同じ方法で構築した。学校環境に関する変数は、以下のように 4 つの要素に概念化した上で構築し、順にモデルに加えた。①学校の組織的特徴（学校規模、教員勤務年数、教員の学歴）、②学校の設備や教育資源（校舎や教室、冷暖房や照明などの学校の一般的な教育資源、教材、コンピューター、図書や備品などの算数指導のための教育資源）、③カリキュラムや指導（数学の授業時間、数学の宿題頻度、数学の学習進度）、④学校の学習環境や学校文化（生徒の問題行動の少なさ、教員間の協同、生徒の成績に対する教員の期待度と保護者の支援、よい成績をとりたいという生徒の意欲、校長のリーダーシップ、学校の家庭への関与）。とくに④については、国内外の「効果のある学校」研究の知見を参考にし、生徒、教員、学校長の各質問紙に含まれる上述の項目（項目ごとに回答を合算したもの）を主成分分析で統合して作成した。モデル内ではこれを「効果的な学校指標」と称している。

　表 3-4 と表 3-5 は、これらの変数の基本的な分布と変数間の関係を示したものである。以下に、具体的な分析結果を述べる。

71

表3-4　記述統計量[3)]

変数名	N	Mean	S.D.	Min	Max
数学学力	4414	570.11	84.34	136.20	826.05
生徒 SES	3393	0.00	1	-3.57	2.48
学校 SES	4344	-0.01	0.41	-0.99	1.10
学校規模	4414	497.07	218.64	45	1110
教員勤務年数	4362	16.79	11.19	1	41
教員の学歴	4389	5.08	0.32	3	6
教育資源（校長）	4347	38.45	6.94	19	48
教育資源（教員）	4387	13.63	3.83	5	20
数学授業時間	4393	163.02	30.01	135	300
数学宿題頻度	4401	1.70	1.45	0	5
数学の学習進度	4401	89.35	10.13	57.50	100
効果的な学校指標	3855	0.00	1	-2.86	1.98

表3-5　学校レベルの変数間の相関関係

変数名	学校SES	学校規模	教員勤務年数	教員の学歴	教育資源（校長）	教育資源（教員）	数学授業時間	数学宿題頻度	数学の学習進度	効果的な学校指標
学校 SES	1									
学校規模	0.245	1								
教員勤務年数	0.161	0.071	1							
教員の学歴	0.166	0.024	0.001	1						
教育資源（校長）	0.175	0.095	-0.002	-0.008	1					
教育資源（教員）	0.041	-0.113	-0.253	0.039	0.087	1				
数学授業時間	0.079	-0.129	0.056	-0.048	-0.129	-0.005	1			
数学宿題頻度	0.015	-0.094	0.020	-0.147	0.097	0.098	0.013	1		
数学の学習進度	0.215	-0.048	0.029	0.019	-0.022	-0.051	0.124	-0.079	1	
効果的な学校指標	0.383	-0.051	-0.010	0.059	0.130	0.293	0.208	0.021	0.193	1

　表3-6は、日本の中学段階を対象とし、数学学力を従属変数としたマルチレベル分析の結果である。学校環境に関する変数をモデルごとに投入することで、学校SESの影響がどの程度説明されるかに注目して分析を行った。モデル1では、学校SESの影響と生徒SESの影響が同程度に大きいことが分かる。一方で、学校規模や教員の勤務年数、教育資源（校長と教員それぞれが回答したもの）については有意な影響が見られない。

　モデル2では、カリキュラムや指導に関する変数を投入したところ、モデル

第3章　中学段階における家庭背景と学力の関係の国際比較

表3-6　数学学力に対するマルチレベルモデル（TIMSS2011、日本）

変数名	モデル1		モデル2		モデル3		モデル3＋私立	
生徒 SES	28.847	***	28.726	***	27.447	***	27.445	**
学校 SES	25.064	***	19.239	***	12.936	*	2.316	
学校規模	-0.003		0.005		0.011		0.012	
教員勤務年数	0.252		0.232		0.272		0.303	
教員の学歴	11.741	+	12.626	*	12.519	+	12.295	*
教育資源（校長）	0.376		0.371		0.199		0.051	
教育資源（教員）	0.748		0.820		0.076		-0.127	
数学授業時間			0.219	**	0.160	+	-0.046	
数学宿題頻度			1.895		1.468		0.520	
数学の学習進度			0.496	**	0.584	**	0.580	**
効果的な学校指標					8.541	**	8.342	***
私立学校							40.207	***
切片	487.115	***	395.097	***	409.962	***	449.663	***
学校レベル分散	404.994		357.292		383.820		323.639	
生徒レベル分散	5195.489		5189.465		5284.351		5284.025	

* $p < 0.05$, ** $p < 0.01$, *** $p < 0.001$

1に比べて学校SESの影響が減少した。ここから、数学の授業時間や学習進度といった学校レベルの変数が、学校SESと生徒の数学学力との関係を媒介していることが示唆される。ただし表3-3で見たように、日本の公立中学に限定した場合は数学の授業時間は基本的に学校間で一定であるため、ここでの違いは公立と私立のカリキュラムの違いを反映している可能性がある。

　モデル3では、「効果的な学校指標」が新たに投入され、この変数が学校SESの学力に対する影響をさらに説明していることが分かる。表3-5から分かるように、この指標と学校SESとの相関係数は0。383であり、今回モデルで使用している学校環境に関する変数の中では最も学校SESとの相関が高い。この効果的な学校指標自体も、学力に対して有意な正の影響を及ぼしており、学校SESと数学学力との関係を媒介する一要因となっている。

　モデル3に私立ダミーを加えた最後のモデルでは、学校SESの影響がほとんど見られなくなっている。これは、公立学校と私立学校の違いが学校SESの学力に対する影響の大半を説明していることを示す。ただし、モデル内の他の学校変数と同様に、私立学校の学力への影響は必ずしも厳密な因果効果とは言えない。TIMSSが一時点の調査にもとづく横断的なデータであり、事前の

学力などの観察されない要因の影響が考慮されていないことについては、結論部であらためて議論する。

5. 結論と考察

　本章では国際数学・理科教育動向調査（TIMSS）のデータを用いて、日本の中学段階における家庭背景と学力の関係について、学校レベルの社会経済的背景（School SES Composition）に注目した分析を行った。まず本章の分析によると、日本の中学段階の学校間の学力格差は、国際的に見ると小さいことが確認された。たとえばフィンランドのように、日本と同等に学校間の学力格差が小さい社会は存在するが、日本のように人口規模が大きい社会において、このような学校間格差の小ささが維持されていることは特筆すべき点である。この特徴の背後には、日本の義務教育が全国的に標準化されており、学校間で教育資源が均等に配分されていることがあると考えられる。また、国私立中学と公立中高一貫校を除けば中学の入学選抜がなく、公立中学における学校選択制が大きくは広がっていないことも一因であろう。

　また、日本では学校 SES と学校の教育資源や教員の実践との関連が弱いことも確認された。このことは、学校の教育資源や教員の仕事への意識、生徒の学業に対する教員の期待などが、日本では学校の社会経済的背景に左右されにくいことを示している。この傾向は、とくに公立中学のみに限定した場合に顕著である。こうした学校間 SES による影響の小ささは、教育の公平性を支える上で重要な要素である。

　むろん、マルチレベル分析でも示された通り、学校 SES の影響とは別に、生徒個人の SES が学力に与える影響は大きい。本章が強調するように、たとえ日本の義務教育段階において学校レベルの SES の影響が小さいとしても、個々の学校内で観察されうる、生徒レベルの SES が学力に与える影響は決して無視できない。この点は学力格差に関する日本の既存研究の指摘と同様に、今後もさらなるメカニズムの解明を行う余地がある。

　以下に、学術的かつ方法論的な課題を述べる。本章の分析からは、学校 SES の学力に対する影響が、日本の中学段階では主に公立・私立学校間の違

第3章　中学段階における家庭背景と学力の関係の国際比較

いや、一部の学校環境を媒介して間接的に表れる可能性が示されたが、学校SESが直接的に学力に因果的な影響を与えるかどうかについては、慎重な検討が必要である。この点は、本章で使用したTIMSSが一時点の横断的な調査であることの限界ともかかわっている。先行研究では、学校のSES構成効果として観察される効果の一部が、実際には学校や学級のセレクションの影響を反映している可能性が指摘されている（Dumay & Dupriez 2008）。たとえば日本の私立中学に進学する生徒は入学以前の段階からSESが高く、平均的な学力も高い傾向があるならば、一時点の学力調査データでは事前の学力に関する情報が把握できず、この事前の特性が学校環境を媒介した学力に対する「効果」として表れうる。

　こうした一時点のデータからの推論の限界は、学校環境に関する変数の影響を議論する際にもあてはまる。たとえば本章で用いた「効果的な学校指標」の構成要素の中には、従属変数である生徒の学力に対して、必ずしも時間的に「先行」である保障がない変数が含まれる。一例として、生徒の学業達成に対する教員の期待にはさほど学校SESによる差がなくとも、生徒自身や保護者による同様の期待には、ある程度の学校SESによる差があることを表3-3ですでに見た。後者に起因する学校の学業的な風潮は、生徒や家庭が学校に持ち込む社会的文脈を反映したものである可能性があり、純粋な学校独自の実践の影響とは言えないかもしれない。むろんそうであっても、「効果的な学校指標」は学校SESと独立した学校環境や学校実践の影響をそれなりに反映していると思われるが、厳密な因果効果を見極めるには、時間的な前後関係を特定できるかどうかが一つの鍵となる。

　最後に、政策的な示唆を述べる。上述のような因果関係の特定の難しさがあるとしても、学校のSES構成の偏りが生徒の学習環境に与える影響に対して、警鐘を鳴らす立場は十分に成り立つ。具体的には、SESの偏りが生徒に与える潜在的な影響（例：生徒の学習意欲や進路形成、教員による支援の必要性など）について、今後も注視する必要があろう。実証研究で示された偏りの大きさや有無を、教育現場や政策立案者に伝えることによって、生徒や教員が直面する学校の社会的な文脈について理解を共有できるだろう。

注

1) 分析には日本の中学2年生の生徒質問紙、学校質問紙、教師質問紙からのデータをすべて用いた。分析に使用するデータセットを作成するため、まず生徒データと教員データを学校IDで照合して統合（マージ）した。その後、学校データを学校IDで照合して再度統合した。

2) 家庭の所有物については、各国で共通に尋ねられている5つの項目（コンピューター、勉強机、教科書以外の自分の本、自分の部屋、インターネット接続）に加え、各国で独自に尋ねられている6つの項目（日本の場合は電卓、数学の本やパズル、天体望遠鏡、地球儀、植物図鑑）を用いた。国によって独自の項目が3つ（米国、オーストラリア）または5つ（フィンランド、スウェーデン）の場合は、それらのみを用いた。各国の家庭の所有物についての独自項目は、TIMSS2011のUser GuideのSupplement 2で確認できる。

3) 本研究では、Plausible Values（PV）およびウエイトの使用、欠損値の対処について以下の点に留意した。まず、生徒、学校、教師の3種類のデータを統合したデータセットに対して、分析のために使用した統計ソフト（Stata）では、マルチレベル分析を行うためのコマンド（mixed）と同時にサンプルウエイトを適用することはできても、レプリケートウエイトの適用ができないと判明した。PVについては、同様にmixedのコマンドに含めることができないが、数学の学力についての5つの推計値（bsmmat01-bsmmat05）に対して5回の分析を行い、エクセルを用いて結果を統合することで問題は解決できた。

　また欠損値については、Stataの多重代入法のコマンド（mi impute）を用いて対処したが、代入に用いた予測変数の選定に完全な確信があったわけではない。多重代入法を行った場合と、リストワイズ消去法を適用した場合で結果が大きく異ならなかったため、本稿の分析結果は後者に依拠したものを示している。

　上述の点への留意が必要なため、本分析の結果は必ずしも全国的な代表性を担保しておらず、より厳密なウエイト等の適用によって、本章のマルチレベル分析で示した係数の有意差などは変わる可能性がある。国際学力調査を用いて複雑な分析を行うには、こうした点から困難が生じうる。今後は上述のような技術的な点に対応しているとされる統計ソフトRのコマンドを使用することも念頭に置いている。ただし、国際学力調査データの分析にともなうこれらの技術的な対応の難しさが、分析と結果の公表を妨げるべきではない。研究目的との整合性を念頭に置いた上で、どの程度こうした手法を厳密に適用すべきかを判断し、結果の公表の際にそれらへの対応についても表記することが現実的ではないかと考える。

第4章

国・私立中学への進学が進学期待と
自己効力感に及ぼす影響

1. はじめに

　日本では1980年代後半以降、国・私立中学への進学が増加してきた。「学校基本調査」によると、国・私立中学に在籍する生徒の割合は1980年代前半には3.5%程度であったが、1990年代半ばに6%台に達し、2010年前後には8%程度まで上昇している。こうした背景の一つとして、学校週5日制の影響で私学を選択する家庭が増えたことや、2002年の学習指導要領改訂実施にともない、「ゆとり教育」への不安を感じた親が私学を選択する傾向にあったことなどが指摘されてきた（西村 2006、武内・中谷・松繁 2006）。

　教育社会学や教育経済学の分野において、これまで私学選択や小中学校受験の問題は、しばしば家庭の社会経済的な背景との関連で論じられてきた。小・中学受験をしやすい生徒の特徴として、両親の学歴や職業的地位、世帯年収が高いことが繰り返し明らかにされてきた（片岡 2009、小針 2004、橘木・松浦 2009）。また、私立中学の受験の際には親の情緒的・時間的サポートが必要になることから、母親の就業形態が専業主婦である場合に生徒が受験をしやすいことが指摘されてきた（平尾 2004、橘木・松浦 2009）。地域の面では、とりわけ首都圏で小中学校の受験率が高いことが明らかにされており（片岡 2009）、学力面については、平均的には成績が高い生徒ほど私立中学への進学を希望しやすいことが明らかになっている（樋田 1993）。

　このように国立・私立に進学する生徒の背景が明らかにされてきた一方、「実際に進学をしたらどうなるか」という効果についての実証研究は、日本ではいまだ少ない。例外として西丸（2008）は、国・私立中学に進学した場合、生徒の教育達成が高まりやすいことを明らかにしており、その要因を高校受験のな

77

い中高一貫教育のカリキュラム編成に求めている。また都村・西丸・織田（2011）は、私立中学進学が本人の教育年数に及ぼす効果が、より近年の 1971-80 年生まれのコホートで有意であることを明らかにしている。ただし、これらは教育達成に対する効果を明らかにしたものであり、生徒が国・私立中学の在学中に受ける影響については、いまだ未解明である。よって本章では、国・私立中学への在学中に見られる効果として、生徒の進学期待や学業意識への影響について検討する[1]。

　国・私立中学進学のメリットは、雑誌や塾などにより宣伝され、世間では肯定的なイメージが定着している。親は子どもが中学受験をする際、独自の教育方針や校風、世間での評判、受験勉強がないこと等の側面を期待する（樋田1993）。しかし、果たして国・私立中学への進学は、公立に進学する同等の生徒との厳密な比較を行った場合、進学期待や学業意識の面で、本当に人々の望むような効果をもたらしているのだろうか。

2. 私立学校の効果に関する研究

　これまでの日本の研究では、国・私立学校の効果にあまり焦点が当てられてこなかった一方、海外の研究では、1980 年代以降、とくに米国で私学の効果に関する数多くの研究が行われ、現在もまだその分析方法や解釈を含めた議論が続いている。Coleman らは、「High School and Beyond」という全米の高校生の調査データを用いて、私立高校（とくにカトリック高校）への進学が学力や大学進学に一定の効果をもたらすと主張した（Coleman et al. 1982）。翌年以後、同調査の追跡データを用いてその分析方法や知見を批判する研究が続いたが、これに対し Coleman らも追跡データの特徴を生かす形で再度分析を行い、やはり私立高校への進学には一定の効果があり、とりわけ社会経済的地位の低い家庭の生徒の学力への影響が大きいことを主張した（Coleman & Hoffer 1987）。その後も同様のデータを用いて、カトリック高校への進学がとりわけ低所得のアフリカ系アメリカ人のマイノリティの生徒にとって有効であるという知見が明らかにされた（Bryk et al. 1993）。また、高校生を対象とした「OECD 生徒の学習到達度調査」（PISA）を分析した結果、複数の国々において、私立高校へ

の進学が学力に正の効果をもたらす可能性が指摘されてきた（Dronkers & Robert 2008）。

しかし一方で、小中学生を対象とした「全米学力調査」（NAEP）や、就学前から中学生までの生徒を追跡する「幼児期追跡調査」（ECLS-K）を用いた分析では、そのような私立学校の正の効果は見いだされなかった。むしろ、学校レベルの豊富な要因を統制して分析を行った結果、公立学校へ進学することの方が学力への効果が大きいという主張もなされている（Lubienski & Lubienski 2014）。

以上のように、海外の研究を見るかぎり、私立学校の効果の有無やその大きさに関する知見は混在している。調査時期や対象学年、分析手法が多岐にわたることもあり、必ずしも一概に効果があるとは言いにくい。また、仮に私立学校の効果があるとしても、その効果量は小さい可能性がある。ただし、効果の異質性という観点から見れば、私立学校は、家庭の社会経済的背景が豊かでない生徒にとっては追加的な効果をもつとされ、その知見についてはこれまでに大きな反証はなされていない（Byrk et al. 1993, Coleman & Hoffer 1987, Morgan 2001）。本章では、これらの知見をふまえ、日本の国・立中学の効果について検証を進める。

3. 進学期待と学業上の自己効力感に関する先行研究

3.1. 進学期待のメカニズム

本章では国・私立中学の効果として、進学期待と学業上の自己認識に焦点を当てる。これら二つの指標を合わせて検討することで、国・私立中学の効果をより立体的にとらえることを目指す。「どの教育段階まで進みたいか」という進学期待は、実際の教育達成とも強い関連を持っており、これまでに国内外の多くの研究がその形成メカニズムに焦点を当ててきた。先行研究によると、進学期待は親の学歴や職業、収入のような社会経済的地位や、生まれ育った地域の影響を受けて早くから決まりやすいとする見方がある一方で（Andrew & Hauser 2011）、そのような階層の固定的な影響だけでなく、学校段階を進む中で、生徒の通う学校での指導や組織文化やトラック、教員や同級生からの影響によっても変わりうることが明らかにされている（Bozick et al. 2010、中村編

2010, 尾嶋編 2001）。たとえば米国のパネルデータを使用した研究では、調査対象のうち4割の生徒の進学期待は小学4年生から11年生（日本の高校2年生）までの間に不変であった一方、6割の生徒の進学期待はその間に変化したという（Bozick et al. 2010）。よって、進学期待は階層要因の影響を受けつつも、学校環境の影響を受けてある程度変化することが想定できる。

　また先行研究では、生徒の家庭背景が豊かでない場合に、進学期待は変わりやすいとされる。Bozick et al. (2010) によると、とりわけ階層の高い生徒の間では、周囲の他者から一貫して大学進学への期待のシグナルが送られるため、進学期待が階層要因の影響を受けて早いうちから固定されやすいという。一方で階層が低い生徒の間では、そのような一貫したシグナルや保有する資源が少ないため、その進学期待は周囲の影響を受けて変化しやすいという。この知見を本章の課題に応用すれば、国・私立中学進学によって最も変化しやすいのは、階層の低い生徒の進学期待だと仮定できる。そこでは、相対的に階層の低い生徒こそが、国・私立中学の提供する学習環境のなかで進学期待の高い仲間に囲まれ、それを新たな刺激として進学期待をより高めやすいことが仮定できる。一方で、もともと階層の高い生徒の進学期待は、国・私立中学進学によってもそれほど変化しないのではないだろうか。以上の論点は、下記二つの仮説として集約される。

仮説1：国・私立中学に進学すると、公立に進学した類似の特徴をもつ生徒と比べて、本人の進学期待が高まりやすい。
仮説2：国・私立中学に進学した生徒のうち、階層が低い生徒ほど、進学期待が高まりやすい。

3.2. 学業上の自己効力感のメカニズム

　生徒の学業上の自己認識という主観的な指標は、これまで教育心理学の分野で研究されることが多かったが、近年は学力や学業達成に影響しうる重要な要因として、教育社会学的な研究においても注目されている。たとえば生徒が学業に対して自信や意欲をもつことは、それ自体が重要であるだけでなく、それが望ましい学習習慣や学力とも循環的な関係を持つため、教育達成にも影響す

第4章　国・私立中学への進学が進学期待と自己効力感に及ぼす影響

るとされる。

　その中で、生徒の学業上の自己効力感 (self-efficacy) とは、自分がある状況において目標を達成する能力があるという確信を示す。こうした自己効力感とは、もともとの個人差によるものだけでなく、環境の影響を受けて変わりうるという側面がある。自身と周囲の他者との比較により、人々の自己意識が社会的に形成されるという点は、社会学では以前から準拠集団との比較による「相対的剥奪」の文脈で説明がなされてきた（石田 2015、Merton 訳書 1961）。教育研究の文脈では、この枠組みをひきつぎ、「井の中の蛙効果」(big-fish-little-pond effect) として、やはり自己認識が準拠集団との比較で相対的に決まるという側面が明らかにされている（古田 2016、Marsh 1987、外山 2008）。

　自己認識がそのような影響を受けやすい環境の一つとして、能力別指導を行っている場合が挙げられる。たとえば、生徒が能力別に学校間で振り分けられている場合、ランクの高い学校に所属する生徒は、一律に学力の高い生徒集団に囲まれることになる。このため、自身の自己効力感を高めてくれるような学力の低い生徒が周囲におらず、その自己効力感は下がりやすいという (Chmielewski et al. 2013)。本章が対象とする国・私立中学の生徒に対しても、この仮説が当てはまることが予想される。言いかえれば、準拠集団である同級生のピアグループの学力が全般的に高いことによる一種の相対的剥奪が起こることで、そうした生徒集団に所属することになった生徒の学業面での自己効力感は、下がりやすいということである。

　また、こうした学業上の自己認識については、学力が高い生徒ほど、それが弱まりやすいと予想する。なぜなら、学力の高い生徒は、もし仮に公立中学に進学するならば、学力のばらつきが大きい公立の中で、おそらく学力トップ層付近に位置し、その自己効力感も高くなることが想定できるからである。一方で国・私立中学に進学する場合、周囲の生徒の家庭背景が均質で学力も高いため、そうした環境下では、比較的学力の高い生徒でも周囲に埋もれてしまい、トップになれずに自己効力感を弱めるという状況が想定されうる。以上から、下記二つの仮説が導かれる。

仮説 3：国・私立中学に進学すると、公立に進学した類似の特徴をもつ生徒と

比べて、本人の学業的な自己効力感が弱まりやすい。

仮説4：国・私立中学に進学した生徒のうち、学力が高い生徒ほど、学業的な自己効力感が弱まりやすい。

4. データと方法

4.1. データ

　本章の課題を検討するため、国際教育到達度評価学会（IEA）が行う「国際数学・理科教育動向調査」TIMSS（Trends in International Mathematics and Science Study）のデータを使用する。TIMSS は、参加国の小学4年生と中学2年生（国際的には第8学年）を対象に、1995年以降4年おきに行われ、直近の2015年調査では世界60以上の国または地域で実施されている。各国／地域ごとの標本数は各年度・各学年ともに学校数150前後、生徒数4500前後であり、生徒の学力や学習状況の国レベルの動向や変化をとらえるのに適した調査データである。教科は数学と理科が対象である。本章では、2011年の日本の中学2年のデータ（生徒質問紙・学校質問紙）を使用する。なお、2011年の TIMSS 調査は、日本では中学2年の年度末（3月）に実施された（国立教育政策研究所編 2013）。そのため、生徒が中学校へ入学して以降、約2年間の在籍期間を経た時点でのものとなり、国・私学進学の影響を検討するには適していると考える。

4.2. 変数

　分析に用いる主な変数の概要は、表4-1のとおりである。本章で用いる国・私立中学の変数とは、日本の中学2年生を対象とした層化抽出枠組みのなかで、一つの「層」にあたるものである。それ以外の層は、都市規模別に分けられた公立学校についてのもので、4つの層を形成している（国立教育政策研究所編 2013）。

　共変量の一つである学力の指標としては、意識的な習得による差が現れやすく、国・私立中学受験の際にも主要教科とされている数学の学力を用いる[2]。これに合わせ、学業上の自己効力感の対象教科は、数学に関するものとする。また、自己効力感を具体的に測定するため、本章では数学への自信を指標とし

て用いる。家庭の階層に関する変数としては、父学歴、母学歴、家庭の蔵書数、家庭の教育資源の4つを用いる。なお、後の回帰分析の際にこれらを一つの概念として扱うため、上記の4変数を主成分分析によって統合した「家庭のSES」（socio-economic status）という変数も同時に作成する。

表4-1　変数の概要

変数	説明
結果変数（*Outcome variables*）	
進学期待（年数）	進学期待（どの教育段階まで進学したいか）を教育年数に直したもの。中学校＝9年、高等学校＝12年、専門学校・高専・短期大学＝14年、大学校（気象大学校、防衛大学校など）＝15年、大学＝16年、大学院＝18年、わからないは欠損値
進学期待（大学進学）	大学、大学校、大学院への進学希望＝1、それ以外＝0
数学への自信	「数学の成績はいつも良い」、「私はクラスの友達よりも、数学を難しいと感じる」、「数学は私の得意な教科ではない」、「数学で習うことはすぐにわかる」の4つの項目について、2、3番目の項目を逆転した上で、各項目について、強くそう思う＝4～まったくそう思わない＝1の合計（4～16）
処置変数（*Treatment variable*）	
国・私立中学	通学先が国・私立中学＝1、公立中学＝0
共変量（*Covariates*）	
数学の学力	数学の学力についての5つの推計値（plausible values）を平均したもの。参加国全体の平均が500、標準偏差が100になるよう調整されている。
父学歴*	父親の最終学歴を教育年数に直したもの（詳細は進学期待と同様）
母学歴*	母親の最終学歴を教育年数に直したもの（詳細は進学期待と同様）
家庭の蔵書数*	家にどのくらいの本があるかについて、ほとんどない（0～10冊）を1、本棚1つ分（11～25冊）を2、本箱1つ分（26～100冊）を3、本箱2つ分（101～200冊）を4、本箱3つ分以上（200冊より多い）を5としたもの
家庭の教育資源*	コンピュータ、自分の勉強机、自分の本（教科書は除く）、自分の部屋、インターネット、電卓、辞書、数学についての本屋パズル、天体望遠鏡、地球儀、植物図鑑の11つの項目の所持数の合計（0～11）
家庭のSES	階層を示す指標として、父学歴、母学歴、家庭の蔵書数、家庭の教育資源（*のある変数＝実際のマッチングに使用したもの）を主成分分析で統合したもの。主成分分析は、マッチング前のサンプルを用いて行っている。
女子ダミー	女子＝1、男子＝0
外国生まれダミー	本人が日本以外で生まれた場合＝1、日本生まれの場合＝0
年齢	本人の生まれ年と生まれ月を考慮し、連続変数に直したもの
親の学習関与	「私の親は学校で習っていることについて私にたずねる」、「学校の勉強について親と話す」、「私の親は私が宿題をする時間をとっているかどうか確かめる」、「私の親は、私が宿題をしているかどうか確かめる」の4つの項目（各項目について、強くそう思う＝4～まったくそう思わない＝1）の合計（4～16）
家でのPC使用の有無	家でコンピュータを使用する＝1、使用しない＝0

国・私立中学への進学を考慮する上で、そもそも大部分の生徒が公立に行き、国・私立中学への進学という選択肢のない可能性の大きい地域があることが想定されるため、以下のとおり、一定の地域を分析から除外した。まず、学校質問紙において、学校の所在する市町村（東京23区は区）の人口について、最小カテゴリである「3,001 ～ 15,000 人」と回答した学校を除去した。同様に、学校が所在する地域の特徴として、最小カテゴリである「小さな町か村」と回答した学校を除去した（上記と一部重複あり）。これらにより、公立学校4校（生徒数128 人）が分析から除外された。

なお、欠損のある変数を除いた結果、分析に使用する最終ケース数は、国・私立進学者の 278 人（学校数では 11 校、うち私立 7 校、国立 4 校）、公立進学者の1914 人（学校数では 111 校）となった[3]。

4.3. 分析方法

本章では、国・私立中学の効果を量的に測定することを目的としている。ここで効果という場合、従属変数について、単純に公立学校の生徒と国・私立学校の生徒の平均値を比べただけでは、正確な効果とはいえない。なぜなら先行研究が示すとおり、国・私立学校に進学しやすい生徒は、もともとの親学歴や学力水準も高い傾向にあり、そのことが見かけ上の差につながっている可能性があるためである。よって、国・私立に進学したこと独自の効果を見いだすためには、国・私立中学への「進学のしやすさ」にかかわる諸要因を適切に統制することが必要になる。この際に、国・私立中学に進学した生徒の比較対象として望ましいのは、公立学校の生徒すべてでなく、あくまでその一部となる。すなわち、実際には公立中学に進学したが、国・私立中学の生徒と同程度の「国・私立中学への進学のしやすさ」を兼ね備えていた生徒である。

こうした考えにもとづき、因果効果をより積極的に検証するために、本章では傾向スコア法（Propensity Score Analysis）を用いる（星野 2009、中澤 2013、Rosenbaum & Rubin 1983）。傾向スコア法とは、同一人物が公立中学に行った場合と国・私立中学に行った場合の効果というように、双方を同時に観察することが現実的には不可能な場合に、「反実仮想」の枠組みを生かして分析を行うものである（Morgan & Winship 2007）。この対比を、同一個人でなく一定の集団に当てはめ

第4章　国・私立中学への進学が進学期待と自己効力感に及ぼす影響

るとすれば、類似の状況を再現することが可能になる。すなわち、本章の課題に即していえば、「親学歴や家庭環境、学力などの諸特徴が同水準の生徒群について、一方が公立中に行き、他方が国・私立中に行ったとしたら、どのような差が見られるか」という比較を行うことがそれにあたる。

傾向スコアとは、私学選択を例にとれば、「どの程度私学に進学しやすいか」という確率を、さまざまな条件（＝共変量）から予測した条件つき確率をさす。多くの場合、国・私立に進学する生徒は親学歴や学力などが高い傾向にあるが、傾向スコアを用いて、それらの条件が同水準で公立に進学した生徒をマッチングさせることで、その差が効果としてとらえられる。なお、共変量を選ぶ際には先行研究を参考にしながら、処置変数をよりよく予測でき、かつ最終的な結果変数にも影響しうる変数を、なるべく豊富に選ぶことが重要である（星野2009）。

分析手順としては、はじめに国・私立中学の選択に影響しうる共変量を用いてロジスティック回帰分析を行い、傾向スコアを推定する[4]。なおこの際、階層に関する指標として、元データの豊富な情報を生かすため、父学歴、母学歴、家庭の蔵書数、家庭の教育資源の4つの変数を用いる。次に処置群と対照群の間でスコアが均衡しているケースを用いて、平均処置効果を推計する。

傾向スコアを用いた分析には大きく分けてマッチング（matching）、層化（stratification）、重み付け（weighting）があり、それぞれに利点と欠点があるが、本章では傾向スコアが近いものを一対一でペアにするという最近傍マッチングを行う（Guo & Fraser 2010）[5]。また、マッチング後のデータを用いてさらに重回帰分析を行い、マッチング前のデータを用いた重回帰分析の結果と比較した上で最終結果とした[6]。その際、仮説2と仮説4（効果の異質性）を検討するため、国・私立中学と該当変数との交互作用もモデルに含めた[7]。なお、重回帰分析の際には、階層に関する指標は先述の4変数でなく、それらをマッチング前に主成分分析によって統合した家庭のSESを用いた。これは、仮説2で国・私立学校と階層変数との交互作用を検討する際、階層概念を一つの変数として集約する必要があったためである[8]。

5. 分析結果

5.1. マッチング前後の記述統計

　表4-2はマッチング前後の主要な変数の平均値を、処置群と対照群それぞれについて示したものである。処置群が実際に国・私立へ進学したもの、対照群が公立へ進学したものにあたる。マッチングの後では、すべての共変量について、もともとあった差が有意でなくなっており、このことから両群の均衡のとれた状態が成立したことが分かる。とくに、対照群からは国・私立中学進学者と同じような条件をもつ公立進学者が選ばれるため、比較的階層や学力の高い生徒が選ばれていることが分かる。なお、従属変数（進学期待と数学への自信）については、マッチング後の処置群と対照群の差が平均処置効果にあたる。ここから明らかなように、マッチングの後では、国・私立中学に進学することで、公立中学に進学した場合と比べ、進学期待が年数で約0.4年延びている。数学への自信は、逆に1.1ポイントほど下がっている。

表4-2　マッチング前後の従属変数および共変量の記述統計量

| | マッチング前 | | | | | マッチング後 | | |
| | 処置群・国私立 (N=278) | | 対照群・公立 (N=1914) | | 処置群との差 | | 対照群・公立 (N=278) | | 処置群との差 |
	Mean	S.D.	Mean	S.D.			Mean	S.D.	
結果変数									
進学期待（年数）	15.950	(.873)	14.728	(1.723)	1.221	***	15.568	(1.341)	.381 ***
進学期待（大学進学）	.921	(.270)	.569	(.495)	.351	***	.809	(.394)	.112 ***
数学への自信	9.263	(2.611)	9.032	(2.821)	.231		10.320	(2.746)	-1.058 ***
共変量									
数学学力	636.212	(66.542)	575.004	(79.807)	61.208	***	633.843	(68.690)	2.369
数学学力(標準化後)	.792	(.808)	.048	(.970)	.744	***	.763	(.834)	.029
父学歴	15.162	(1.998)	13.778	(2.202)	1.384	***	15.194	(1.737)	-.032
母学歴	14.665	(1.754)	13.381	(1.813)	1.284	***	14.737	(1.674)	-.072
蔵書量	3.378	(1.251)	3.039	(1.227)	.339	***	3.374	(1.103)	.004
家庭の教育資源	8.791	(1.313)	7.994	(1.556)	.798	***	8.842	(1.259)	-.050
女子ダミー	.622	(.486)	.511	(.500)	.111	***	.604	(.490)	.018
外国生まれダミー	.025	(.157)	.007	(.085)	.018	**	.007	(.085)	.018
年齢	14.460	(.288)	14.478	(.287)	-.018		14.444	(.304)	.016
親の学習関与	9.770	(3.206)	9.228	(3.236)	.541	**	9.432	(3.101)	.338
家でのPC使用の有無	.921	(.270)	.869	(.337)	.051	*	.935	(.247)	-.014

注：数学学力については、傾向スコアを算出する際、標準化した変数を使用している。
* p<0.05, ** p<0.01, *** p<0.001

第4章　国・私立中学への進学が進学期待と自己効力感に及ぼす影響

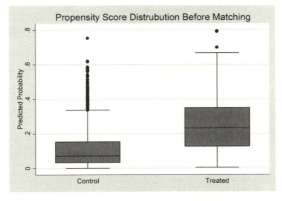

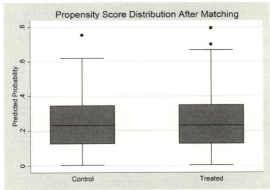

図4-1　マッチング前後の統制群と処置群

5.2. 進学期待

　表4-3は進学期待年数に対するマッチング前後の重回帰分析の結果を示したものである。表は除くが、もしモデル1の前に、国・私立中学のみを予測変数として単回帰分析を行った場合、結果は表4-2のマッチング後の平均値の差と同じになる。モデル1は、すべての共変量を統制変数として投入したものである。マッチング前の重回帰分析や、マッチング後に共変量を投入しないモデルと比べて、国・私立中学の係数は.352と若干小さくなっているものの、より厳しい基準を適用した本モデルにおいても、国・私立中学への進学は、進学期待を高めるということが見てとれる。

表4-3　進学期待（年数）に対するマッチング前後の重回帰分析

| | マッチング前 | | | | マッチング後 | | | |
| | モデル1 | | モデル2 | | モデル1 | | モデル2 | |
	Coef.	S.E.	Coef.	S.E	Coef.	S.E	Coef.	S.E
国私立中学	.454	(.078) ***	.506	(.123) ***	.352	(.091) ***	.157	(.135)
数学学力（中）―基準								
数学学力（低）	-.832	(.087) ***	-.816	(.088) ***	-.498	(.133) ***	-.501	(.134) ***
数学学力（高）	.573	(.071) ***	.577	(.072) ***	.238	(.122)	.229	(.124)
家庭のSES（中）―基準								
家庭のSES（低）	-.721	(.083) ***	-.766	(.086) ***	-.169	(.101)	-.379	(.170) *
家庭のSES（高）	.375	(.059) ***	.445	(.064) ***	.150	(.094)	.067	(.172)
女子ダミー	-.032	(.056)	-.021	(.056)	.079	(.092)	.088	(.091)
外国生まれダミー	-.528	(.347)	-.487	(.349)	.524	(.176) **	.503	(.176) **
年齢	.126	(.103)	.109	(.104)	.099	(.150)	.078	(.150)
親の学習関与	.043	(.009) ***	.044	(.009) ***	-.002	(.015)	.000	(.015)
家でのPC使用の有無	.240	(.119) *	.225	(.119)	-.301	(.143) *	-.286	(.138) *
国私立中学×中SES―基準								
国私立中学×低SES			1.098	(.256) ***			.420	(.200) *
国私立中学×高SES			-.315	(.143) *			.160	(.193)
定数	12.625	(1.479) ***	12.849	(1.489) ***	14.486	(2.177) ***	14.865	(2.176) ***
N	2192		2192		556		556	
R2	.325		.333		.139		.145	

* p<0.05, ** p<0.01, *** p<0.001

　モデル2は、仮説2で示した国・私立学校の効果の異質性を見るためのものである。この際、私立学校と各変数の交互作用の検討を容易にするため、数学学力と家庭のSESそれぞれについて、ケース数にもとづき三分割し、カテゴリ変数に変換した。モデル2の交互作用項を見るかぎり、階層の低い生徒が国・私立中学に進学することは、階層が中程度の生徒が国・私立中学に進学することよりも、有意に進学期待を高めやすいことが分かる。これは、マッチングを行う前の重回帰分析でもある程度推察されていた点ではある。しかし、マッチング後にあらためて推計された結果こそが、その係数は若干小さくなるものの、より厳密な因果効果であると見てよいだろう。一方で、階層の高い生徒が国・私立中学へ進学することによる有意な効果は見られないことも興味深い。つまり、もともと階層の高い生徒にとっては、国・私立中学への進学自体が本人の進学期待を高めることは、あまりなさそうだと言ってよいだろう。

5.3. 数学への自信

　表 4-4 は数学への自信に対するマッチング前後の重回帰分析の結果を示したものである。マッチング後のモデル 1 の国・私立中学の係数は、表 4-2 で示した平均処置効果とほぼ同じになる。なお、マッチング前の重回帰分析の結果よりも、若干マイナス方向に大きい効果が出ており、国・私立中学への進学により、数学の自己効力感が低下しやすいという傾向があらためて確認されたといってよい。

表4-4　数学への自信に対するマッチング前後の重回帰分析

| | マッチング前 | | | | マッチング後 | | | |
| | モデル1 | | モデル2 | | モデル1 | | モデル2 | |
	Coef.	S.E.	Coef.	S.E	Coef.	S.E	Coef.	S.E
国私立中学	-.889	(.268) ***	-.017	(.301) ***	-1.081	(.278) ***	-.075	(.325)
数学学力（中）―基準								
数学学力（低）	1.487	(.122) ***	1.459	(.126) ***	1.458	(.251) ***	2.167	(.370) ***
数学学力（高）	3.442	(.153) ***	3.584	(.160) ***	2.776	(.297)	3.554	(.329)
家庭の SES（中）―基準								
家庭の SES（低）	.357	(.128) **	.343	(.127) ***	.573	(.249)	.549	(.248) *
家庭の SES（高）	.512	(.145) ***	.496	(.145) ***	.154	(.264)	.140	(.263)
女子ダミー	-.885	(.109) ***	-.883	(.106) ***	-1.077	(.239)	-1.085	(.220)
外国生まれダミー	.121	(.459)	.217	(.458)	.186	(.734) **	.328	(.737) **
年齢	-.288	(.175)	-.258	(.177)	-.925	(.366)	-.828	(.373)
親の学習関与	.001	(.015)	.002	(.015) ***	.009	(.034)	.014	(.033)
家での PC 使用の有無	.133	(.118)	.119	(.117)	.208	(.364) *	.163	(.361) *
国私立中学×中 SES―基準								
国私立中学×低 SES			-.327	(.531)			-1.458	(.457) **
国私立中学×高 SES			-1.329	(.347) ***			-1.582	(.560) **
定数	11.753	(2.544) ***	11.295	(2.569) ***	22.422	(5.426) ***	20.555	(5.551)
N	2192		2192		556		556	
R2	.305		.309		.267		.284	

* p<0.05, ** p<0.01, *** p<0.001

　モデル 2 は、仮説 4 で示した国・私立学校の異質性を見るためのものである。マッチング後の交互作用は、学力が低い生徒に比べて、学力が中程度以上の生徒ほど、数学の自己効力感が下がりやすいということを示している。この結果も、マッチング後の重回帰分析を経ることで、より確実なものになったと言える。

5.4. 国・私立中学の効果の内実

　ここまでの分析で、国・私立中学への進学は、生徒の進学期待と数学への自信に一定の影響をもたらすことが明らかになった。しかし、このような効果は、一体どのようなメカニズムで生じているのだろうか。それは、国・私立中学がもつさまざまな特徴のうち、何に起因するものなのだろうか。Coleman et al. (1982) は、米国の私立学校において、公立学校よりも言語や数学の学力が高いという点について、その違いを観察可能な指標から説明することを試みた。コースワークや宿題の量、生徒の行動や態度などの各指標の水準や効果が、私立と公立それぞれで検討された結果、私立学校の学力的な優位性は、そのような政策的に操作可能な変数により説明可能であることが主張された。また、こうした学校効果に関する枠組みを理念的に整理したものとして、トラッキング効果のメカニズムに関する研究が挙げられる（一例として Pallas et al. 1994）。そこでは、トラッキングが学力や進学に及ぼす効果が、教授上の効果（instructional）、ピア効果（interpersonal）、象徴的効果（institutional）の三点から説明されている。本章が明らかにした進学期待や数学の自己効力感への効果も、こうした枠組みのもとで整理できる可能性がある。

　TIMSS データは、本章で検討した変数以外にも、学校の特徴に関するさまざまな指標を含む [9]。教授上の効果については、本章で分析対象とした学校のうち、週当たりの平均数学指導時間が国・私立中学で 220 分、公立中学で 156 分であった。また、週当たりの宿題時間は国・私立で 32.7 分、公立で 24.7 分であった [10]。表 4-3 と表 4-4 にこれらの変数を投入したところ、進学期待については、週当たりの数学指導時間を投入することで、国・私立中学の係数が 0.352 から 0.231 に減少し、若干の効果が説明された。次にピア効果については、高学力の仲間集団という観点から、学校平均の学力スコアを考慮することで、一つの検証につながるであろう。分析対象の学校のうち、国・私立中学全体の数学の学力平均は 639.2、公立中学全体の数学の学力平均は 575.6 であり、各学校内のスコアのばらつきは国・私立の方が小さかった。表 4-3 と表 4-4 にこれら学校ごとの学力平均を投入したところ、数学への自信については、国・私立学校の係数が − 1.081 から − 0.271 へ減少し、その有意差も消失した。よって、国・私立中学の生徒の数学への自信は、準拠集団である高学力の同級

生との比較による影響を少なからず受けていることがデータから示された。それ以外にピア効果に関連しそうな項目として、生徒の学習や行動規律に関する項目も国・私立の方が若干高い平均値を示しており、学校の学業重視の風潮についての校長回答値を表4-3に投入したところ、進学期待の国・私立中学の係数が0.352から0.241に減少した。象徴的効果については、観察可能なデータ上では検証が難しいため、今回は枠組みの提示のみにとどめる。

上記のうち、生徒の数学への自信が学校平均の学力を投入することで大幅に説明できたという点は、もし公立でも高学力校があった場合、今回国・私立について言えたのと同様に、準拠集団との比較による自信の低下が起こりうるという可能性を示している。今回のデータ内にはそのような学校はなかったものの、学力の高い公立中学の一例として、近年人気の高まっている公立中高一貫校を挙げることができるだろう。一方で、進学期待に対する効果については、まだ一部しかそのメカニズムを説明することができていない。そのため、いまだ観察されていない何らかの要因（学校開催の受験ガイダンスや生徒・教師間の何らかの相互作用など）がメカニズムとして作用している可能性もある。こうした点の検証は、今後の課題としたい。

6. 結論と考察

本章で得られた知見をまとめると、次のようになる。国・私立中学へ進学すると、公立に進学した類似の特徴をもつ生徒と比べて、進学期待が高まりやすい。その中でもとくに進学期待が高まりやすいのは、階層の低い生徒である。また国・私立中学へ進学すると、公立に進学した類似の特徴をもつ生徒と比べて学業的な自己効力感が弱まりやすい。中でもとくに学業的な自己効力感が弱まりやすいのは、比較的学力の高い生徒である。以上により、1 ～ 4の仮説すべてが支持されたことになる。

これらの結果から、日本の国・私立中学への進学は、生徒の在学中の学業面において、正と負の両方の効果をもつことが示唆された。進学期待が高まることは、一般的にはポジティブな結果と見てよいだろう。その効果の大きさは、平均すれば半年にも満たないものではあったが、とりわけ階層の低い生徒こそ

が、そうした効果を享受しているということが分かった。また、数学の自己効力感が弱まることは、一般的にはネガティブな結果だと言える。これは、対象群である公立中学の比較的高階層で優秀な生徒との対比を経たからこそ、より顕著に見えてきた面でもある。裏を返せば、実力や素質が同程度の生徒であっても、公立中学に進学した場合は、周囲との比較から、高い自己効力感を得やすいと見ることもできるだろう。

　本章の分析を現実に当てはめるならば、学力は高いが階層の低い生徒が、たとえば特待生のような形で経済的な支援を受けて国・私立中学に進学した場合、そうしなかった場合と比べて本人の進学期待の上昇が大きく、そうした生徒こそ国・私立中学の資源や機会を享受しやすいという状況が考えられる。一方で学力的かつ経済的にすでに恵まれた生徒については、あえて私立中学に進学する理由について、自己認識上のデメリットの可能性も含めて検討する必要性が示唆されるかもしれない。

　本章で得られた知見は、トラッキング研究にもとづいて今日まで議論されてきた、「生徒を能力別に分けること」の正当性についても、考えるための一石を投じるように思う。トラックの編成にあたっては、生徒の能力に応じた指導を行うことで、指導の効果や効率を上げるといったメリットが期待される一方で、とくに欧米では学力によるコース分けやグループ分けが、しばしば階層や人種と重なりやすいという問題意識が共有されてきた。日本の国・私立中学も、学力による入試選抜を行う背後で、その準備や通学のための経済的負担や親による支援の必要性が大きいことなどから、比較的階層の高い家庭の生徒が集まりやすい点が懸念されてきた。ただし、今回得られた結果を念頭に置くならば、国・私立中学の存在が不平等を助長するという観点からだけでなく、生徒によって国・私立中学への進学から得られるメリットが異なるという可能性も念頭に置いた議論が必要になるだろう。

　本章の課題を以下に述べる。第一に、本章のデータ内の国・私立中学の学校数および在籍生徒数が少ないことには若干の留意が必要である。これは、日本の中学校段階で、そもそも国・私立に在籍する生徒の比率が低いことに起因している。ただし、この点に対処するため、類似の変数セットをもつ2003年と2007年のデータを統合して補足的な分析を行った結果、本章と同じ傾向の結

第4章　国・私立中学への進学が進学期待と自己効力感に及ぼす影響

果が確認されたことを付記しておく[11]。第二に、本章で使用したデータが一時点のクロスセクショナルなデータであることには留意が必要である。本章では傾向スコアマッチングの手法を用い、より積極的な因果推計のための工夫を行った。しかしながら、一部の変数については、時点間の変化の可能性を厳密に考慮しきれていない。とくに、本章では数学の学力スコアを国・私立中学への「進学のしやすさ」の指標の一つとして用いているが、それが進学前の状況を示すだけでなく、中学進学後の影響を受けて若干変化している可能性は捨てきれない。ただし、個々の生徒の絶対的な学力水準が、国・私立中学進学の有無によって大幅に乖離することも考えにくい。本章ではあくまで、生徒のおおまかな学力水準を示すものとして、数学の学力スコアを用いていることを強調しておく。この点は、共変量のうち「親の学習関与」と「家でのPC使用」についても同様である。生徒が国・私立に進学することで親の関与が変化したり、学校のカリキュラム等によってPCの使用頻度が異なることが想定されうるためである。本来であればこれらは進学以前（＝処置前）の変数でなければならない。この点で、もし進学前後でこれらの変数が変化していた場合は、本章の推計値は若干のバイアスがかかったものとして見る必要がある[12]。

　今後同様のテーマを深めていくには、二つの方向性が考えられる。一つは、小学生から中学生までを追跡したパネル調査データを用いて、時間的な順序も考慮しながら、国・私立中学への進学の効果を計量的に明らかにしていく方法である。もう一つは、国・私立中学での質的な調査を通じて、生徒の進路や学業への意識がいつ、どのように形成されるのかについての事例を検証していく方法である。こうした複数のアプローチを取ることで、日本の国・私立中学がもたらす効果について、今後より一層の理解が進んでいくだろう。

注
1)　本章では、「国・私立中学」を一まとめとした分析を行う。国立中学と私立中学は、厳密には学費や教育内容等の面で差はあるが、両者とも一般の公立中学にはない入試選抜があり、通塾費や家庭の教育的関与の必要性などから、生徒の学力や出身階層が比較的高く均質である場合が多い（本章で扱うデータ内でもこの点が確認できる）。そのため、本章では両者を同一カテゴリとして分析を進める。
2)　TIMSSデータには、学力の各指標について5つの推計値（Plausible values）があり、学力を従属変数として扱う場合は、厳密には5つの値すべてを用いて推計値の平均や分散を計算すべ

きとされている。ただし、学力を独立変数として用いる場合は、これら5つの推計値の平均を用いることが慣例として行われており、本章でもこの手法を用いる (Buchmann and Park 2009)。

3) 本データにはもともと 4414 名の生徒が含まれる。最終ケース数が大きく減少する主な原因は、主に父母学歴を「わからない」とする生徒が多いことにある（父学歴については 33.2%、母学歴については 32.4%）。これらの生徒の平均的な学力や進学期待は、平均より若干低い水準にあり、この点に留意が必要である。ただし、多重代入法により欠損値を補完した上での推計も行ったが、主要な結果が大きく異ならなかったため、本章では欠損値は単純に除外することとした。

4) 傾向スコアを作成する際、統計解析ソフト Stata の pscore コマンドを使用した (Becker and Ichino 2002)。傾向スコアの分布を確認する際に、共通サポート (Common support) 領域として、処置群と対象群に一定の重なりがあることを確認した。本章では、処置群の最小値よりも小さいスコアをもつ対照群の該当者 (n=35) が共通サポート領域に含まれないと見なし、これを除いた上でマッチングを行った。

5) 最近傍マッチングの際、対照群からは一度マッチしたケースは再び使用せず、傾向スコアの差が 0.25 標準偏差以内になるようにした (Guo and Fraser 2010)。

6) マッチング後のデータにさらに共変量を投入して回帰分析を行うこのような方法は、「二重にロバストな推計」として有効とされている（星野 2009）。

7) このような方法は Byun et al. (2015) などで採用されている。なお、紙幅の都合上表は除くが、傾向スコアによる層別解析も別途行い、仮説 2 と 4 の効果の異質性に沿った知見が得られた。ただし、本章では「国・私立中学に進学しやすい（又はしにくい）生徒ほど」という形の検証よりも、具体的にどういう（学力が高い、階層が高い等）意味で進学しやすい（又はしにくい）生徒に追加的な効果があるのか、という点に興味があったため、最近傍マッチングを行った上で交互作用を検討するという手法を採用した。

8) 主成分分析を行った後の SES を回帰分析に入れて検討するならば、そもそもマッチングも SES 変数を用いて行う方が、分析上適切であるという意見もあろう。実際に家庭の SES を用いてマッチングを行った場合、本文中の結果と比較して、選ばれる対象群の数は同じになるが、回帰分析の結果には係数の大きさの面で若干の差が出る。ただし、その場合も本章の仮説はすべて支持され、最終的な知見に大差は出ない。また、元の 4 変数（父母学歴、蔵書数、教育資源）を用いた場合と比べ、マッチングの精度が若干落ちるというデメリットが生じる（＝特定の変数があるブロック間の処置群と対照群の間で完全にはバランスしなくなる）。よって本章ではマッチングの精度を重視し、マッチングには 4 変数を使用し、回帰分析ではそれらの合成変数を使用するという方法をとった。

9) ここでは生徒質問紙、学校質問紙のほか、教師質問紙への回答も参照している。

10) ただし、数や代数、図形や確率といった個別領域における指導項目数の平均値は、私立・公立ともに 50 前後で大きな差がなかった。調査対象校を見るかぎり、基本的な指導項目数や範囲はそれほど変わらなくても、私立の方が授業や宿題により長い時間をかけて指導していることが推察された。

11) ただし、2003 年と 2007 年のデータでは親の教育関与に関する変数が 2011 年ほど充実していないため、マッチングの精度は若干弱まった。

12) この点は、傾向スコアの「強く無視できる割り当て」(Strongly Ignorable Treatment Assignment) 条件にあたり、共変量は結果変数の影響を受けてはならないとされている（星野 2009）。

第5章

中学受験による進学の効果（1）
―― パネル調査による小6〜中1の変化の検討 ――

1. 問題の所在

　日本では2019年現在、全国の中学生のうち8%程度の生徒が国立または私立中学に進学している（学校基本調査 2019）。中学受験には親の階層や教育意識が反映されやすく、居住地域によっても受験や進学の機会には差があることから、中学受験による進学とは教育を通じた格差生成のメカニズムを考える上で、一つの重要なテーマであると言える（片岡 2009）。これまでにも多くの研究が、中学受験を経た私立中学への進学には親の学歴や収入、教育意識や地域差が関連していることを繰り返し明らかにしている（樋田 1993、ベネッセ教育開発センター 2008、都村・西丸・織田 2011、豊永 2018）。また、とくに日本の私立中学は比較的階層の高い層の生徒がまとまって進学しやすいことも明らかにされている（川口 2013）。

　このように、中学受験や私立中学進学の背景については一定の研究の蓄積がある一方で、実際に中学受験を経て私立中学（または国立中学、公立中高一貫校）へ進学した場合の影響については、国内では一部の研究を除いてまだ十分に研究の蓄積が進んでいるとはいいがたい（西丸 2008、森 2017a）。すなわち、誰が受験・進学するかについての解明が進む一方、実際に進学するとどのような影響があるかについては、まだ十分に解明されていない状態にある。その理由の一つには、（教育の効果研究一般に言えることであるが）分析に使用される社会調査データが一時点の横断的な調査であることが多く、二時点以上にわたり個人を追跡した縦断的な調査でない限り、受験を経て進学することによる個人内の変化までを明らかにすることが難しかったことが挙げられる。

しかし、中学受験を経た進学の効果を統計的に分析して示すことは重要である。なぜなら、これまでの研究にもとづき、私立中学進学の背景について明らかになった知見をもとに、そうした進学の「機会」の格差を把握することはできても、実際の帰結についての解明が進まないままでは、そうした機会を選択・享受したことによる「結果」の格差の可能性までを視野に入れた議論ができないからである。たとえば学歴と職業の接続では、人的資本論とスクリーニング仮説のように異なる視角からのメカニズムの説明がある。これを中学受験による進学にあてはめて考えたとき、私立中学への進学が実質的に生徒の知識やスキルを高めるという視角がある一方で、もともとそうした資質に優れた生徒を集めてスクリーニングしているという視角も想定できよう。もし仮に後者の要素が強い場合、メディア等で強調される私立中学へ進学するメリットは見かけ上のものである部分が大きく、進学によって生徒にもたらされた変化は「公立に行ったか／私立に行ったか」の違いによるものとは言いがたい、という議論を立てることも可能だろう。

　こうした問いに取り組むうえで鍵となるのが、見かけ上の効果（＝もともと受験・進学しやすい人の特性が影響している場合）ではなく、実質的な効果（＝個人間の異質性を統制した上でも、進学自体による影響がある場合）を明らかにすることである。この目的のために、統計的に因果的な効果を明らかにすることが重要となり、そのために適した調査データや手法が必要になる。そこで本章では、小学校から中学校にかけて私立中学（あるいは国立中学、公立中高一貫校）に進学することで、本人の成績や学習意欲、学校生活への意識等がどのように変化するのかを、パネル調査データを用いて分析する。

2.　分析方法

2.1. データと分析手法

　ベネッセ教育総合研究所の「子どもの生活と学びに関する親子調査」の第1ウェーブ（2015年）から第4ウェーブ（2018年）のデータを用いて、小学6年から中学1年の間に学校の設置者が公立からそれ以外のカテゴリ（国立中学、私立中学、公立中高一貫校進学）に変化したケースに注目して分析を行う。本調査は、

小学校低学年から高校卒業以後までの各学校段階を対象に、毎年新たなコホートを追加して追跡調査を行っている大規模なパネル調査である（木村 2020）。その調査設計や豊富な変数情報は、これまでの教育をテーマとする国内の社会調査の中でも類を見ないものであり、本章の課題を分析する上でも目的に合致している。

なお、今回は図 5-1 のように小 6 から中 1 の隣り合ったウェーブを 3 つのコホートから抽出し、分析対象とした。例年 7 〜 9 月に調査が行われていることから、1 年間という比較的短期的な期間における変化を見ることになるが、このメリットやデメリットについては結論・考察部分でまとめて触れることとする。

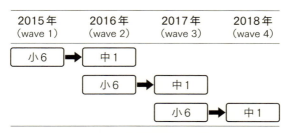

図5-1　本章で分析対象とする学年とコホート

分析手法としては、中学受験による進学の因果的な効果を明らかにするという本章の目的のため、パネル調査データの利点を生かした固定効果モデルを中心とした分析を行い、関連する他のモデルとも結果を比較検討しながら解釈する。パネルデータを用いることで可能になる分析課題やその具体例については、中澤（2012）や三輪（2013）に詳しい。本章の問いについて言えば、一例としてクロスセクショナルデータの場合だと「国私立中・中高一貫校に進学する生徒ほど、勉強時間が長い傾向にある」という仮説（横断的な問い）が立てられうる一方、パネルデータの場合だと「国私立中・中高一貫校に進学する生徒ほど、勉強時間が長くなる傾向にある」という仮説（縦断的な問い）が立てられうるという違いがある。前者は「個人間の差異」、後者は「個人内の変化」を明らかにすると言い換えてもいい。実際のデータ分析の中で、この二種類の推計結果がどのように表れるかについては、たとえば藤原（2015）の例などを参照するとよい。

2.2. 分析に使用する変数

2.2.1. 処置変数

　上述の分析課題を明らかにするため、本章では小学校段階および中学校段階における学校の設置者に着目する。公立を1、それ以外（公立の中高一貫校（中等教育学校）、国立、私立）を合わせて0にリコードする。なお、少数の分類不能の「その他」や「無回答・不明」は除外して分析する。

2.2.1. 従属変数

　中学受験による進学の効果を学業や学校生活の側面から多面的に検討するため、本章では以下のように複数の従属変数を設定する。

● 成績：子ども自身による成績の自己評価を三段階に尺度化したもので、下位層＝1、中位層＝2、上位層＝3としたもの。

● 勉強時間（宿題時間を除く）：普段（学校がある日）、1日に学校以外で「学校の宿題以外の勉強をする」時間がどれくらいあるかをたずねたもの。なお、学習塾での勉強時間は別の質問項目でたずねられており、ここには含まれない。しない＝0、5分＝0.5、10分＝1、30分＝3、1時間＝6…のように時間（単位：分）を10で割ってリコードしたもの。

● 宿題時間：普段（学校がある日）、1日に学校以外で「学校の宿題をする」時間がどれくらいあるかをたずねたもの。しない＝0、5分＝0.5、10分＝1、30分＝3、1時間＝6…にリコードしたもの。

● 勉強がどれくらい好きか：「とても好き」＝4〜「まったく好きでない」＝1にリコードしたもの。

● ［学校生活］授業が楽しい：「とてもあてはまる」＝4〜「まったくあてはまらない」＝1にリコードしたもの。

● ［学校生活］自分の学校が好きだ：「とてもあてはまる」＝4〜「まったくあてはまらない」＝1にリコードしたもの。

● ［学校生活］友だちと過ごすのが楽しい：「とてもあてはまる」＝4〜「まったくあてはまらない」＝1にリコードしたもの。

● 自尊感情：「自分の良いところが何かを言うことができる」について、「とてもあてはまる」＝4〜「まったくあてはまらない」＝1にリコードし

第5章　中学受験による進学の効果 (1)

たもの。

2.2.3. 共変量 (統制変数)

- 女子ダミー：女子＝1、男子＝0
- 地域 (4区分)：市区町村規模について、「政令指定都市・23区」＝4、「16万人以上の市」＝3、「16万人未満の市」＝2、「町村」＝1にリコードしたもの。
- 親学歴 (大卒者の数)：父母ともに大卒＝2、父母のどちらかのみが大卒＝1、父母ともに非大卒＝0としたもの。
- 世帯収入 (4カテゴリ)：「400万円未満」＝1、「400～600万円未満」＝2、「600～800万円未満」＝3、「800万円以上」を4としたもの。
- 親の進学期待：子どもをどの教育段階まで進学させたいかについての親の回答を、教育年数相当にリコードしたもの。
- 本人の進学希望：子ども自身がどの教育段階まで進学したいかについて、教育年数相当にリコードしたもの[1]。
- 通塾の有無：普段 (夏休みではない普通のとき)、1週間に何回くらい学習塾に行っているかという質問に対し、「行っていない」＝0、それ以外 (1回～7回以上)＝1にリコードしたもの。

なお、いずれの変数についても、無回答は今回の分析では欠損値として分析からは除外している。

3. 分析結果

3.1. 記述統計

まず、主な処置変数である学校の設置者について、分析対象とする各コホートの中学1年段階の度数分布を確認したところ、私立に通う生徒が10%程度、国立と公立の中高一貫校に通う生徒がそれぞれ1～2%程度おり、欠損値を除いた残りの8割強が公立に通う生徒であった。なお、小学6年時点では95%以上の生徒が公立に通っており、私立・国立に通う生徒は合わせて2～3%程度であった。

99

表5-1は、データをロング形式（＝個人と調査時点との組み合わせにより一つの
ケースを構成したデータ形式）に直したうえで、学校の設置主体が小6時点（t時
点）から中1時点（t+1時点）でどのように推移したかを示したものである。表
が示すように、今回の分析対象者内で、小6で公立小に通う生徒のうち、
11.9％が中学受験を経て公立以外の中学に進学していることが分かる。

表5-1　設置主体の2時点間の推移（小6から中1）

t時点	t+1時点		計
	公立中	国私立中・公立中高一貫校	
公立小	2,571	347	2,918
	88.1%	11.9%	100%
国私立小	10	71	81
	12.4%	87.6%	100%
計	2,581	418	2,999
	86.1%	13.9%	100%

表5-2は、従属変数のうち成績について、小6時点から中1時点の2時点間
の推移を示したものである。t時点の成績が下位〜上位いずれの場合も、t+1
時点で成績が同水準（＝対角線上のセル）の割合が最も高くなっている。ただし、
小6から中1のように学校段階の移行期を含まず、中学校段階全体を通じた成
績の推移を試しに見てみると、表5-2よりも成績の推移の度合いが若干小さ

表5-2　成績の2時点間の推移（小6から中1）

t時点	t+1時点			計
	成績下位	成績中位	成績上位	
成績下位	610	260	77	947
	64.4%	27.5%	8.1%	100.0%
成績中位	313	423	231	967
	32.4%	43.7%	23.9%	100.0%
成績上位	133	265	607	1,005
	13.2%	26.4%	60.4%	100.0%
計	1,056	948	915	2,919
	36.2%	32.5%	31.4%	100.0%

第5章　中学受験による進学の効果（1）

かったため、学校段階の移行期には、成績の推移が比較的起こりやすいことが見てとれる。なお、その他の従属変数についても同様に2時点間の推移を確認したが、煩雑になるためここでは表は省略する。

表5-3は、分析に使用する従属変数および共変量について、小6と中1の各時点での、設置主体別の平均値を示したものである。

表5-3　主な変数の設置主体別の平均値（小6・中1の各時点）

		成績	親の進学期待	本人進学希望	勉強時間	宿題時間	通塾の有無
小6	公立小	2.01	15.50	15.18	3.26	4.65	0.40
	国私立小	2.01	15.99	15.91	5.83	4.16	0.66
	計	2.01	15.51	15.20	3.32	4.64	0.40
中1	公立中	1.96	15.48	15.18	3.01	5.33	0.40
	国私立中・公立中高一貫校	1.88	16.18	16.15	3.79	7.07	0.35
	計	1.95	15.58	15.33	3.12	5.57	0.40

		勉強が好きか	授業が楽しい	自分の学校が好き	友だちと過ごすのが楽しい	自尊感情
小6	公立小	2.72	3.03	3.26	3.69	2.75
	国私立小	2.79	3.17	3.46	3.74	2.80
	計	2.72	3.03	3.26	3.69	2.75
中1	公立中	2.45	2.92	3.10	3.61	2.65
	国私立中・公立中高一貫校	2.61	3.22	3.50	3.64	2.72
	計	2.47	2.96	3.15	3.61	2.66

3.2. 多変量解析

3.2.1. 成績への影響

表5-4は、中学受験を経て公立中学以外に進学することが成績に及ぼす影響を、複数のモデルを用いて推計したものである。まず、個人間の差異に注目するbetween推定（注：pooled推定と違い、個体内での変動は扱わず（＝ウェーブ間の値を平均化して）個体間での違いのみに注目するモデル）の係数は-.316であり、中学受験をして進学する生徒の平均的な成績は、中学受験をしない生徒の平均的な成績より0.3ポイントほど低いことが分かる。これは一見直感的な感覚に反するように思えるかもしれないが、記述統計ではもともと小学校6年時の成績の平均値は中学受験による進学者で2.56、そうでない生徒で1.95と前者の方

101

が高く、中学校1年時の成績は受験進学者で1.87、公立進学者で1.96と前者のみで減少している。このことからも、受験による進学者の成績の平均値は低めに推計されるのだろう。

　一方、個人内の変化に注目する固定効果モデルの結果を見ると、係数が-.579と若干大きくなっており、受験による進学者個々人の間では、小6と中1の成績が負の方向により大きく変化することがうかがえる。このことは、個人間だけでなく、同じ生徒の個人内の変化を見た場合でも、受験した中学に進むことで、平均的には成績が0.6ポイント程度下がる傾向にある、ということを示す。むろん、この変化の背後にある詳細を考える上で、たとえば t+1 時点の対照カテゴリである「中学受験による進学ダミー」が0で公立中学に進学する生徒群の内実が何であるかや、私立中学の選択肢が多い都市部とそもそも選択肢のない地域でメカニズムの違いがないかなど、さらに詳細な検討が必要になると思われる。

表5-4　中学受験による進学が成績に及ぼす影響

	Pooled 推定	Between 推定	固定効果モデル（Within 推定）	ランダム効果モデル
中学受験による進学ダミー	-0.347 **	-0.316 **	-0.579 **	-0.392 **
女子ダミー	0.092 **	0.079 **	-	0.085 **
地域規模	-0.075 **	-0.076 **	-	-0.074 **
親学歴	0.117 **	0.111 **	-	0.117 **
世帯収入	0.029 *	0.023 †	0.125 **	0.034 **
親の進学期待	0.109 **	0.104 **	0.061 †	0.106 **
本人の進学希望	0.085 **	0.091 **	0.014	0.079 **
勉強時間	0.020 **	0.019 **	0.011 *	0.019 **
宿題時間	-0.006 *	-0.006	-0.002	-0.006 †
通塾の有無	-0.021	-0.038	0.091 †	0.000
切片	-0.998 **	-0.968 **	0.533	-0.869 **
R^2乗（Between/Within）		0.153/0.095	0.071/0.138	0.151/0.111
R^2乗（Overall）	0.156	0.156	0.081	0.156
人数／観察数		2999/4440		

注）値は回帰係数。標準誤差は省略。† $p < 0.10$, * $p < 0.05$, ** $p < 0.01$

3.2.2. 学習時間（勉強時間と宿題時間）への影響

　表5-5は、中学受験を経て公立中学以外に進学することが勉強時間および宿題時間に及ぼす影響を、二つのモデルを用いて推計したものである。まず勉強時間（宿題および学習塾での勉強時間を含まない）について、個人間の差異に注目する between 推定では、受験により進学する生徒は平均的には勉強時間が8.7分ほど長い一方で、個人内の変化に注目する固定効果モデル（within 推定）では、受験進学する生徒の勉強時間は58分ほど減少している。このことは、同一生徒の個人内の変化を見た場合、受験した中学に進むことで、平均的には勉強時間がそれだけ減る傾向にある、ということを示す。

表5-5　中学受験による進学が学習時間に及ぼす影響

	勉強時間		宿題時間	
	Between 推定 （個人間の差異）	固定効果モデル （個人内の変化）	Between 推定 （個人間の差異）	固定効果モデル （個人内の変化）
中学受験による進学ダミー	0.871 **	-5.815 **	1.794 **	4.678 **
女子ダミー	0.371 *	-	0.962 **	-
地域規模	0.343 **	-	-0.478 **	-
親学歴	0.026	-	-0.160 †	-
世帯収入	0.151 †	0.302	-0.235 **	-0.117
親の進学期待	0.145 †	-0.008	0.126 †	0.048
成績	0.664 **	0.532 *	-0.137	-0.080
本人の進学希望	0.252 **	0.135	0.013	0.108
宿題時間	0.058 **	0.006		
勉強時間			0.041 **	0.005
通塾の有無	1.972 **	1.312 **	-0.794 **	-0.440
切片	-6.883 **	-0.416	4.931 **	2.858
R^2乗（Between/Within）	0.114/0.042	0.006/0.217	0.066/0.131	0.018/0.155
R^2乗（Overall）	0.103	0.017	0.072	0.031
人数／観察数	2999/4440		2999/4440	

注）値は回帰係数。標準誤差は省略。† $p < 0.10$, * $p < 0.05$, ** $p < 0.01$

　なお、記述統計では受験進学者の勉強時間は小6と中1で97分と33分、非受験進学者の勉強時間は小6と中1で25分と30分となっており、あくまで水準の面では、受験進学者の方が中学に入ってからも平均的には若干長め（33分＞30分）に勉強しているのだが、小6段階で勉強時間が長い分、減少幅が大き

いことにも起因すると思われる。これは、受験準備を考えればある意味当然のことかもしれない。ただ、一方で公立進学者の勉強時間はこの接続段階でむしろ微増傾向にあることも事実である。この例から見る限り、固定効果モデルの解釈にあたっては、比較対照群の変化も視野に入れ、かつ「変化」だけでなく「水準」の情報もふまえて結果を解釈することが必要だと言えそうである。

次に宿題時間について、between 推定により個人間の差異に注目した場合、受験進学する生徒の宿題時間は 18 分ほど長い傾向にある一方、個人内の変化に注目する固定効果モデルでは、47 分ほど長くなる傾向が分かる。記述統計を見ても、受験進学者の宿題時間は小 6 と中 1 で 33 分と 75 分、非受験進学者の宿題時間は小 6 と中 1 で 47 分と 55 分となっており、仮に進学者の方が要領よく短時間で宿題を終わらせられる傾向があるとしても、進学先の公立以外の学校でより多くの宿題が出され、時間を費やしていることが想像できる。

3.2.3. 学習意欲や学校生活への影響

図 5-2 は中学受験を経て進学することが学習意欲や学校生活への意識に及ぼす影響を、between 推定および固定効果モデル（within 推計）を用いて推計した係数の値を図示したものである。個人内の変化に注目した場合、「勉強がどれくらい好きか」については 0.2 ポイントほど否定的な方向に変化する傾向がある一方、「授業が楽しい」と「自分の学校が好きだ」については 0.3 ～ 0.4 ポイントほど肯定的な方向に変化する傾向があることが分かる。詳細な結果表は省略するが、図中の係数の値は、「勉強がどれくらい好きか」の within 推計の値以外、すべて統計的に有意となっている。

このことは、受験した学校に進学することで、小 6 時より勉強が好きだと言いにくくなるが、授業は楽しくなり、学校も好きだと思える傾向が顕著になる、ということを示している。これらの変化の理由は、この分析からだけでは明らかでないが、たとえば進学先の授業内容や学校の特性が、生徒の学業水準や特性とどの程度合っているか、といった観点から今後メカニズムをさらに探求していくことはできるかもしれない。

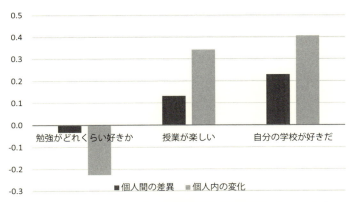

図5-2　中学受験による進学が学習意欲や学校生活に及ぼす影響

4. 結論と考察

4.1. 結果のまとめ

　本章では、小6から中1にかけて公立小学校から国私立中学・公立中高一貫校に進学することで、生徒の成績や学習時間、各種意欲にどのような影響があるかを検討してきた。とくに個人内の変化に着目した分析を行った結果、中学受験による進学は、成績、勉強時間、学習意欲に対して負の影響をもたらす傾向がある一方で、宿題時間や授業・学校の楽しさに対しては正の影響をもたらす傾向が明らかになった。なお、第3節で示した結果以外に、学校生活に関して「友だちと過ごすのが楽しい」かと、自尊感情(自分の良いところが言える)についても同様の分析を行ったが、これらの変数については固定効果モデルでは受験による進学の有意な影響が見られなかったことも付記しておく。

　以上の結果をまとめ、若干の解釈を交えて述べるならば、小中学校の接続段階で受験進学することにより、生徒は学業面ではより挑戦的な環境に置かれるが、進学先の授業や学校に対する主観的な満足度は向上し、友人との付き合いや学業面に限らない一般的な自尊感情についてはとくに変化がない、ということが言えそうである。このことは、中学受験を経て進学した1年後の状況を考える時、学業や学習意欲、学校生活などの多方面について、正負両方の影響の可能性を視野に入れる必要がある、ということを示唆している。ただし、以上

はあくまで平均的な影響であり、受験・進学者の特徴や進学先の学校の学業水準等によっても、実際はばらつきがあることも忘れてはいけない。

上記の知見に加え、分析手法の面では、小6と中1の間の1年間の変化をパネルデータの特性を生かしてモデル化し、推計を行った。その際、個人間の差異と個人内の変化の違いにも注目しながら分析・解釈を行った。このことで、受験・進学した1年後の状況について、ある程度の見取り図は提示できたのではないかと思う。しかし、本章で確認された知見や手法上の気づきをふまえた上で、分析対象の設定やモデル化のしかたについては、今後も修正や比較検討の余地が残されている。以下に、今後の課題を二点示す。

4.2. 今後の課題

第一に、今回は1年間という比較的短期的な変化に着目して分析を行ったが、今後はもう少し長期的な変化についても合わせて分析を行い、本章で見られたような変化があくまで一時的なものなのか、あるいはより永続的なものなのか等についても、検討を行っていく必要がある。むろん、今回のような分析でも、仮に生徒の意欲や学校適応の面で「中1ギャップ」のような状況がありうることを考えれば、この接続段階を重点的に検討するからこそ意味を持つ知見はあるだろう。

一方で今回の分析結果のうち、たとえば受験期をはさんだ小6と中1の学習状況の違いについては、学習時間を例にとれば、もともと進学以前に受験というイベント自体も小6時の学習状況に大きな影響をもたらしているであろうことが想像できる。そのため、それ以外の指標を含め、中学校の在籍時期全体を通じて、受験前後の影響だけに強く左右されない形で、より長いスパンを対象に中学受験による進学の影響を検討していくことは有意義だろう。具体的には、たとえば小6の状況が4年後の中3段階でどうなっているかや、入学後の中1の状況が2年後の中3段階でどうなっているかなど、本章の図5-1で示した以外のコホートや対象の区切り方があると思われる[2]。さらに、中学、高校を経て大学進学や社会人になっても、中学受験による進学が何らかの影響を持つのか、といった問いも十分にありうる。受験による進学のより長期的な効果を、個人間の比較でなく個人内の変化を通じて明らかにするためには、本調査が順

第5章　中学受験による進学の効果（1）

調に継続され、新しいウェーブの蓄積を待つことも必要になろう。

　ただし、ウェーブの間隔を空けて分析を行う際、若干の注意点も思い浮かぶ。まず、現状の公開データでは、今回よりも分析対象のサンプルサイズが減ることになる。しかし、この点は今後パネルの新しいウェーブが蓄積されていくことで解消できる見込みがある。次に、ウェーブの間が空くことで、たとえば意識面での比較的変化しやすい変数は、時間があく分、公立か私立かといった学校の影響以外のさまざまな影響を受けて変わりやすくなることが懸念される。実際、意識関連の変数の時点間の相関の多くは、ウェーブが近いほど高く、離れるほど低くなる傾向が今回の分析の課程で見られた。しかし、個人がさまざまな経験を経た上でも、中学受験による進学というイベント（処置）がその後の人生に本当に差をもたらすのか、といった点は、とくに冒頭で述べたような格差メカニズムの一端を明らかにするという意味でも、今後ぜひ解明が望まれるテーマであろう。

　第二の課題として、今回得られた知見について、「なぜ」そうなるのかという背後にある理由やメカニズムの検討が、まだ不十分であることが挙げられる。この点の克服のためには、たとえば1）先行研究の検討から、メカニズムについてより理論的な仮説を立てること、2）現在のデータをより丁寧に記述的に多方面から見ることで、そのメカニズムの一端を描くこと、3）今回主に使用した固定効果モデル以外の分析手法を試すこと、などが考えられる。このうち2）に関連して、今回の固定効果モデルによる分析において、「変化」の情報が最大限に生かされた反面、「水準」の情報がモデル内では捨象されたため、あらためて記述統計に戻って、カテゴリ間の水準についての情報を補う、といったことが実際にあった。このように、パネルデータだからと言っていきなり固定効果モデルを適用するのでなく、丁寧に記述的な分析を合わせて行っていくことの必要性が改めて感じられた。

　また3）に関連して、大久保（2021）は、固定効果モデルの適用にはさまざまな前提があり、実際の分析や解釈の際に、それらに注意が払われることが少ないことを指摘する。固定効果モデルに限らず、一般的に因果効果を明らかにするための各種の統計的な手法は、それぞれの背後にある考え方が少しずつ違い、「効果」を推計する際の比較対象となる母集団やサンプルも手法によって異な

107

りうるため、本章のテーマについても、今回の分析手法とは異なる方法で改めて分析を行うことで、違った結果が得られる可能性は残されている。たとえば本章で用いたパネル調査データの豊富な変数情報を生かして、傾向スコアの手法による分析を行うことも可能だろう。傾向スコアの手法は、同程度の進学確率の生徒をマッチングし、一方（処置群）が中学受験による進学、もう一方（対照群）が公立中学に進学したらどうなるか、といった分析視角にもとづいて行われるもので、今回の固定効果モデルの想定する「効果」とは若干違う意味合いをもつのではないかと思われる。むろん、どの手法にも前提や特徴、限界があり、ある事象の因果効果を明らかにするための方法は、一つではないことを念頭に置いておくことは大切だろう[3]。今後も関連する実証研究の進展や分析手法についての新たな議論に学びつつ、研究を深めていきたい。

［謝辞］

二次分析にあたり、東京大学社会科学研究所附属社会調査・データアーカイブ研究センター SSJ データアーカイブから「子どもの生活と学びに関する親子調査」（ベネッセ教育総合研究所）の個票データの提供を受けました。

注

1) 今回の分析で、本人の進学希望（どの教育段階まで進みたいか）を従属変数の一つに含めることもありえたが、そうしなかった。その理由は、今回のデータで中学受験による進学者の小学校高学年段階の進学希望をさかのぼって見たとき、大多数がすでに大学進学を希望しており、固定効果モデルをあてはめる上で、変化するケース数が少なすぎると判断したためである。

2) このようにウェーブ間を空けて検討することの意義として、処置の期間自体をどうとらえるかという観点と合わせて、処置が行われてから効果が出るまでのタイムラグ、という観点も含まれる。何らかの効果を測る際、短期で見る方が意味のある指標もあれば、介入の効果がすぐには表れなくとも、時間をおいて（時には他の指標の変化を通じて）効果が見えてくる場合もありうる。

3) 手法とメカニズムの解明に関連して、パネル調査分析において「変化の向き」を考慮した分析の可能性があることも指摘しておきたい（有田 2013、数実 2019、有田・仲 2021 など）。本章の今回の分析では、表 5-1 で時点間の推移を見た際、公立→公立以外のセル以外のパターンにはとくに深入りして検討しなかったが、実際にはたとえば、公立以外→公立というごく少数のパターンも存在する。割合的には小さいものの、それが今回の推計値にも含まれており、より詳細なメカニズムを検討する際には、固定効果モデルの前提をそのまま適用することが本当に適切なのかを含め、丁寧に検討する余地が残されている。

第6章

中学受験による進学の効果（2）
——パネル調査による小6〜中3の変化の検討——

1. 問題設定

1.1. 問題の背景

　2022年現在、全国の中学生のうち1割弱が国立・私立中学、または公立の中高一貫校に在学している。学校基本調査によると、中学段階で私立・国立・公立の中高一貫校に在学する生徒の総数は2009年を境に一時減少の兆しを示したが、2019年以後は再度上昇傾向にある。一方で公立中学の在学者も含めた生徒数全体に占める私立・国立・公立の中高一貫校に在学する生徒の割合は近年上昇を続け、2021年には9％近くとなっている（図6-1）。

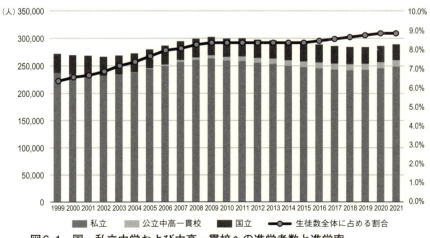

図6-1　国・私立中学および中高一貫校への進学者数と進学率

これまで日本の研究では、私立中学への進学には親の階層（学歴や収入）や教育意識が反映されやすく、居住地域によっても受験や進学の機会に差があることが指摘されてきた（片岡 2009、谷崎 2008、豊永 2018、濱本 2015、樋田 1993）。このように受験による進学の背景（＝そうした選択をする保護者や家庭の背景）についての解明が進む一方で、実際に進学することによる帰結（＝子ども本人の学びや成長に及ぼす影響）については、研究上まだ十分に解明されていない。

1.2. 先行研究と分析課題

私立学校の効果に関する研究は、1980 年代から海外で一定の蓄積がなされてきた。ジェームズ・コールマンらは米国の公立と私立の高校を比較し、学校タイプの違いが生徒の学力や大学進学に及ぼす影響を検討した（Coleman et al. 1982、Coleman & Hoffer 1987）。ジェフリー・ウォルフォードは英国の私立学校の特徴について論じ、公立学校との違いを検討する際に鍵となる要素として、学力や進学実績のほか、生徒の学校生活や友人関係を挙げた（Walford 1990）。私立学校の効果や、公立と私立の違いに関する研究はその後も各国で行われており、その際にアウトカムとして注目されるのは学力や進学への影響、生徒の学校生活への影響が主である一方で、プロセスとして注目されるのは学校環境の違いや教員の質、生徒集団の違いなどが挙げられる（Benveniste, Carnoy, & Rothstein 2002、Lubienski & Lubienski 2013、UNESCO 2021、Cobb & Glass 2021）。

日本国内でも、私立学校への進学による影響やそこに通う生徒像に関する研究は近年着実に積み上げられてきた。中学段階の私立進学の影響に焦点を当てた研究としては以下が挙げられる。西丸（2008a）は関西圏の大学生を対象とした調査を通じ、国・私立中学への進学（とくに中高一貫型の機関への進学）が、公立中学への進学よりも偏差値の高い大学への進学につながることを示した。西丸（2008b）は 2005 年の SSM 調査のデータを用いて、1970 年代中盤から 2000 年代に高校に入学した近年のコホートにおいて、私立中学校への進学が教育年数に正の影響を与えたことを示唆した。また濱本（2018）は 2005 年と 2015 年の SSM 調査データを用いて、国私立中学校の供給量の地域差を考慮した後でも国私立進学に対する階層の効果が存在し、そのインパクトが戦後世代を通じて変化していないことを示した。一方で須藤（2012a）は、東京都内の全高校を

第6章　中学受験による進学の効果 (2)

対象としたデータベース作成し、入学時点での学力水準を統制した上で中高一貫の高校とそうでない高校の難関大学進学率を比較した結果、中高一貫校に進学すると難関大学に進学しやすくなるという関係は見られないことを示した。

　進学以外のアウトカムに焦点を当てた研究としては、須藤 (2011) が首都圏の中高一貫の私立中学に通う生徒を対象に、公立生との比較を交えて生徒の意識や生活を明らかにしているほか、須藤 (2012b) が首都圏の私立中高一貫校に通う高校2年生を対象に、中学受験で入学した生徒たちがその後どのような意識や行動を有するのかを明らかにしている。また森 (2017) が国際数学・理科教育動向調査 (TIMSS) の日本の中学生のデータを用いて、私立中学への進学が生徒の進学期待と学業的な自己効力感に及ぼす影響を論じている。

　海外における私立学校の効果に関する研究蓄積と比較すると、以上に挙げた日本の私立中学の効果に関するこれまでの研究は、注目するアウトカムの面では教育達成と在学中の意識や行動 (学習時間や学業適応を含む) に焦点を当てたものが主であった。また方法の面で、須藤 (2012a) が高校を単位とした独自のパネルデータを作成しているほかは、いずれも一時点のクロスセクショナルな調査データに依拠している。親学歴や出身家庭の経済的豊かさ、地域など私立中学への進学と関連を持つ変数の統制はなされているものの、厳密な因果効果の解明や学校のプロセスを考慮に入れた検討を行う余地は残されている。

　本章では個人を追跡したパネル調査データを用い、日本の中学段階の私立学校に焦点を当て、私立中学への進学が生徒の学校生活や学業意識に及ぼす効果とそのメカニズムについて検討する。なお本章で扱うデータの性質上、学力や大学進学への影響は今回の分析では検討しない。分析対象ケースは、小学6年時に公立小学校に通っていた対象者に限定する。

　本章の分析課題は以下の通りである。まず、公立中進学者、私立中進学者それぞれについて、小学校6年〜中学校3年までの間に、成績や学習行動、学校や学業に対する意識がどのように変化するのかを概観する (分析課題1)。次に、上述の分析において公立中進学者と私立中進学者の間で明確な変化のパターンの違いが見られたアウトカムについて、変化の要因やメカニズムを探る (分析課題2)。分析方法の詳細は後述するが、①私立に進学する生徒の間でも、家庭背景や生徒の属性に関する主要な変数 (親学歴、性別、成績等) によって変化の

111

パターンが異なるのか（＝効果の異質性の検討）と、②アウトカムに影響しうる変数間の媒介関係はどのようなものか（＝メカニズムの解明）という二つの側面からの検討を行う。

1.3. 前回の論文をふまえた方法論的課題

本書第5章では、本章で用いるのと同様のパネル調査データを用い、小6から中1時点（いずれも調査時期は7～9月）という私立中進学前後の比較的短いスパンの変化に着目して、私立中学への進学の効果を分析した。固定効果モデルを用いた分析の結果、中学受験による進学は生徒の学業成績、勉強時間、勉強への好感度に対して負の影響をもつ一方で、宿題時間や授業の楽しさ、学校への好感度に対しては正の影響をもつことが明らかになった。すなわち、生徒は国私立・一貫校への進学によって学業面ではより挑戦的な環境に置かれるが、進学先の授業や学校に対する満足度は向上する。一方で友人とのつきあいや一般的な自尊感情については、目立った影響はないということが示された。

この論文の限界と課題は二点ある。第一に、小6から中1という短いスパンの変化のみを明らかにしていることが挙げられる。私立中学への進学によってもたらされる影響は、進学後の1年目の状況のみでなく、その後2～3年目の状況もふまえて検討することで中期的なスパンでの検討が可能になる。第二に、固定効果モデルは個人間の観察できない異質性を統制できるメリットがある反面、個人内（within）の情報のみを用いることで、個人間（between）のバリエーションを捨ててててしまう特徴がある（Halaby 2004）。ゆえに、第5章では私立中に進学した生徒の個人内の変化に着目する一方で、公立に進学した生徒との比較を行っていない点が課題であった。

むろん、因果効果の推計方法にはさまざまな手法があり、研究の主眼（リサーチクエスチョン）や調査データの特性、従属変数の性質等によっても用いるべき方法は異なる。また、各手法が想定する効果の意味（比較対象）も少しずつ異なるので、研究目的との対応を考慮することなしに、一概にどの方法が優れていると言うことはできない（McLanahan et al. 2013）。本章では、第5章と同一のデータを用い、小6から中3までのスパンで分析を行う。その際、公立進学者と私立進学者の比較を明確にし、同じモデル内で統計的にその違いの理由を探

ることを目的とした分析を行う。これに合致した分析手法として、3時点以上の縦断データに適用可能な成長曲線モデルを用いる。成長曲線モデルは、近年までに社会学や教育の分野で応用が進んできた。そのメリットは変化の軌跡（Trajectory）をモデル化し、時間による推移とその要因を明示的にモデリングできる点にある（Singer & Willett 2003 ＝菅原監訳 2012、South et al. 2016、Wagmiller et al. 2010）。

2. データと方法

2.1. 使用する調査データと対象ケース

本章では東京大学社会科学研究所・ベネッセ教育総合研究所の共同研究である「子どもの生活と学びに関する親子調査」の2015〜2018年のパネル調査データを使用する。分析対象ケースは以下のとおりである。まず、小6時に公立小学校に通っていた生徒に対象を限定し、wave 1（2015年）で小学6年〜 wave 4（2018年）で中学3年という同一コホートのみの軌跡を追った。次に、中学在学中に公立学校と私立学校を移動する生徒はケースから除いた。ゆえに公立進学組（公→公→公→公）の920人、私立進学組（公→私→私→私）の126人が最終的な分析対象となった。

なお、本章で言及する「私立」とはこれ以後、国立、私立、中高一貫校を合わせたものとして定義する。この理由は、本調査データで確認する限り、国立や中高一貫校への進学者の特徴が、小6時の成績や家庭背景等の面で、公立よりも私立に進学する生徒に近いからである。また、2000年代以後に増加してきた公立中高一貫校への進学について、私立への進学と同様、社会階層の視点から注目する必要性が指摘されているためでもある（西丸 2008a、濱本 2012）。数としては相対的に少ない国立や公立一貫校の在学者を完全に除外し、純粋な私立と一貫校でない公立を比較する分析や、私立の中でも一貫校か否かを明確にした分析も可能だが、それらの探求は今後実証をさらに進め、これらの学校間におけるカリキュラムや教育実践の違い等に踏み込んで検討する段階になった際に改めて行いたい。

113

2.2. 変数

2.2.1. 処置変数と時点変数

上述の分析課題を明らかにするため、本章では小学校段階および中学校段階における学校の設置者に着目する。公立を1、それ以外（公立の中高一貫校（中等教育学校）、国立、私立）を合わせて0にリコードする。なお、少数の分類不能の「その他」や「無回答・不明」は除外して分析する。

時点変数は、成長曲線モデルの起点となるウェーブ1時点が0となるように、各ウェーブから1を引いた値とした。また、軌跡が直線でない場合の傾きを適切に推計するため、時点変数の二乗項も作成した。

2.2.2. 従属変数

私立中学への進学の効果を学業や学校生活の側面から多面的に検討するため、本章では以下のように複数の従属変数を設定する。前節で挙げた分析課題1では、以下のすべての変数に関する変化の軌跡を示す。分析課題2では、これらのうち「学校が好きだ」と「授業が楽しい」のみを対象とした分析を行う。

- ●勉強がどれくらい好きか：「とても好き」＝4～「まったく好きでない」＝1にリコードしたもの。
- ●［学校生活］自分の学校が好きだ：「とてもあてはまる」＝4～「まったくあてはまらない」＝1にリコードしたもの。
- ●［学校生活］授業が楽しい：「とてもあてはまる」＝4～「まったくあてはまらない」＝1にリコードしたもの。
- ●［学校生活］尊敬できる先生がいる：「とてもあてはまる」＝4～「まったくあてはまらない」＝1にリコードしたもの。
- ●［学校生活］友だちと過ごすのが楽しい：「とてもあてはまる」＝4～「まったくあてはまらない」＝1にリコードしたもの。
- ●自尊感情：「自分の良いところが何かを言うことができる」について、「とてもあてはまる」＝4～「まったくあてはまらない」＝1にリコードしたもの。
- ●宿題時間：普段（学校がある日）、1日に学校以外で「学校の宿題をする」時間がどれくらいあるかをたずねたもの。しない＝0、5分＝0.5、10

分＝1、30分＝3、1時間＝6…のように分数をリコードし、その上で6で割ったもの。（単位：時間）

●勉強時間（宿題時間を除く）：普段（学校がある日）、1日に学校以外で「学校の宿題以外の勉強をする」時間がどれくらいあるかをたずねたもの。なお、学習塾での勉強時間は別の質問項目でたずねられており、ここには含まれない。しない＝0、5分＝0.5、10分＝1、30分＝3、1時間＝6…のように分数をリコードし、その上で6で割ったもの。（単位：時間）

●成績（小6時）：子ども自身と親による成績の自己評価を合算し、下位層＝1、中位層＝2、上位層＝3にコード化したもの。

●成績（ウェーブごとの変化）：子ども自身による国語、数学（算数）、理科、社会の成績の自己評価（各5段階）を合計し、5で割ったもの。

●本人の進学希望：子ども自身がどの教育段階まで進学したいかについて、教育年数相当にリコードしたもの。

なお上記の変数のうち、勉強への好感度（勉強が好きか）と学校生活に関する三つの変数（授業が楽しい、尊敬できる先生がいる、友だちと過ごすのが楽しい）に関しては、分析課題2の②でモデル間の比較を行う際に共変量としても使用する。

2.2.3. 共変量（統制変数）

説明変数または共変量としては、居住地域、親学歴、親の教育費支出、親子関係、生徒の性別、成績、学習時間、学習や自己に対する意識や態度等に関するさまざまな変数を用いる。

●女子ダミー：女子＝1、男子＝0

●地域（3区分）ダミー：市区町村規模について、「政令指定都市・23区」、「16万人以上の市」、「16万人未満の市と町村」それぞれについて、あてはまる＝1、それ以外＝0にリコードしたもの。基準カテゴリは人口16万人以上の市である。

●親大卒の有無：父母の両方またはどちらかが大卒＝1、父母ともに非大卒＝0としたもの。親の学歴という意味では、父母別の指標を投入したり、大卒の有無でなく教育年数を投入することも可能だが、本章では家庭内に大学進学した親が一人でもいるかを分析上重視していることと、父学

115

歴の欠損値が母学歴のそれより多めであり欠損値を減らすという目的の両面から、このようなコーディングを用いている。

●子どもへの教育費支出：調査の対象となっている子ども1人に対する月あたりの家庭の教育費（習い事や学習塾の費用、教材費等の合計額で、学校の授業料は除く）。1,000円未満～50,000円以上まで10段階で設定されている選択肢の各カテゴリの中間値を取った上で、1000で割ったもの。（単位：千円）

●子どもへの情緒的サポート：父母が「いいことをしたときにほめてくれる」「失敗したときにはげましてくれる」「やりたいことを応援してくれる」の各項目を「とてもあてはまる」＝4～「まったくあてはまらない」＝1にリコードした上で合算し、3で割ったもの。

なお、いずれの変数についても、無回答は今回の分析では欠損値として分析からは除外している。

さらに、アクティブラーニング系授業の頻度に関する質問項目として、wave2時点のみで質問されている以下の項目も用いた。1) パソコンやタブレット（iPadなど）を使う、2) 自分（自分たち）で決めたテーマについて調べる、3) グループで調べたり考えたりする、4) 観察・実験や調査などで考えを確かめる、5) 調べたことをグラフや表にまとめる、6) 調べたり考えたりしたことを発表する、7) テーマについて討論（話し合い）をする、の計7項目を合算し、それを7で割ったものを「アクティブラーニング系授業の頻度」（wave2時点のみ）として変数化した。

2.2.4. 記述統計の確認

私立に進学する生徒と公立に進学する生徒それぞれの間で、生徒の属性や家庭背景に関する主要な変数の分布を示すために表6-1を作成した。親大卒の生徒は私立進学者の間で75.2％、公立進学者の間で52.2％であった。男女比は私立・公立ともにおおむね半々ずつであり、小6時の成績は私立進学者では6割以上が上位である一方、公立進学者の間では小6時に成績が上位であった生徒は中位、下位の生徒よりも若干少な目であった。表6-1で示すこれらの変数は、分析課題2の①でも用いる。

第6章　中学受験による進学の効果 (2)

表6-1　主な時間不変の統制変数の記述統計 (公私別)

	私立		公立	
	%	N	%	N
親大卒	75.2	91	52.2	466
親非大卒	24.8	30	47.8	427
男子	52.8	66	48.7	443
女子	47.2	59	51.3	467
小6成績上位	63.5	80	28.9	266
小6成績中位	23.0	29	35.1	323
小6成績下位	11.9	15	34.1	314

　次に、分析課題2の①と②それぞれで従属変数とする「学校が好きだ」と「授業が楽しい」の二つの変数について、時点間の遷移を確認する (表6-2、表6-3)。いずれも左上と右下をつなぐ対角線上の割合 (回答の度合いが時点間で変化しないパターン) が多いが、回答の度合いが変化するパターンもそれなりに見られ、本章でこれらの変化を従属変数とした詳細な分析を行うことの妥当性はあると言える。

表6-2　「学校が好きだ」の時点間の遷移

t 時点	t+1 時点				
	全く当てはまらない	あまり当てはまらない	やや当てはまる	とても当てはまる	計
全く当てはまらない	41	38	35	13	127
	32.3%	29.9%	27.6%	10.2%	100.0%
あまり当てはまらない	41	128	143	41	353
	11.6%	36.3%	40.5%	11.6%	100.0%
やや当てはまる	32	190	663	248	1,133
	2.8%	16.8%	58.5%	21.9%	100.0%
とても当てはまる	16	70	376	624	1,086
	1.5%	6.5%	34.6%	57.5%	100.0%
計	130	426	1,217	926	2,699
	4.8%	15.8%	45.1%	34.3%	100.0%

表6-3 「授業が楽しい」の時点間の遷移

t時点	t+1時点 全く当てはまらない	あまり当てはまらない	やや当てはまる	とても当てはまる	計
全く当てはまらない	54 38.0%	34 23.9%	41 28.9%	13 9.2%	142 100.0%
あまり当てはまらない	43 8.0%	248 46.3%	195 36.4%	50 9.3%	536 100.0%
やや当てはまる	43 3.3%	264 20.2%	809 61.9%	192 14.7%	1,308 100.0%
とても当てはまる	10 1.4%	58 8.1%	306 42.7%	343 47.8%	717 100.0%
計	150 5.6%	604 22.4%	1,351 50.0%	598 22.1%	2,703 100.0%

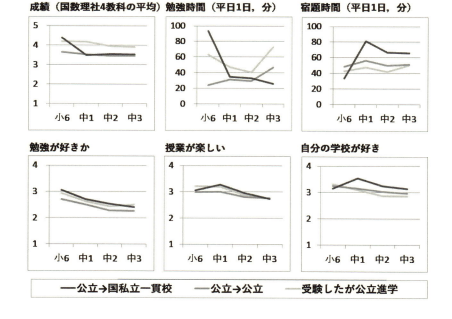

図6-2 成績、勉強や学校生活の経年変化（小6〜中3の各時点の集計値）

なお図6-2は、主な従属変数の値の推移を図にしたものである（成長曲線モデルを当てはめる前の記述的な値）。公立小から、中学受験を経て私立中学等に進学した生徒、公立中学に進んだ生徒、および中学受験をしたが公立中学に進んだ生徒（最後のカテゴリは2番目のカテゴリの一部）に分けて図示している。

2.3. 分析方法

本章ではマルチレベル分析の枠組みにもとづいた成長曲線モデルを採用し、以下の数式で示されるモデルを基本とした分析を行った。分析課題1において、公私別の軌跡をプロットする際にはこれと同様のモデルによって得られた結果を示す。分析課題2において、変化のメカニズムや要因を探る際には、このモデルを基本とした上で、さらに交互作用項の投入やモデルの分割、家庭や生徒の特徴に関する共変量の投入を行った。共変量に関しては、時間によって変化しない共変量と、変化する共変量をモデルを分けて投入し、注目する私立の係数やレベル1（時点間）、レベル2（個人間）の分散がどの程度説明されるかを調べた。

レベル1：$Y_{ti} = \beta_{0i} + \beta_{1i}(time) + \beta_{2i}(time \times time) + e_{ti}$
レベル2（切片）：$\beta_{0i} = \gamma_{00} + \gamma_{01}Private$
レベル2（線形の傾き）：$\beta_{1i} = \gamma_{10} + \gamma_{11}Private + u_{1i}$
レベル2（二次の傾き）：$\beta_{2i} = \gamma_{20} + \gamma_{21}Private + u_{2i}$

3. 成長曲線モデルを用いた変化の軌跡のパターン

各従属変数に対する、成長曲線モデルを用いた変化の軌跡のパターンは以下の図6-3-1から図6-3-8と図6-3-10の示す通りである。図中の赤線が私立中進学者の推計値、青線が公立中進学者の推計値を示す。図6-3-9と図6-3-11はモデルを当てはめた値でなく実際の集計値であり、これらの変数についてはモデルで示された軌跡との間に乖離があったため、補足的に集計値を併記している。

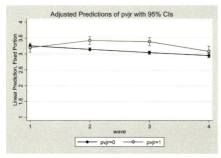

図6-3-1　学校が好きか

図6-3-2　授業が楽しいか

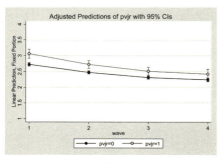

図6-3-3　勉強が好きか

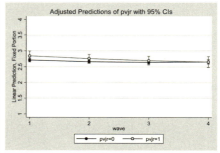

図6-3-4　自分のいいところが言えるか

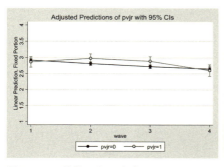

図6-3-5　尊敬できる先生がいるか

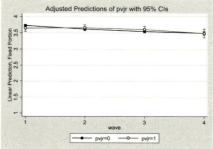

図6-3-6　友達と過ごすのが楽しいか

第6章　中学受験による進学の効果(2)

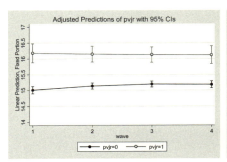

図6-3-7　進学期待（子ども本人）　　図6-3-8　成績（5段階）

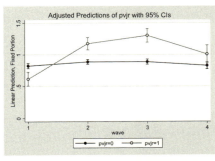
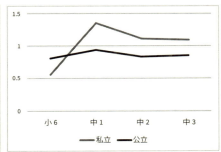

図6-3-9　平日一日あたりの宿題時間　　図6-3-10　宿題時間の実際の集計値（参考）

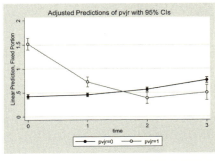
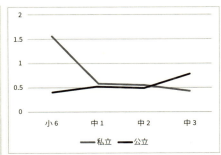

図6-3-11　平日一日あたりの勉強時間　　図6-3-12　勉強時間の実際の集計値（参考）

121

以上の一連の図が示すように、学校生活および学業に関する多面的な指標を小6から中3までのスパンで見ると、私立進学者と公立進学者の間であまり差がない場合と、私立進学者の間で正の方向への変化が見られる場合、また負の方向へ変化が見られる場合がある。また、私立進学者の間で小6から中1にかけて正の変化が見られたアウトカムに関しては、中3にかけて負の方向に変化し、公立進学者との差が縮小するパターンも見られる（学校が好きか、授業が楽しいか、尊敬できる先生がいるか）。公私間の違いの程度に関しては、学習時間を除き、4件法で尋ねられた学校や学業に関する意識に関する差は大きくても0.5ポイント以内であり、必ずしも大きな差であるとはいいがたい。

　なお、2-8（宿題時間）と2-10（勉強時間）の軌跡は、二乗項を投入したモデルでは適切にとらえられていない点についても付記しておく。日本の高校受験等の事情も反映したこうした学習時間の経時的な変化の形状をモデルで適切にとらえるためには、たとえば時点ごとの傾きを個別に推計するなど、別の推計方法が必要になるが、本章ではこれらの変数については推移のパターンの確認のみにとどめる。

　次節では、公私の間で比較的明確な軌跡の差が見られ、かつ学校生活と学業適応の各側面で重要だと思われる「学校が好きだ」と「授業が楽しい」の二つの変数に着目する。その上で、「生徒の属性や家庭背景によってこうした変化のパターンが異なるか」（＝効果の異質性があるか）と、「なぜこうした変化が見られるのか」（＝何が変化の軌跡を説明するのか）という側面からの検討を行う。

4. 効果の異質性とメカニズムの解明

4.1. 記述統計

　本節以後では、「学校が好き」と「授業が楽しい」の二つの変数に着目した分析を行う。まず、これらの変数の時点（学年）ごとの集計値を概観する。以下の図6-4は「学校が好きだ」の公私別の集計値、図6-5は「授業が楽しい」の公私別の集計値である。いずれも、wave 1（小6）～ wave 4（中3）の各時点で私立進学者、公立進学者のこれらの回答がどのような分布であったかを示している。

122

第6章　中学受験による進学の効果 (2)

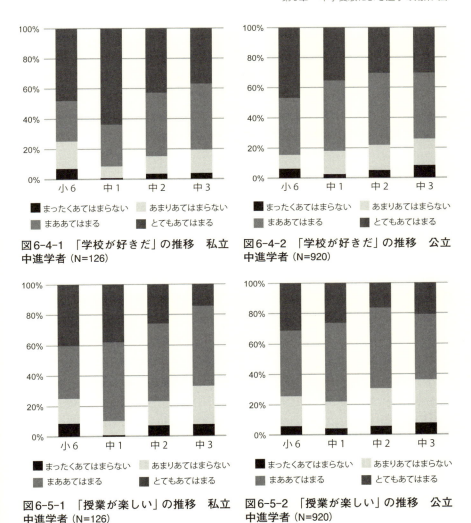

図6-4-1　「学校が好きだ」の推移　私立中進学者 (N=126)

図6-4-2　「学校が好きだ」の推移　公立中進学者 (N=920)

図6-5-1　「授業が楽しい」の推移　私立中進学者 (N=126)

図6-5-2　「授業が楽しい」の推移　公立中進学者 (N=920)

4.2. 属性や階層による異質性の探求

　前節で見られた変化のパターンについて、ベースラインの成長曲線モデルの上に、性別、親学歴、成績（小6時）それぞれと私立ダミーとの交互作用項を投入してさらなる異質性が見られるかを探った。その結果「学校が好きか」の変化は女子の私立進学者や小6時に成績上位の私立進学者の間でその傾向が強く、

「授業が好きか」の変化は親が大卒の生徒と小6時に成績上位の私立進学者の間でその傾向が強いことが明らかになった（分析課題2-①）。

具体的なモデルや係数は省くが、モデルの交互作用項において5%水準で有意な差があった変数について、以下に結果のプロットを示す。なお、プロットの際には交互作用項を用いると公私別の値の把握がしにくいため、これらの変数でケースを分割して前節と同様のモデル推計を行った際のプロットを以下の図に示す。以下、図6-6では「学校が好きだ」の公私別の集計値、図6-7では「授業が楽しい」の公私別の集計値を示す。なお、第2節の表6-1で示した通り、とくに私立進学者で小6時の成績が下位の生徒はケース数が少ないため、成績別の結果を解釈する際にはこのような点に注意が必要である。実際に図内の標準誤差（上下のエラーバー）もそのような場合には大きめに表示されている。

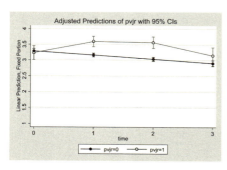

図6-6-1　学校が好きか（女子）　　図6-6-2　学校が好きか（男子）

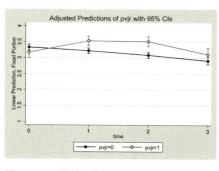
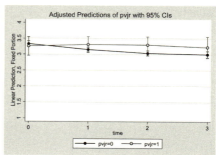

図6-6-3　学校が好きか（小6成績上位）　図6-6-4　学校が好きか（小6成績中位）

第6章 中学受験による進学の効果（2）

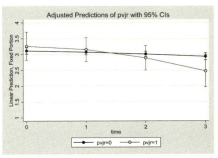

図6-6-5 学校が好きか（小6成績下位）

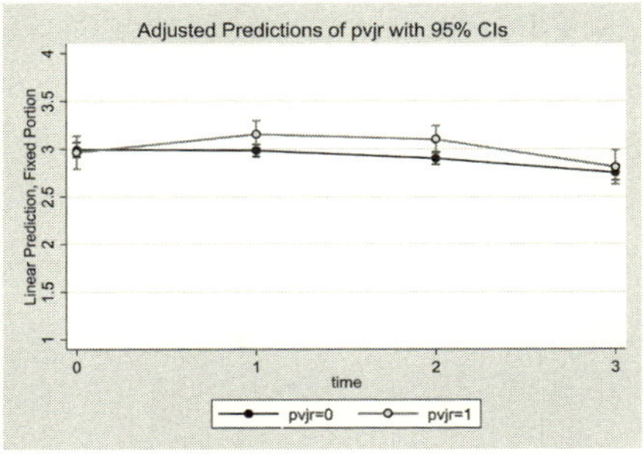

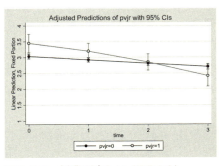

図6-7-1 授業が楽しい（親大卒）

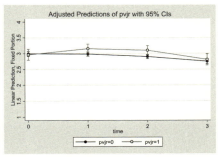

図6-7-2 授業が楽しい（親非大卒）

図6-7-3 授業が好きか（小6成績上位）

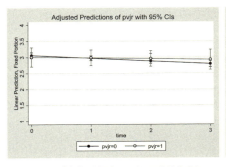

図6-7-4 授業が好きか（小6成績中位）

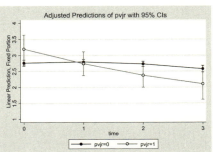

図6-7-5 授業が好きか（小6成績下位）

125

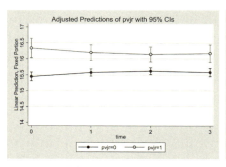 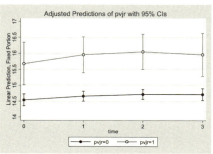

図6-8-1　進学期待（親大卒）　　図6-8-2　進学期待（親非大卒）

　学力的な観点では、小6時の成績が上位であるほど、私立中への進学により学校も授業も好きになる傾向がある。階層的な観点では、親が大卒の生徒の方が授業が好きになる傾向がある一方、学校が好きかに関しては親学歴によって統計的に有意な差があるとは言えなかった。また、これらの指標以外で、生徒自身の進学期待についても補足的にケースを分けてみたところ、以下の図7-1と図7-2に示すように、この場合は親が非大卒の生徒である方が、進学期待を高めていた。ただし対象のケース数が少ないこともあり、標準誤差は大きめなので確定的な結果とは言えない。しかし、これらの傾向を総合的に見ると、階層的に有利な生徒が私立進学によって常に便益を得やすいのかと言えば、そうでない（逆の可能性もある）ということが示唆される。こうした出身家庭による効果の異質性の可能性に関しては、アウトカムによって傾向が違うことを念頭に、今後さらなる検討を行う必要があるだろう。

4.3. 変化のメカニズムの探求

　表6-4は、「学校が好きだ」の変化に対する成長曲線モデルの分析結果である。モデル1は私立と公立で曲線の傾きが異なることを想定した基本モデルである。モデル2では時間によって変化しない共変量を投入している。このモデルによると、親が大卒の生徒は親が非大卒の生徒に比べて学校が好きだと思いにくく、小6時の成績が高い生徒の方が学校が好きだと思いやすい。ただし、これらの係数の大きさは0.1ポイント以下であまり大きくない。また、性別と地域を含めた生徒や家庭の特徴（時間によって変化しない共変量）をすべて考慮し

第6章　中学受験による進学の効果（2）

表6-4 「学校が好きだ」に対する成長曲線モデルの分析結果

	Model 1		Model 2		Model 3		Model 4	
固定効果								
時点変数	-0.117	***	-0.118	***	-0.098	**	-0.045	
時点変数の二乗項	0.005		0.005		0.002		0.004	
私立	-0.058		-0.092		-0.138		-0.059	
私立＊時点変数	0.489	***	0.508	***	0.531	***	0.320	
私立＊時点変数の二乗項	-0.143	***	-0.149	***	-0.142	***	-0.080	
時間によって変化しない共変量								
女子			0.038					
親大卒			-0.098	*				
政令市・23区			0.033					
人口16万人以上の市（基準）								
人口16万人未満の市			0.004					
成績（小6時）			0.079	*				
時間によって変化する共変量								
成績（変化）					0.040	**	-0.026	*
子どもへの教育費支出					-0.001		0.000	
子どもへの情緒的サポート					0.345	***	0.180	***
宿題時間					0.027		-0.007	
勉強時間					0.054	***	0.016	
授業が楽しい							0.285	***
尊敬できる先生がいる							0.139	***
友達と過ごすのが楽しい							0.368	***
切片	3.255	***	3.116	***	1.938	***	0.124	
分散成分								
レベル1 個人内	0.350	***	0.353	***	0.334	***	0.283	***
レベル2 初期値	0.356	***	0.349	***	0.276	***	0.136	***
変化率	0.043	***	0.045	***	0.046	***	0.026	***
共分散	-0.447	***	-0.430	***	-0.464	***	-0.602	***
N	3819		3608		3614		3609	
ICC	0.504		0.497		0.453		0.324	
Log likelihood	-4363.9		-4137.9		-3998.8		-3413.8	
AIC	8747.8		8305.9		8027.6		6863.6	
BIC	8810.3		8398.7		8120.4		6975.0	

* $p<0.05$, ** $p<0.01$, *** $p<0.001$

ても、私立ダミーと時点変数の交互作用項や、変化率の分散成分が減少していないことから、このモデルでは公立と私立の違いが説明できていない。なお、地域によってこうしたメカニズムが異なる可能性を考慮し、モデル内にある地域の人口規模に関する変数を中学受験率が高い県のダミー変数に変えた分析も行ったが、変数やモデル全体に対して有意な影響はなかった。

　モデル3では時間によって変化する共変量を投入している。このモデルでは、成績、親の子どもへの情緒的サポート、勉強時間が有意な影響をもっている。ただし成績と勉強時間それぞれが1単位ずつ上昇することは、従属変数の変化に対して0.1ポイント以下の影響しか及ぼさない。対して子どもへの情緒的サポート（褒める、励ます、応援する）は、子どもの学校への好感度の変化に対して0.3ポイント以上の影響をもつ。この点は、同じモデルにある子どもへの教育費支出が有意な影響をもたないことと対照的である。すなわち、金銭的なサポートよりも、親の子に対する関わりが子どもの学校適応に対して効果をもつことが示された。また、モデル3で追加した共変量により、分散成分のうち初期値がある程度説明された一方、モデル2と同様、公立と私立の違いはこのモデルによってもほとんど説明されていない。つまり、モデル3で投入した変数の影響は私立だけでなく公立にも共通して見られる背景で、私立独自の変化を説明するものではない可能性がある。モデル4では上述のモデルに加え、「授業が楽しい」「尊敬できる先生がいる」「友達と過ごすのが楽しい」という学校生活に関する生徒の意識に関する変数を投入したところ、私立の軌跡に関する係数が有意でなくなり、分散成分の変化率も減少した。このため、私立に進学する生徒は、これらの意識に関する変化と相まって「学校が好き」と感じるようになる可能性がある。

　表6-5は、「授業が楽しい」の変化に対する成長曲線モデルの分析結果である。モデル1は私立と公立で曲線の傾きが異なることを想定した基本モデルである。モデル2では時間によって変化しない共変量を投入している。このモデルによると、性別、親大卒の有無、地域は有意な影響をもたない一方、小6時の成績が良いことは授業への好感度への変化に対して有意な影響を示した。ただし、この点は公立と私立の違いは説明していない。モデル3ではwave2時点のアクティブラーニング系授業の頻度（生徒が調べ学習や発表、討論系の授業を

表6-5 「授業が楽しい」に対する成長曲線モデルの分析結果

	Model 1	Model 2	Model 3	Model 4	Model 5	Model 6
固定効果						
時点変数	-0.045	-0.036	-0.037	-0.016	0.089 **	0.091 **
時点変数の二乗項	-0.015	-0.019	-0.019	-0.021	-0.035 ***	-0.033 **
私立	0.080	-0.032	-0.059	-0.019	-0.067	-0.023
私立 * 時点変数	0.225 *	0.234 *	0.207 *	0.260 *	0.225 *	0.134
私立 * 時点変数の二乗項	-0.087 **	-0.088 **	-0.078 *	-0.087 **	-0.080 **	-0.051
時間によって変化しない共変量						
女子		0.041	0.019			
親大卒		-0.030	-0.020			
政令市・23区		0.024	0.009			
人口16万人以上の市（基準）						
人口16万人未満の市		-0.004	-0.006			
成績（小6時）		0.187 ***	0.170 ***			
AL系授業の頻度			0.196 ***			
時間によって変化する共変量						
成績（変化）				0.121 ***	0.019	0.014
子どもへの教育費支出				-0.001	-0.001	-0.001
子どもへの情緒的サポート				0.256 ***	0.159 ***	0.088 ***
宿題時間				0.102 ***	0.061 ***	0.052 **
勉強時間				0.073 ***	0.038 *	0.033 *
勉強が好きか					0.459 ***	0.389 ***
尊敬できる先生がいるか						0.258 ***
切片	3.016 ***	2.632 ***	2.108 ***	1.630 ***	1.131 ***	0.828 ***
分散成分						
レベル1 個人内	0.355 ***	0.351 ***	0.350 ***	0.352 ***	0.333 ***	0.306 ***
レベル2 初期値	0.351 ***	0.333 ***	0.328 ***	0.267 ***	0.144 ***	0.115 ***
変化率	0.032 ***	0.034 ***	0.035 ***	0.027 ***	0.018 ***	0.016 ***
共分散	-0.488 ***	-0.485 ***	-0.501 ***	-0.498 ***	-0.507 ***	-0.538 ***
N	3823	3612	3521	3618	3581	3581
ICC	0.498	0.487	0.484	0.432	0.302	0.272
Log likelihood	-4319.8	-4055.7	-3943.7	-3964.6	-3613.7	-3414.9
AIC	8659.5	8141.4	7919.3	7959.2	7259.3	6863.9
BIC	8722.0	8234.3	8018.0	8052.1	7358.3	6969.0

* $p<0.05$, ** $p<0.01$, *** $p<0.001$

受ける頻度で、モデル内では AL 系授業の頻度と表記）を追加したところ、この変数は小 6 時の成績水準とともに、授業への好感度の変化を有意に説明した。また、この変数の投入により、モデル 2 で統制した生徒や家庭の特徴を統制した上でも、アクティブラーニング系の授業の頻度が高いことは、私立独自の変化（私立と時点変数の交互作用項）の一部を説明していることが分かる。

モデル 4 では時間によって変化する共変量を投入している。このモデルでは、成績の変化、親の子どもへの情緒的サポート、宿題時間と勉強時間が授業への好感度の変化を有意に説明している。これらの変数の投入により、私立と時点変数の交互作用項の係数は減少しないものの、モデル全体の分散成分の初期値や変化率が減少していることから、公立も含めたメカニズムを説明していることが分かる。モデル 5 では勉強が好きかの変化を投入したところ、授業への好感度の変化に対し有意な影響を示した。モデル 4 と同様に、この変数は公立も含めたメカニズムの説明には寄与しているが、やはり私立特有の影響であるとはいいがたい。モデル 6 では尊敬できる先生がいるかの変化を投入したところ、私立と時点変数の交互作用項、および私立と時点変数の二乗項の交互作用項が有意でなくなった。このことから、生徒が尊敬できる先生がいると感じることが、公立進学者と私立進学者の間で生じる「授業が楽しい」という変化の軌跡の違いを有意に説明している可能性が示された。

4.4. 公私別の補足分析

前項で行った授業の好感度に対する分析では、小 6 から中 3 にかけて、公立進学者と私立進学者の間で生じる「授業が楽しい」という変化の軌跡の違いの背景として、アクティブラーニング系授業の頻度や、尊敬できる先生の存在が一因としてあることを示した。前項の分析の主眼は公立・私立間の変化の軌跡の違いを同じモデル内で説明する点にあったが、公立・私立それぞれのセクター内では、授業への好感度はどのようなメカニズムにより説明されるのだろうか。とりわけ、前項で注目されたアクティブラーニング系授業の頻度や尊敬できる先生の存在は、公立進学者と私立進学者の双方にとって、どのような影響をもつのか。本項ではこのように、前項とは若干視点を変え、表 6-5 で示した「授業が楽しい」に対する成長曲線モデルの分析を、公私別に分けた補足分

析によって追加検証する。

　表6-6は「授業が楽しい」の変化に対する成長曲線モデルの分析を、私立進学者と公立進学者に分けて行った結果である。生徒の性別や親学歴、居住地域や小6時の成績、勉強時間や親の子どもへの金銭的・情緒的サポートを統制した上で、各セクターの最初のモデルではアクティブラーニング系の授業頻度、次のモデルでは尊敬できる先生がいるか（変化）の係数に着目してほしい（表6-6で太字の部分）。調べ学習、発表や討論等のアクティブラーニング系の授業の頻度（wave2、すなわち生徒が中1時点）は、最初のモデルでは私立進学者と公立進学者の両方で授業の楽しさに対して有意な影響をもっていたが、係数は公

表6-6　「授業が楽しい」に対する成長曲線モデルの分析結果（公私別の追加分析1）

	私立中進学者		公立中進学者	
固定効果				
時点変数	-0.102	0.014	-0.036	0.089 **
時点変数の二乗項	-0.017	-0.028	-0.020	-0.034 **
女子	-0.071	-0.081	-0.043	-0.077 *
親大卒	-0.013	-0.008	-0.019	-0.019
政令市・23区	0.014	0.074	0.029	0.025
人口16万人以上の市（基準）				
人口16万人未満の市	-0.165	-0.059	0.006	-0.011
成績（小6時）	0.126	0.009	0.141 ***	0.010
子どもへの教育費支出	-0.009 ***	-0.006 **	0.001	0.000
子どもへの情緒的サポート	0.293 ***	0.117 *	0.255 ***	0.094 ***
宿題時間	0.121 *	0.053	0.092 ***	0.052 **
勉強時間	0.079	0.026	0.080 ***	0.029
アクティブラーニング系の授業頻度	**0.324 ***	**0.227 **	**0.119 **	**0.038**
勉強が好きか		0.322 ***		0.399 ***
尊敬できる先生がいるか（変化）		**0.301 ***		**0.245 ***
切片	1.037 **	0.359	1.452 ***	0.771 ***
分散成分				
レベル1　個人内	0.350 ***	0.328 ***	0.343 ***	0.294 ***
レベル2　初期値	0.255 ***	0.083 ***	0.278 ***	0.131 ***
変化率	0.054 ***	0.027 ***	0.028 ***	0.018 ***
N	396	394	2983	2951

* p<0.05, ** p<0.01, *** p<0.001

立に比べて私立で3倍程度の大きさだった。また、次のモデルで尊敬できる先生がいるかの変化を投入したところ、私立ではアクティブラーニング系の授業頻度の効果が残ったが、公立ではその効果は有意でなくなった。またこのモデルで、尊敬できる先生がいるかの変化自体の係数は、私立進学者で0.301、公立進学者で0.245と双方でそれなりの影響があった。

表6-7は上記のモデルと同様に、「授業が楽しい」の変化に対する成長曲線モデルの分析を私公別に分けて行い、その際「尊敬できる先生がいるか」の影響を「変化」でなくwave2、すなわち中1時点の「水準」に変えた場合の結果である。アクティブラーニング系の授業頻度については、表6-6とほぼ同様の

表6-7 「授業が楽しい」に対する成長曲線モデルの分析結果（公私別の追加分析2）

	私立中進学者		公立中進学者	
固定効果				
時点変数	-0.102	0.097	-0.036	0.074 *
時点変数の二乗項	-0.017	-0.059	-0.020	-0.034 **
女子	-0.071	-0.107	-0.043	-0.075 *
親大卒	-0.013	0.009	-0.019	-0.028
政令市・23区	0.014	0.060	0.029	0.016
人口16万人以上の市 (基準)				
人口16万人未満の市	-0.165	-0.096	0.006	0.002
成績 (小6時)	0.126	0.015	0.141 ***	0.010
子どもへの教育費支出	-0.009 ***	-0.006 **	0.001	0.000
子どもへの情緒的サポート	0.293 ***	0.178 **	0.255 ***	0.130 ***
宿題時間	0.121 *	0.066	0.092 ***	0.048 *
勉強時間	0.079	0.032	0.080 ***	0.034
アクティブラーニング系の授業頻度	**0.324** ***	**0.226** **	**0.119** **	**0.032**
勉強が好きか		0.379 ***		0.442 ***
尊敬できる先生がいるか (変化)		**0.149** ***		**0.181** ***
切片	1.037 **	0.398	1.452 ***	0.774 ***
分散成分				
レベル1 個人内	0.350 ***	0.367 ***	0.343 ***	0.315 ***
レベル2 初期値	0.255 ***	0.141 ***	0.278 ***	0.139 ***
変化率	0.054 ***	0.046 ***	0.028 ***	0.021 ***
N	396	394	2983	2951

* $p<0.05$, ** $p<0.01$, *** $p<0.001$

結果であるが、中1時点の尊敬できる先生の存在が生徒の授業の楽しさに対して及ぼす影響は、私立進学者で0.149、公立進学者で0.181と、双方で有意であるものの公立進学者の方で若干係数が大きかった。

これらの補足分析は、私立進学者の間だけでなく、公立進学者の間でも尊敬できる先生の存在や水準は、生徒が中学校段階で授業が楽しいと思えることに対して重要な影響を及ぼしていることを示す。また、アクティブラーニング系の授業頻度に関しては、公立よりも私立進学者の間で、授業の楽しさとより強く結びついている傾向が示された。公立進学者の場合、尊敬できる先生の存在を考慮するとアクティブラーニング系の授業頻度は授業の楽しさを有意に規定しなくなった。

5. 結論と今後の展望

5.1. 本章のまとめ

本章では公立小から公立中へ進学した生徒と、公立小から私立中（国立・公立一貫校を含む）へ進学した生徒について、学校生活や学びに対する意識や行動が小6〜中3の間にどのように変化したかを、成長曲線モデルによって示した。まず、学校生活と学業に関する多面的な指標について、小6から中3までのスパンで基本的な成長曲線モデルを当てはめて分析を行った結果、私立進学者の間で小6から中学入学後に正の方向に変化するパターン（学校が楽しい、授業が好きだ、尊敬できる先生がいる、宿題時間）と、中学入学後に負の方向に変化するパターン（成績、勉強時間）、公私間であまり大きな差がないパターン（勉強が好きか、自分のいいところが言えるか、友達と過ごすのが楽しいか、成績）が見られた。ただし、私立進学者の間で見られたプラス方向への変化は、中2から中3にかけていずれもマイナス方向に変化する傾向にあった。

公立進学者と私立進学者の間で目立った違いが見られた「学校が楽しい」と「授業が好きだ」の二つの変数について、上述のような変化のパターンに性別、親学歴、成績（小6時）によって異質性が見られるかを探った。その結果「学校が好きか」の変化は女子や小6時に成績上位の私立進学者の間でその傾向が強く、「授業が楽しい」の変化は親が大卒や小6時に成績上位の私立進学者の間

でその傾向が強いことが示された。ただし、階層的な側面に関しては進学期待をアウトカムにして見た場合、親が非大卒の私立進学者の方が正の方向への変化を示しており、私立中学への進学が社会経済的に有利／不利な背景をもつ生徒に対してもつ影響は、アウトカムが何であるかによって異なる可能性がある。

さらに、私立進学者と公立進学者の間で授業や学校への好感度の軌跡に差が見られた理由について、モデル間で共変量を投入することによるメカニズムの解明を試みた。「学校が好きだ」の変化に対しては、成績や保護者の子どもへの情緒的サポート、勉強時間それぞれの変化が有意な影響をもっていた。しかしそれらの影響は公立にも共通して見られるメカニズムで、必ずしも私立独自の変化を説明するものではなかった。最終的なモデルで「授業が楽しい」「尊敬できる先生がいる」「友達と過ごすのが楽しい」という学校生活や学校での学びに関連の深い生徒の意識変数を投入したところ、私立特有の変化が説明された。このため、私立に進学する生徒はそうした学校生活や学習面での変化と相まって「学校が好き」と感じるようになる可能性がある。

授業への好感度に対しては、生徒の成績、保護者の子どもへの情緒的サポート、宿題時間と学習時間が有意な影響をもっていたが、とくに私立進学者に特有の影響が見られたのはアクティブラーニング系の授業頻度（発表、調べ学習、討論等）と尊敬できる先生の存在であった。授業への好感度の背景に関して、補足的に公立進学者と私立進学者でモデルを分けた分析も行った。その結果、尊敬できる先生の存在は、変化と水準の両面で、私立だけでなく公立進学者にとっても重要な影響をもつことが分かった。一方でアクティブラーニング系の授業頻度は、相対的には公立進学者よりも私立進学者にとって、授業への好感度への影響が大きかった。

これらの結果と意義を一段落にまとめると、以下のようになる。私立中学に進学することの影響は多面的な指標を用いて見ると正負のそれぞれの影響、あるいは影響がないパターンのいずれもがありうる。ただし効果の大きさはあまり大きなものではなく、正の方向に有意な影響がある場合でも、その効果は中3にかけて縮小する傾向にある。アウトカムによって、性別や親学歴、成績による効果の異質性がある可能性も示された。こうした結果は、先行研究において須藤（2012a: 200）が述べた、中学受験により子どもたちが得ているのは中上

位校に限定しての「ささやかな学校満足」なのではないか、という指摘とも重なる。また正の方向に顕著な変化が見られた学校や授業への好感度に関して、そうした変化がなぜ生じるのかをより詳細に分析したところ、学校での友人との関わりやアクティブラーニング系の授業頻度、教員へのポジティブな認識等が背後で関連している可能性が示された。こうした結果——たとえば私立中学に進学する相対的に学力の高い生徒が調べ学習や発表、討論系の授業によって学習の満足度を高めやすいこと——は、私立学校の文脈だけでなく、公立学校も含めた教育のあり方を考える際の一つの参考になるかもしれない。

5.2. 今後の課題

最後に本章の課題を、テーマと方法の両面に分けて述べる。まずテーマ面に関して、本章では前半の分析で多面的な指標に焦点を当てた後、後半の分析では学校や授業への好感度という、学校適応や学習意欲に関する変数に焦点を絞って分析を行った。こうした分析は、今後はどちらかというと教育学的な観点から、教育の効果に関する先行研究の枠組みにより丁寧に位置づけて議論を行うことで、学術的にも意味のある発信につながるだろう。ただし、社会学における社会階層論の研究枠組みに関心をもつ研究コミュニティに対しては、前半部で生徒の進学期待に関する変数の軌跡を確認したことを除けば、学力や大学進学といった、こうした研究枠組みが重視する変数を扱っておらず、その点で知見の意義を共有しづらいかもしれない。私立中学への進学が生徒の学力や大学進学に対してもたらす効果をパネル調査データを用いて推計することは、社会階層論の視点と教育の因果効果に関する視点の両面において重要だと考えられるため、それらについては適切なデータや分析方法を見極めたうえで今後分析を試み、稿を改めて論じたい。

方法面での課題は以下の通りである。第一に、本章の前半部で宿題時間と学習時間の軌跡を成長曲線モデルによってプロットした際、実際の値との間に齟齬が見られた。これは、こうした値の変化の軌跡が二乗項の投入のみではとらえきれないことを示しており、このような学習時間系のアウトカムを成長曲線モデルを用いて分析する際の難しさを示したと言える。第二に、モデルごとに共変量を投入してメカニズムを探る場合、パネル調査データであっても、最終

的な因果効果の方向までは特定しきれない点が課題としてある。たとえば勉強が好きな度合いの変化が、授業への好感度の変化に影響するといった場合、それは必ずしも一方向の変化を意味するのではないかもしれない。すなわち、どちらが因果的に先かという点に解釈の余地は残る。ただし、現実的にはそれらが「あいまって」変化していくことが分かれば、パス図的な分析をせずとも、一定の意味はあるかもしれない。第三に、本章で示したモデルの結果に関しては、モデル間でケース数をそろえ、本章で採用したリストワイズ法以外の欠損値への対処の可能性についても検討することが今後の課題である。最後に、成長曲線モデルはメカニズムの解明を目的とするリサーチクエスチョンに合った柔軟なモデル化が可能な一方で、観察されない共変量を完全には統制できていない可能性がある。今後は結果の頑強性を高めるため、固定効果モデルの推計結果を併記することも検討したい。

　［謝辞］
　二次分析にあたり、東京大学社会科学研究所附属社会調査・データアーカイブ研究センター SSJ データアーカイブから「子どもの生活と学びに関する親子調査　Wave1 ～ 4、2015-2019」（ベネッセ教育総合研究所）の個票データの提供を受けました。

第7章

高校段階における家庭背景と
学力の関係の国際比較
——PISA 調査——

1. 問題関心

　PISA 調査において生徒の社会経済文化的背景を示す指標は ESCS (PISA index of economic, social and cultural status) と呼ばれ、2000 年の調査開始以来、親の職業、親学歴、家庭の所有物の 3 要素からなる指標とされてきた。本章ではこの概念や尺度についてレビューし、その特徴や課題を明らかにする。次に ESCS の学力への影響を推計する複数の手法を比較し、OECD 報告書の分析を参考に、各手法の意味や違いを解説する。最後に PISA 調査データを用いた実証分析を行い、日本の高校生の学力と社会経済文化的背景 (ESCS) との関係は、構成要素別に見るとどの影響が最も大きいのかを検討する。これらの検討をふまえ、日本の文脈におけるこうした指標の意味と妥当性について議論する。

　近年までに、家庭の社会経済的背景に関する指標 (SES) を用いた学力の格差に関する多くの研究が国内で進展してきた (お茶の水女子大学 2014、2023、福岡教育大学 2017、2023 など)。日本の学力調査では、学校通しの学力調査などで SES に関わる情報を取得することが難しかった背景もあり、研究者は既存の限られた調査項目から SES やその代替指標を作成して使用してきた (川口 2017)。こうした中で、SES をどう定義し、どう測定するかという問題はあまり深く追求されないままできた (例外は知念 2017、川口 2023 など)。

　しかし、近年海外において、SES 指標の意味を問い直す研究が蓄積されている。こうした研究によれば、SES 尺度は教育データの分析において有用な合成変数であり、とくに国際比較調査ではメリットが大きいという。一方で、

137

その概念の多次元性をめぐり、何を具体的な指標に含めるべきかといった論点を中心に、議論が続いている。とくに PISA 調査の ESCS 指標に関しては、各国間を比較する上での人工的・便宜的な概念として有用である一方、各国の文脈を十分に反映していない可能性があるなど、概念上や測定上の課題が挙げられている（Avvisati 2020、Rutkowski & Rutkowski 2013）。

　よって本章では、研究者間でこの指標の意味や構成方法についての見方が異なるという背景を念頭に、以下の点について論じる。第一に、SES 指標とは何であり、その概念や測定上の論点は何か。第二に、PISA 調査における ESCS と学力との関係の分析方法にはどのようなものがあり、日本についてはどのような知見が読み取れるか。第三に、PISA 調査の ESCS 指標の個別の構成要素（親の職業、学歴、家庭の所有物）に着目した場合、日本では ESCS のどの要素と学力との相関が強いのか。本章で OECD の PISA 調査を使用することのメリットとして、1) PISA 調査の ESCS は SES に関する豊富な情報を集約した合成指標であること、2) ESCS による学力格差の分析手法のバリエーションが豊富であること、3) 国際的な視点から日本の SES 指標をとらえる際の課題について検討できることが挙げられる。

2. 理論的背景

2.1. SES とは何か

　SES（社会経済的地位）は、主に「親の学歴」「親の職業」「家庭の収入」といった要素で個人や家庭の社会的・経済的地位を示す指標である（Sirin 2005）。社会経済的地位の概念化と測定は、国内外の学力研究や社会階層研究において、近年にいたるまで多くの課題が認識されてきたテーマである（Bukodi & Goldthorpe 2013、Fujihara 2020、Willms & Tramonte 2019）。OECD の PISA 調査では、SES に関連する要素をもとに作られた ESCS という指標が使われている。この ESCS は、国際的な枠組みで作られた SES 指標の一つで、とくに北米の教育研究でよく使われる社会経済的地位（SES）に近いものとされている（Avvisati 2020）。

2.2. SES の意義とメリット：なぜこの指標が有効なのか

SES は、教育成果や社会的機会の不平等を理解するための有力なツールである。SES が高い家庭の子どもは、学校での学力や将来の社会的成功において優位に立つことが多く、多くの研究が SES と教育成果の間に強い関連があることを示している（Sirin 2005、川口 2023）。また、SES は複合指標として、さまざまな社会的要因を統合することにより、教育研究や政策分析において扱いやすい形で不平等を可視化する（Avvisati 2020）。とくに PISA のような国際的な学力調査では、SES は各国間での教育格差を理解するための共通尺度となる。この尺度を使用することで、国ごとの SES と教育成果の関係を時系列で比較することが可能となる（Rutkowski & Rutkowski 2013）。

また分析上の利点として、SES の値にもとづいて複数のグループに分け、SES 上位や SES 下位といった質的な尺度として利用できる点が挙げられる。SES は回帰分析においても有用である。たとえば、SES と他の注目する変数との交互作用項を取り、その影響をモデルに組み込んで推計することが可能である。さらに、SES は回帰分析における統制変数として頻繁に使用され、SES の直接的な影響を調べる場合でなくても、推計の精度を向上させる役割を果たす。これらの点から、ESCS 尺度は、PISA のような大規模な学力調査において非常に有効であるといえる。

2.3. SES への批判：この指標の何が問題なのか

このように SES の有効性が指摘される一方、その問題点も指摘されている。SES 概念全般に対する批判として、まずその多次元性が挙げられる。SES を複合的な指標として扱うことには批判もある。Deaton（2002）は、SES が多様な要素から構成されるため、政策的な介入を設計する際には具体性に欠けると指摘している。その上で、「SES」という用語が学歴、職業、収入などの多様な資源を総称するものであり、それらのうちどの要素に政策が焦点を当てるべきかが不明確であることが問題だと述べている。また、O'Connell（2019）も SES の多次元性がデータ解釈を複雑にし、研究者間での理解が一致しにくい点を指摘している。

さらに、Keskpaik と Rocher（2011）は、SES の複合指標では教育制度の公

平性を正確に評価することが難しいと主張しており、SES の各要素を独立して分析することが重要であるとしている。この観点からも、SES を一元的にとらえるのではなく、その構成要素ごとの影響を分析する必要性が認識されている。

国際比較の文脈では、ESCS に対する批判は主に文化間での比較の難しさに焦点が当てられている。Rutkowski & Rutkowski (2013) は、ESCS のような複合指標が一部の国、とくに非 OECD 諸国では必ずしも適切に機能しないと指摘している。例えば、「家庭の蔵書数」といった文化的資本の指標は、国によって異なる意味を持つ場合があり、そのため異なる文化背景を持つ国々を比較する際に限界が生じるとしている (Rutkowski & Rutkowski 2013)。また、OECD (2019) も PISA 報告書の中で、「携帯電話の数」のような指標がすべての国で経済的豊かさを同じように測るわけではないことを指摘している。

2.4. 日本における SES と学力の関係

とくに日本の文脈では、学力との関係をとらえる上で、SES に関する以下の論点が挙げられてきた。川口 (2017, 2023) は、SES 尺度の構成によって学力への影響が異なることを指摘している。具体的には全国学力・学習状況調査の分析において、保護者の教育年数、世帯収入、父親の仕事の企業規模のうち、教育年数が最も正答率と相関が高いことを明らかにした (川口 2023)。

田端 (2024) は、「家庭の蔵書数」が SES の代理指標として有効であり、学力と強い相関があることを示している。この指標は簡便で信頼性が高く、とくに文化的な学習環境が学力に影響を与える重要な要素であることが確認されている。近藤 (2012) は、PISA 調査を用いた分析で、文化資本が学力に強く影響し、経済発展が進んだ国では階層差が縮小しないことを指摘しており、文化的資源の影響が経済資本を上回る場合があることを示している。

また、全国学力・学習状況調査を分析した野崎ほか (2018) は、学校外教育支出や親の学歴を考慮すると、世帯所得と子どもの学力の間には正の相関があるものの、その影響はそれほど大きくないとしている。さらに、中村ら (2016) の研究は、パネル調査データを用いた分析から、世帯所得が学力に与える影響は、統計的に有意な差をもたらすほど大きなものではないことを示している。なお、卯月・末冨 (2016) のように、収入が高い家庭の子どもは学校外での学

習機会や塾通いの頻度が高く、これが子どもの学力に有意な影響を及ぼすという知見もある。

3. PISA データにみる SES 概念と分析手法

3.1. PISA 調査における社会経済文化的背景

　国立教育政策研究所 (2024: 270) は、PISA 調査における「社会経済文化的背景」指標 (ESCS) について、OECD の報告書の説明をもとに、以下のように説明している。PISA 調査における ESCS 指標は、生徒の家庭の社会経済文化的背景を表し、三つの主要な指標の標準化された値の算術平均で構成されている。この指標が大きいほど、家庭の社会経済文化的水準が高いことを示す。

1. 保護者の職業 (HISEI)：生徒が回答した保護者の職業を国際標準職業分類 (ISCO) にもとづき分類し、より高い職業の保護者の値を使用して算出する。
2. 保護者の教育年数 (PARED)：生徒の回答にもとづき、保護者の教育年数を推定し、より長い方の保護者の教育年数を指標として使用する。
3. 家庭の所有物 (HOMEPOS)：後述するさまざまな家財や家庭にある本の冊数に関する生徒の回答から算出される。
   これら 3 つの指標のいずれかに欠損データがある場合は、回帰式を用いて予測値が代入され、複数の指標に欠損がある場合は ESCS が計算されない。

　このように ESCS は、生徒の家庭背景に関する上記の各側面に関する質問を行い、その回答をもとに合成された指標である。家庭の所有物のうち、家財には蔵書数、車の台数、タブレットやパソコンなどのデジタル機器の数、自分専用の部屋があるかどうか等の多数の項目が含まれる。また、参加国の状況に応じた質問項目も設けられており、日本の生徒は「ゲーム機」や「自分のパスポート」、「エアコン」や「来客用の部屋」の数についても回答している。

3.2. ESCS と学力との関係の分析方法

OECD の PISA 報告書では、ESCS（社会経済文化的背景）と学力の関係を分析するために、いくつかの方法が採用されている。以下に、主要な分析方法を説明する。

1. 四分位別分析

生徒を家庭の ESCS 指標にもとづき 4 つのグループに分け、各グループの学力得点の平均を比較する。この分析によって、たとえば ESCS の高い生徒（ESCS が上位 1/4）に属する生徒と、ESCS の低い生徒（ESCS が下位 1/4）を比べたとき、平均してどの程度の学力の差があるかが分かる。

2. 回帰分析を用いた勾配分析（Socioeconomic Gradient）

PISA 調査では、生徒の ESCS と学力との関係を分析する一つの枠組みとして、社会経済的勾配（Socioeconomic Gradient）の考えを用いている（OECD 2001、Willms 2006）。これは、ESCS が学力にどのような影響を与えるかを最小二乗法（OLS）による回帰分析を用いて推計する方法である。具体的には、以下の 3 つの重要な要素で構成されている：

勾配の大きさ（Slope）は、回帰分析における傾きであり、ESCS 指標が 1 単位増加した場合に得点がどれだけ変化するかを示すものである。傾きが大きい場合、社会経済的背景の違いが学力に与える影響が大きいことを意味する。

関連性の強さ（Strength）は、回帰分析における決定係数（R^2）であり、ESCS が学力のばらつきにどれほどの説明力を持つかを示す。これによって、ESCS が得点分散の何パーセントを説明できるかが算出され、この値が高いほど、ESCS が学力に与える影響が大きいことを意味する。

水準（Level）は、回帰分析の切片であり、ESCS の値が平均値のときに予測される学力の水準を示す。これは SES にかかわらず、すべての生徒の学力得点がどの程度かを表す。

3. レジリエンス分析（学業的にレジリエントな生徒の割合）

PISA 調査では 2006 年の調査より、社会経済的に不利な状況（ESCS の下位

25%）にある生徒の中で、高い学力（平均得点上位25%）を維持している「レジリエントな生徒」の割合を示している（OECD 2011）[1]。ESCSが低いにもかかわらず、高い学力を持つ生徒の割合を分析することで、家庭の背景が不利な状況にあっても学業面で高い成果を収める生徒がどの程度いるかを数値にしている。

これらの分析方法を組み合わせることで、PISA調査はESCSと学力の関係を多角的にとらえている。

4. PISA データにみる SES と学力の関係に関する分析

本章ではOECDが実施する生徒の学習到達度調査（PISA）2022年と2018年のデータを用いる。本調査は2000年に開始され、以降3年ごとに実施されている（ただし、2021年はコロナ禍のため延期された）。PISA調査のデータは、学力と社会経済的背景の関係を分析するために広く利用されており、世界の81カ国・地域から15歳の生徒が参加している。日本では、この調査が高校1年生を対象に実施されている。

4.1. ESCS と学力に関する複数の指標にみる日本の位置づけ

PISA2022調査の結果にもとづき、国際比較の中で、各国のESCSと学力の関係についての分析結果を示し、日本の位置について検討する。最初に、日本の社会経済的勾配の分析では、以下の3つの指標に特徴的な結果が見られる。

表7-1によると、まず、日本の社会経済的勾配における関連性の強さはOECD平均よりも低い部類に入ることが示されている。これは、日本でESCSが生徒の学力差を説明する力が比較的弱いことを意味している。一方、勾配の大きさ（Slope）は国際的に見ても急な傾向が見られる。これは、ESCSが1単位増加するごとに学力得点が大きく変化することを示しており、ESCSが高い生徒と低い生徒の間で学力の差が大きく現れる傾向を示している。

日本の社会経済的勾配におけるLevel（学力水準）は、図7-1の縦軸で示されている。これによると、日本の学力水準は国際的に見て高水準に位置している。なお、同じ図の横軸は、すでに述べた「関連性の強さ」であり、ESCSが学力のばらつきを説明する割合が日本の数学では11.5%であったことを示す。この

図の右上に位置する国々を、OECDは「数学得点がOECD平均を上回り、社会経済文化的な公平性[2)]がOECD平均を上回る国」として位置づけている。

3つの指標が示す情報をまとめると、以下のようになる。日本では、国際的に見ると全体的な学力水準が高い。そして、SESが学力に与える影響はそれほど大きくない（Strengthが低い）。しかし、SESの差があると、その差が学力に大きく反映されることがある（Slopeが急である）。つまり、日本ではSESの違いが学力のばらつきを強く説明しない一方で、SESの高低によって学力に顕著な差が生まれる側面もあるということである。こうした効果が生じる背景として、仮説的ではあるが、以下の状況が考えられる。

日本では、小中学校の教育が全国的に標準化されており、都市部から地方部まで同等の教育が提供される仕組みがある。この結果、社会経済的背景に関わ

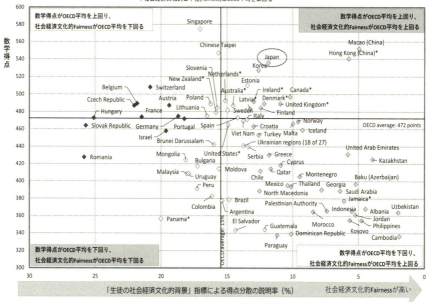

図7-1　社会経済的勾配の強さと数学得点
出所：OECD, PISA 2022 Database, Figure I.4.2 を日本語に直したもの。

144

第7章　高校段階における家庭背景と学力の関係の国際比較

表7-1　社会経済的文化的背景と数学リテラシー得点の関係

国名	関連性の強さ：ESCSによる得点分散の説明率（R2*100）
Cambodia	1.9
Uzbekistan	2.0
Kazakhstan	3.9
Albania	4.5
Philippines	4.8
Macao (China)	5.0
Baku (Azerbaijan)	5.2
Jordan	5.2
Indonesia	5.5
Kosovo	5.7
Hong Kong (China)*	5.8
United Arab Emirates	5.8
Jamaica*	6.1
Saudi Arabia	6.4
Palestinian Authority	7.4
Georgia	7.8
Morocco	8.5
Iceland	9.3
Montenegro	9.5
Norway	9.6
Malta	10.0
Dominican Republic	10.1
Thailand	10.1
Canada*	10.2
Mexico	10.4
Cyprus	10.9
United Kingdom*	11.0
Paraguay	11.2
Qatar	11.7
Greece	11.8
Japan	11.9
Guatemala	12.1
Denmark*	12.2
Finland	12.4
Chile	12.5
North Macedonia	12.5
Turkey	12.6
Korea	12.6
Ireland*	13.0
Croatia	13.0
Latvia*	13.2
Serbia	13.4
Estonia	13.4
Italy	13.5
Ukrainian regions (18 of 27)	13.8
Viet Nam	13.8
Spain	14.2
El Salvador	14.4
Australia*	14.6
Brazil	14.8
United States*	14.9
Sweden	15.0
Netherlands*	15.1
Argentina	15.4
OECD AVE	15.6
Moldova	15.6
Chinese Taipei	15.7
Slovenia	15.7
New Zealand*	15.8
Brunei Darussalam	16.0
Colombia	16.2
Poland	16.3
Lithuania	16.5
Singapore	17.0
Bulgaria	17.2
Peru	17.3
Uruguay	17.9
Malaysia	18.1
Mongolia	18.1
Portugal	18.2
Germany	18.7
Austria	19.4
Israel	19.6
Panama*	20.0
Switzerland	20.8
France	21.5
Belgium	21.8
Czech Republic	22.0
Hungary	25.1
Slovak Republic	25.7
Romania	25.8

国名	勾配の大きさ：ESCS指標1単位の増加に対応する得点差
Cambodia	8
Uzbekistan	9
Philippines	12
Jordan	13
Morocco	13
Indonesia	14
Saudi Arabia	16
Albania	17
Kosovo	17
Palestinian Authority	17
Dominican Republic	17
Guatemala	17
El Salvador	18
Kazakhstan	19
Jamaica*	19
Mexico	19
Paraguay	20
Baku (Azerbaijan)	21
Thailand	21
Macao (China)	23
Panama*	23
Colombia	25
Hong Kong (China)*	25
Georgia	25
Argentina	26
Peru	26
Brazil	26
Turkey	27
Viet Nam	28
Chile	29
Montenegro	29
Malaysia	31
Greece	31
Uruguay	31
North Macedonia	31
Malta	32
Spain	32
United Arab Emirates	33
Moldova	33
Mongolia	33
Portugal	34
Iceland	34
Norway	35
Italy	35
Latvia*	35
Brunei Darussalam	35
Qatar	35
Ireland*	35
Cyprus	36
United Kingdom*	36
United States*	38
Denmark*	38
Croatia	38
Ukrainian regions (18 of 27)	38
Bulgaria	38
Finland	38
Serbia	39
OECD AVE	39
Estonia	39
Germany	40
Lithuania	40
Canada*	40
Poland	40
New Zealand*	42
Slovenia	42
Sweden	43
Austria	43
Japan	45
Australia*	45
Korea	45
France	46
Switzerland	47
Netherlands*	47
Belgium	48
Romania	49
Chinese Taipei	49
Hungary	49
Czech Republic	51
Singapore	51
Israel	51
Slovak Republic	53

注：＊印は2022年調査において、複数のサンプリング基準を満たしていない国を示す。

出所：OECD, PISA 2022 Database, Table I.B1.4.3より作成。

らず、大半の生徒が一定水準の学力を達成している。SES の低い家庭の生徒でも、学校教育を通じて一定の学力を獲得しやすい。また日本のような標準化された教育システムでは、国際的に見ると親が子どもの教育に対して比較的高い期待を持ち、SES に関わらず多くの家庭が教育に力を入れているとされる（Park 2008b）。このような点が、日本で社会経済的勾配による関連性の強さ（Strength）が小さい理由の一つであると考えられる。SES の違いが学力のばらつきを強く説明しないということは、回帰分析によって予測される SES と学力の関係がモデル通りにならないケースが一定数あるということでもある。

しかし、たとえ学校教育が標準化されていても、日本では SES が高い家庭では、家庭での教育的サポートや学校外での教育資源を活用でき、SES が高い生徒はさらに高い学力を達成する可能性がある。その結果、SES が高い生徒と低い生徒の間で顕著な学力差が生まれる。これが勾配の大きさ（Slope）が急な理由の一つと考えられる。

4.2. 三分野のレジリエンス

表 7-2 は、三分野における学業的にレジリエントな生徒の割合を示したものである。日本の経済的に不利な生徒の「レジリエンス」に関する各分野の位置づけは、次のように解釈できる。数学のレジリエンスは 11.5% で、OECD 平均の 10.2% を上回り、国際的には日本の数学のレジリエントな生徒の割合は平均程度、もしくは平均から若干良好な位置にある。読解のレジリエンスは 12.4% で、OECD 平均の 11.4% を上回っている。国際的には日本の読解のレジリエントな生徒の割合は、平均より若干良好な位置にある。科学のレジリエンスは 13.2% で、OECD 平均の 10.8% を大幅に上回る。国際的には日本の科学のレジリエントな生徒の割合は高い位置にあることがわかる。

指標や年度によって結果が異なるため、学力と SES の関係について単純な結論を出すことは難しい。例えば、Strength（R^2）や Slope（勾配）、レジリエンスの割合は教科や年度ごとに変動しうる。また、OECD 平均の様々な値自体も PISA 調査の参加国が少なかった 20 年ほど前と比べると少しずつ変わっている（OECD 2004）。こうした多様な結果をふまえると、日本の学力格差やレジリエンスについては一面的な評価はできず、複数の指標や教科、年度ごとの変化

第7章　高校段階における家庭背景と学力の関係の国際比較

表7-2　教科別（数学、読解、科学）にみた学業的にレジリエントな生徒の割合

国名	数学における レジリエントな 生徒の割合[2]
Slovak Republic	6.1
Romania	6.6
Czech Republic	7.3
Bulgaria	7.4
France	7.4
Peru	7.4
Qatar	7.6
Israel	7.7
Panama*	7.8
Austria	8.2
Switzerland	8.2
Belgium	8.2
Hungary	8.2
New Zealand*	8.6
Poland	8.6
Mongolia	8.8
Malaysia	9.3
Portugal	9.4
Slovenia	9.4
United Arab Emirates	9.5
Germany	9.5
Colombia	9.8
Lithuania	9.8
Australia*	9.9
Sweden	9.9
Moldova	10.1
Chinese Taipei	10.1
El Salvador	10.2
Brazil	10.2
Argentina	10.2
Denmark*	10.2
Singapore	10.2
OECD Average	10.2
Estonia	10.3
Uruguay	10.4
Ukrainian regions (18 of 27)	10.5
United States*	10.6
Netherlands*	10.6
Croatia	10.7
Korea	10.9
Brunei Darussalam	10.9
Guatemala	11.2
Italy	11.3
Iceland	11.3
Japan	11.5
Cyprus	11.6
Philippines	11.6
Spain	11.7
Latvia*	11.7
Turkey	11.7
Mexico	11.8
Ireland*	11.9
Finland	11.9
Greece	12.0
Palestinian Authority	12.3
Serbia	12.3
North Macedonia	12.3
Paraguay	12.4
Norway	12.6
Dominican Republic	12.6
Viet Nam	12.7
Canada*	12.7
Malta	12.7
Chile	12.8
Georgia	13.9
Montenegro	14.0
Saudi Arabia	14.2
Baku (Azerbaijan)	14.5
Jordan	14.5
Thailand	15.0
Jamaica*	15.2
United Kingdom*	15.2
Indonesia	15.2
Morocco	15.8
Hong Kong (China)*	16.7
Macao (China)	16.8
Kazakhstan	16.8
Albania	17.1
Kosovo	17.7
Cambodia	18.2
Uzbekistan	18.5

国名	読解における レジリエントな 生徒の割合[2]
Bulgaria	6.7
Peru	7.3
Romania	7.3
Slovak Republic	7.7
Switzerland	7.8
Czech Republic	8.3
Austria	8.4
Hungary	8.4
Panama*	8.7
Mongolia	8.7
Israel	9.2
Colombia	9.2
Singapore	9.3
Belgium	9.4
Qatar	9.4
El Salvador	9.5
Moldova	9.6
Brunei Darussalam	9.8
France	9.9
Guatemala	10.2
Poland	10.2
Mexico	10.2
Sweden	10.2
Philippines	10.6
United Arab Emirates	10.6
Ukrainian regions (18 of 27)	10.7
Argentina	10.8
New Zealand*	11.0
Slovenia	11.4
OECD Average	11.4
Lithuania	11.5
Denmark*	11.5
Malaysia	11.7
Brazil	11.8
Latvia*	11.9
Georgia	12.0
Chinese Taipei	12.0
Greece	12.1
Australia*	12.1
Portugal	12.1
Dominican Republic	12.1
Viet Nam	12.1
Netherlands*	12.2
Jordan	12.3
United States*	12.3
Italy	12.4
Japan	12.4
Norway	12.4
Paraguay	12.5
Ireland*	12.5
Turkey	12.6
Cyprus	12.6
Serbia	12.7
Iceland	12.7
Croatia	12.7
Chile	12.8
Uruguay	12.8
Estonia	12.8
Korea	12.9
Finland	13.2
North Macedonia	13.3
Palestinian Authority	13.9
Thailand	13.9
Malta	13.9
Montenegro	14.0
Spain	14.4
Saudi Arabia	14.6
Jamaica*	15.1
Baku (Azerbaijan)	15.2
Indonesia	15.3
Canada*	15.3
Kazakhstan	15.9
United Kingdom*	16.7
Albania	16.8
Macao (China)	18.5
Morocco	18.5
Kosovo	18.5
Hong Kong (China)*	18.7
Cambodia	19.0
Uzbekistan	19.5

国名	科学における レジリエントな 生徒の割合[2]
Slovak Republic	5.8
Bulgaria	6.0
Romania	6.7
Austria	7.4
Czech Republic	7.5
Switzerland	7.7
Panama*	7.7
France	7.8
Hungary	7.8
Belgium	8.2
Israel	8.2
Peru	8.3
Qatar	8.3
Slovenia	9.1
Mongolia	9.3
New Zealand*	9.3
Singapore	9.4
Poland	9.7
United Arab Emirates	9.8
Sweden	9.8
Germany	10.1
Colombia	10.1
Chinese Taipei	10.3
Guatemala	10.5
Lithuania	10.5
Moldova	10.6
Brazil	10.6
El Salvador	10.7
Malaysia	10.7
OECD Average	10.5
Australia*	10.8
Brunei Darussalam	10.9
Mexico	11.0
Iceland	11.0
Italy	11.1
Greece	11.2
United States*	11.2
Netherlands*	11.4
Denmark*	11.4
Portugal	11.4
Uruguay	11.5
Ukrainian regions (18 of 27)	11.6
Philippines	11.7
Argentina	11.7
Georgia	11.8
Chile	11.9
Paraguay	12.1
Estonia	12.2
Malta	12.3
Serbia	12.5
Croatia	12.6
North Macedonia	12.6
Cyprus	12.7
Turkey	12.8
Ireland*	12.9
Norway	12.9
Finland	12.9
Palestinian Authority	13.0
Dominican Republic	13.2
Japan	13.2
Latvia*	13.3
Montenegro	13.5
Spain	13.7
Korea	13.8
Thailand	14.2
Baku (Azerbaijan)	14.3
Canada*	14.5
Jordan	14.7
Viet Nam	15.0
Jamaica*	15.2
United Kingdom*	15.7
Saudi Arabia	15.9
Kazakhstan	16.3
Indonesia	16.4
Albania	17.3
Kosovo	17.4
Morocco	18.0
Hong Kong (China)*	18.2
Macao (China)	18.3
Cambodia	20.1
Uzbekistan	20.1

注：学業的にレジリエントな生徒とは、その国の ESCS 指標の最下位25％群にいる生徒のなかで、得点が最上位25％群に入っている生徒のことである。
＊印は2022年調査において、複数のサンプリング基準を満たしていない国を示す。
出所：OECD, PISA2022 Database, Table I.B1.4.3, Table I.B1.4.4, Table I.B1.4.5 より作成。

147

を考慮した包括的な評価が必要である。

4.3. 構成要素別の分析からみる日本の位置づけ

本項では ESCS の各構成要素について、学力（数学、読解力、科学の各分野）との相関関係を検証する。分析には、以下に示す構成要素すべてが含まれる PISA2018 年のデータを使用した。教科は、数学の得点を分析した。IDB Analyzer を使用し、サンプリングウエイト、レプリケーションウエイト、Plausible Value を適用した上で、ESCS の各構成要素と数学の学力の間の相関係数を算出した。

各構成要素の内容は、親の学歴（教育年数）、親の職業、家庭の所有物の 3 カテゴリを基本とし、さらに家庭の所有物を構成する 3 つの下位尺度（文化的所有物、教育資源、経済的豊かさ）からなる[3]。分析の結果、以下の点が明らかになった。

親の教育年数と子どもの数学学力との関係について、日本では、親の教育年数が長いほど、子どもの学力が高い傾向がある。日本の相関係数（0.27）は OECD 平均の相関係数（0.21）よりも高く、日本は 2018 年の PISA 調査の参加国の中でも、親の最終学歴（教育年数）と子どもの学力との関係が強いことがわかる（図 7-2）。

親の職業と子どもの数学学力との関係について、日本では親の職業的地位（国際標準職業分類の ISCO）が高いほど、子どもの学力が高い傾向にあるが、この関係は国際的に見ると弱い部類に入る。日本の相関係数は 0.21、OECD 平均の相関係数は 0.30 である（図 7-3）。

家庭の所有物と子どもの数学学力との関係について、日本では家庭の所有物が多いほど、子どもの学力が高い傾向にあるが、この関係性は国際的に見ると弱い部類に入る。日本の相関係数は 0.19、OECD 平均の相関係数は 0.29 である（図 7-4）。

以下は、家庭の所有物の内実をさらに細かく見た場合である。

文化的所有物と子どもの数学学力との関係について、日本では家庭の文化的

148

第7章　高校段階における家庭背景と学力の関係の国際比較

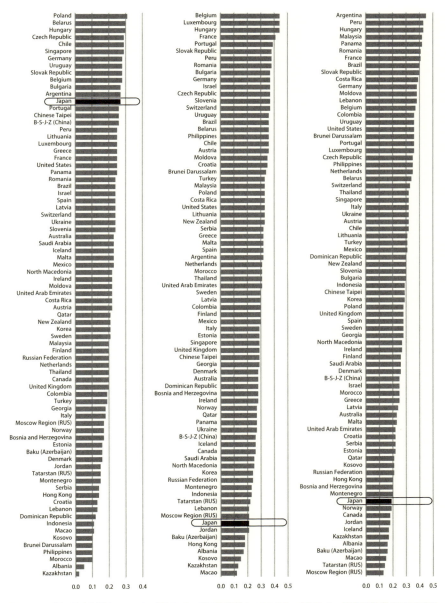

図7-2　親の教育年数（PARED）と数学学力の相関

図7-3　親の職業（HISEI）と数学学力の相関

図7-4　家庭の所有物（HOMEPOS）と数学学力の相関

149

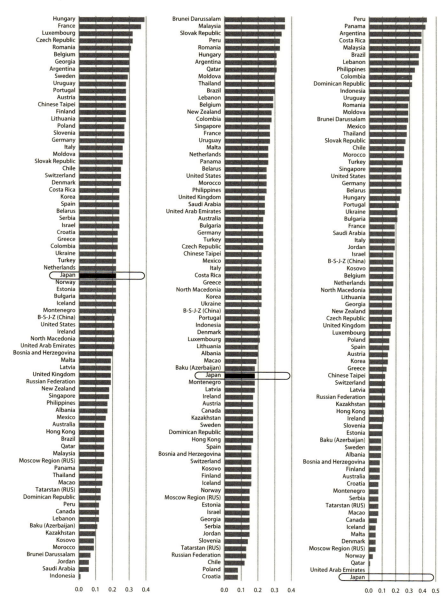

図7-5 文化的所有物(CULTPOSS)と数学学力の相関

図7-6 教育資源(HEDRES)と数学学力の相関

図7-7 経済的豊かさ(WEALTH)と数学学力の相関

第7章 高校段階における家庭背景と学力の関係の国際比較

所有物が多いほど、子どもの学力が高い傾向にあるが、この関係性は国際平均と同程度である。日本の相関係数は0.22、OECD平均の相関係数は0.21である（図7-5）。

教育資源と子どもの数学学力との関係について、日本では家庭の教育資源が多いほど、子どもの学力が高い傾向にあるが、この関係性は国際平均よりも若干弱い。日本の相関係数は0.18、OECD平均の相関係数は0.22である（図7-6）。

経済的豊かさと子どもの数学学力との関係について、国際的には家庭の経済的豊かさが大きいほど、子どもの学力が高い傾向にあるが、日本ではこの関係性が見られない。日本の相関係数は0.00、OECD平均の相関係数は0.18である。日本はこの関係性が、PISA2018年の参加国の中でもっとも弱い（図7-7）。

以上のように、ESCSの各構成要素によって学力との関係性が異なり、国際的に見ると日本ではとくに親の学歴と学力の関係が強い一方で、親の職業や経済的豊かさと学力との関係は相対的に弱いことが確認された。日本において、SESの中で親学歴の影響が相対的に大きいという知見は、全国学力・学習状況調査を分析した川口（2023）が既に指摘しているが、本章ではさらに国際的にみた場合でも、日本でこの傾向が顕著だということを明らかにした。

本章でSESによる学力格差を分析する複数の指標を総合的に検討した結果からすると、たとえば両親の大学卒業の有無を主なESCS指標として使用する分析手法は、日本の場合はとくに、SESによる格差が最も大きく出やすい部分に注目していることが示唆される。一方で、本章で検討したように、職業や家庭の経済的な所有物を基準とした場合、日本の格差は国際的に見るとそれほど大きくない点にも注目すべきである[4]。

このように、指標のさらなる改善の余地はあるものの、これらの分析にもとづくと、「国際的に見て日本の学力格差は凡庸である」（松岡2019: 241-243）という見解と、「日本の教育システムはPISAの基準からすると非常に公平である」（OECD 2023: 27）とするPISA報告書の評価が異なる理由を理解する手がかりが得られる。本章で見たように、後者の評価は、格差だけでなく全体的な学力水準を含んだ指標に依拠していることや、注目する教科や調査年度によっても格差の大きさが変動する可能性があることが関係している。こうした様々な分析の知見は、どちらが正しいというのではなく、異なる指標や視点にもとづく評

151

価が、異なる結論を導いているという点に注意を向けることが必要である。教育格差の実態は、単一の指標ではとらえきれない複雑な現象であり、格差の大小だけでなく、学力水準や社会背景などの多様な要因を考慮することで、より包括的な理解が可能となる。したがって、教育政策や実践においても、単一の評価に依拠せず、複数の側面から検討することが重要である。

5. 結論と考察

5.1. 知見のまとめ

　本章では、OECD が実施した 2018 年の PISA 国際報告書にもとづき、家庭背景と学力の関係を示す複数の指標を取り上げ、それぞれの違いをふまえながら日本の位置づけを解釈した。日本の高校段階の生徒の学力水準は、国際的に高い水準にある。社会経済的背景（ESCS）と学力の関係は、PISA 報告書が提示する複数の分析手法を用いた結果を総合的に見ると、日本の位置づけは指標によって異なることが明らかになった。日本では SES の違いが学力のばらつきを強く説明しない一方で、SES の高低によって学力に顕著な差が生まれる側面もある。さらに ESCS の構成要素別に数学学力との関係をみた場合、とくに日本では、親の職業や家庭の経済的豊かさよりも親学歴や文化資本が学力に対して強く影響を及ぼしていることが示された。このような知見は、教育政策や格差是正の取り組みにおいて、SES のどの要素に焦点を当てるべきかを考える上で重要な示唆を与える。

5.2. SES 概念の改善点についての議論

　近年の SES に関する国際的な議論では、より正確で国際的に比較可能な SES の測定方法に注目が集まっている。たとえば PISA 調査における ESCS の構成要素の経年変化を詳細に分析したり、ESCS に関する新たな質問項目（食事の頻度や主観的な SES の評価など）が設けられるといった試みがある（Avvisati & Wuyts 2024）。

　さらに、国際比較用の指標（ESCS など）を使用する際には、各国の文化的背景や社会的文脈に応じた調整が不可欠である。Rutkowski & Rutkowski（2013）

は、非 OECD 諸国では SES 指標が適切に機能しない場合が多いため、地域ごとに適した指標を開発する必要があると指摘している。こうした指摘は国際的に日本の位置を評価する際、比較対象国で SES が正確に測定されているかに目配りすることの必要性を示す。

また、単一の資本ではなく、経済資本や文化資本など複数の資本の組み合わせによるパターンを明らかにする分析手法の検討も重要である。例えば、潜在クラス分析を用いて ESCS の構成要素から多次元的なパターンを見出す手法（古田 2018）などを活用することで、こうした複雑な関係性をより深く理解することができるだろう。

5.3. 学術的示唆

本章の知見から得られた示唆は以下の通りである。日本における SES による学力の格差は、用いる指標や分析手法によって「大きく」も「小さく」も見えることがある。SES の指標は多様であり、その意味合いも異なるため、SES を「所与のもの」として扱うのではなく、とくに日本国内の文脈を検討する際には SES の構成要素にも注目し、時には疑う姿勢が求められる。今後の研究で SES 指標を扱う際は、以下の点に留意すべきである。

第一に、複数の指標を用いて総合的に判断することが必要であり、SES の影響を検討する分析手法も複数存在するため、それぞれの結果や含意を理解し、比較検討することが求められる。第二に、SES を一元的な尺度として自明視せず、構成要素（下位尺度）によって関係性に違いがないかを検討することが重要である。第三に、日本の位置づけが他国と異なる可能性を考慮するべきである。

最後に理念的な示唆として、すべての格差が不平等であるわけではないという指摘について触れておきたい。白波瀬編（2006）は、「格差」と「不平等」の違いについて次のように述べている。「格差は、より経験的・実証的に測定できる概念であり、不平等は単なる測定可能性を超えて、格差を社会正義の問題として扱う概念である」（白波瀬編 2006: 7）。つまり、格差そのものにも一定の序列が関与しているが、不平等はそれに加えて、より強く価値判断や評価の概念が介入するということである。

注

1) 「レジリエントな生徒」に関する初めての分析が行われたのは、PISA 2006 年の調査である。OECD (2011) において、レジリエントな生徒の概念と、それが PISA 2006 のデータで科学的リテラシーに焦点を当てて導入されたことが説明されている。なお、この関係を各国内でみた場合 (nationally resilient) と、PISA 調査の参加国全体でみた場合 (internationally resilient) という区分の 2 つがある (OECD 2018)。

2) 2022 年の PISA の国際報告書では、横軸の ESCS 指標による得点分散の説明率について、Fairness の用語があてはめられていた。2000 年から 2018 年までの PISA 調査の各回の国際報告書では、この横軸が Equity と称されていた。

3) 以下に、相関分析で使用する ESCS の構成要素となる変数について説明する。

保護者の職業 (HISEI) と保護者の教育年数 (PARED) の作成方法については、3 節の冒頭で記載したとおりである。PISA2018 の家庭の所有物 (HOMEPOS) の尺度を構成する具体的な質問項目は、国立教育政策研究所 (2019: 237) に記載されている。生徒質問紙のうち、問 7 (ST011) の家にあるものの有無についての 16 項目、問 8 (ST012) の家にあるものの数についての 8 項目、問 9 (ST013) の家庭の蔵書数からなる。なお、問 7 の 16 項目のうち最後の 3 項目は、各国の状況にあわせて設定されている。

さらに、家庭の所有物 (HOMEPOS) に使われる上記のすべての項目の一部を用いて、家庭の文化的所有物 (CULTPOSS)、教育資源 (HEDRES)、経済的豊かさ (WEALTH) の 3 つの下位尺度が設定されている。これらの下位尺度は PISA 調査が始まった 2000 年以来用いられており、各年度の PISA 調査のテクニカル・マニュアルにその詳細が記載されている。たとえば家庭の文化的所有物 (CULTPOSS) は、文学作品や詩集、美術品 (絵画など) を含む。教育資源 (HEDRES) は勉強机、静かに勉強できる場所、勉強に使えるコンピュータ、教育用コンピューターソフト、学校の参考書や辞書を含む。経済的豊かさ (WEALTH) は自分の部屋、インターネット接続回線、テレビ、自動車、携帯電話やコンピュータのほか、各国独自に設定される家庭の所有物の項目を含む。

4) もちろん、職業の測定方法によっては、結果に変動が生じる可能性がある。白川 (2021) は、子どもによる親の職業に関するデータ報告の信頼性が低く、代理報告による誤差が結果に影響を与える可能性を指摘している。さらに、日本では職業的地位よりも企業規模や雇用形態が社会階層の指標として重要であるという知見も存在している (有田 2009、長松 2018)。また、家庭の所有物についても、PISA の質問項目が経済的により深刻な貧困の状況を繊細にとらえているかについては、議論の余地があるだろう。

第8章

学力と学習意欲の長期的な経年変化（1）
―― 第1回国際数学教育調査（FIMS）の基礎分析 ――

1. 問題の所在

　「誰もが当たり前のように」高校に通えるようになる教育拡大期において、人々の学力や教育期待はどの程度出身階層によって規定され、その教育期待や教育意識の内実はどのようなものだったのだろうか。戦後日本の高校進学率は順調に拡大し、1970年代半ばにはほぼ9割以上に達した。本章では1960年代半ばという、教育拡大のひとつの中心期をとりあげ、その当時の生徒の出身階層と学力、教育期待、および教育意識の関係がどのようなものであったのかを明らかにする。

　1990年代後半以降、日本社会では「格差」への社会的な注目が高まり、教育の分野でも学力や進学の格差が意識されやすい状況になった。こうした中、階層と教育をめぐる社会学的な研究は、そうした格差の動向や要因について、必ずしも統一された視点を提供してきたわけではない。長期的・俯瞰的な視点にたつ研究によれば、戦後の日本社会における階層と教育の関係はおおむね不変である（つまり一定の格差が維持されている）（荒牧 2000、原・盛山 1999、苅谷 1995、尾嶋 1990）か、あるいは財所有の効果に限って言えば、若干縮小した（近藤・古田 2009）という知見がある。他方で、90年代や2000年代以降の比較的新しい時代に焦点を当てた局所的な経年変化に関する研究によれば、近年の日本社会では家庭背景による教育の格差が拡大しているという見方もある（苅谷 2001、苅谷ほか 2002、尾嶋 2002 など）。

　もし、比較的最近のコーホートで実際に格差が拡大しているとすれば、それはいつ頃からどのように始まったのか。それはどの程度、非正規雇用の増加や

貧困家庭に育つ子どもの増加などといった、経済や社会の変化に起因するものであり、他方でどの程度、教育機会の構造やその変化に由来する部分があるのだろうか。とりわけ教育の拡大をめぐっては、それが順調に拡大している時、停滞している時、再拡大が生じた時、飽和状態に達した時など、そのさまざまな局面において、人々の教育機会やそれに関する意思決定に影響を及ぼす可能性がある。そうした人々の教育に対する見通しや意義づけも含めて、本章では教育拡大期を重要なターニングポイントととらえ、当時の階層と教育をとりまく実態に着目する。

　人々の学力や教育期待は、これまでの数多くの研究で指摘されてきたのと同様に、いずれの時代においても、出身階層による一定の影響を受けていたであろうことは疑いない。しかし、そうした階層的な要因とあいまって、人々の主観的な意識が、学力や教育期待とどう関連していたかに注目することも必要だろう。具体的に言えば、1960年代当時の生徒の勉強や進学に対するモチベーションとは、どのようなものだったのか。生徒たちはなぜ、どのような形で勉強に意義を見出していたのか。生徒によっては、学ぶこと自体が楽しく、面白いから勉強を続けたいと思っていたのか。あるいはより安定した将来のために、勉強を「やらなくてはいけないもの」ととらえたり、より実利的に役立つからという理由から勉強に駆り立てられていたのだろうか。また、教育に対する人々の期待の背景として、学歴社会に対する意識や、誰でも頑張れば報われるといった努力主義は、その当時、どれほど人々の間で内面化されていたのだろうか。

2. 先行研究と分析枠組み

2.1. 社会階層と教育の関係の経年変化

　これまでの社会階層と教育に関する研究では、出身階層と地位達成（教育達成・職業達成）の関係、およびそれらの間にある媒介メカニズムについて、数多くの研究が蓄積されてきた。それらを大きく分けると、1）学力の規定要因に注目するもの、2）教育期待の規定要因に注目するもの、3）教育達成（および職業達成）の規定要因に注目するものに分けられる。これらの研究の中で、とり

わけ日本国内の「経年変化」という視点をもつ研究を取り出して整理すると以下のようになる。

　第一に、学力の規定要因の経年変化について、学業成績の階層差に関する戦後約30年の研究を総括した苅谷（1995）によると、親の学歴によって示される階層と子どもの学力との間に、この間で大きな変化は見られなかったという。苅谷によると、1950年代には貧困家庭の子どもたちの学力問題が注目を集めており、絶対的貧困が見えやすい状況にあった。しかし、高度成長期を経て絶対的な貧困が縮小した後でも、社会階層による学業成績の格差はなくなったわけではなく、そうした階層問題は見えにくい（問題化されにくい）状態になったという。「経済成長以前も以後も、親の職業や学歴に代表される社会階層上の地位によって、生徒の成績に差異が見られることは、ほとんど変わらない事実として確認されている」（苅谷 1995: 74）というのが、1990年代初頭までの階層と学力に関する研究の総括である。

　ところが、2000年代以降、学力と階層の関係は新たな脚光を浴びることになる。これには、研究者が利用可能な学力データの蓄積が進んだことや、格差社会の風潮を受けて、メディアでもこのような研究の知見が取り上げられることが増えたことが一因であると思われる。1980年代に小中学生を対象に行った調査と比較可能な形で、2001年に学力調査を実施し分析した研究（苅谷ほか2002、苅谷・志水編 2004）によると、出身階層による学力格差の存在が確認され、さらにその格差が近年拡大傾向にあることが示唆された。また、中学2年生を対象とした国際数学・理科教育動向調査（TIMSS）の経年分析を行ったMori（2016）によると、1999年と比べ、2003年から2011年の間で、家庭背景が学力に及ぼす影響が拡大してきたことが示された。

　第二に、教育期待の規定要因の経年変化について、先行研究では拡大・縮小・維持それぞれを示唆するものが混在している。なお、本章において、「教育期待」、「教育アスピレーション」、「進学希望」等の用語は、すべて同義として扱う。相澤（2011）は2005年SSMデータを用い、教育の拡大傾向が一段落する1956年以前生まれと1957年以降生まれを分け、教育アスピレーションの規定要因を分析した。その結果、教育アスピレーションに対する出身階層の影響は、これらの時代区分の間では強まっていなかったという。ただ、男女ともに、

15歳時の成績が教育アスピレーションに及ぼす影響は強まっていたという。また、仙台圏の高校生を対象に実施した、1986年、94年、99年の調査結果を分析した片瀬 (2005) によると、1994年から99年の間で、教育アスピレーションに対する出身階層の影響が弱まっていたという。

　一方、東北地方と中部地方の各県を対象として実施した1979年と97年の高校生調査の比較から、樋田ほか (2000) は母学歴が進路選択に及ぼす影響が強まったことを示唆した。1981年と97年の兵庫県の高校生調査を比較した荒牧 (2002) は、女子の場合に、出身階層の進学希望に対する間接効果を含めた影響力が強まっているとした。さらに、日本の中学2年生を対象としたTIMSSの分析から、森 (2014) は2003年と2011年の間で、親学歴が生徒の大学進学期待に対して及ぼす影響が強まっているとした。

　第三に、教育達成の規定要因の経年変化についても、先行研究の知見は拡大・縮小・維持を示すものが混在しており、平沢・古田・藤原 (2013) のレビューがそのまとめに詳しい。1955年から1995年までのSSM調査を用いた荒牧 (2000) は、教育機会が拡大しても、教育機会の不平等が長期的に存在しつづけたと結論づけた。一方、尾嶋 (2002) はSSM調査や1981年と97年の高校生調査の分析から、経済的状況が80年代初頭と比較して、90年代後半の方が家庭の経済状況が進学を左右する傾向が強いことを明らかにした。一方で、2005年のSSM調査を用いた近藤・古田 (2009) は、大局的・長期的にみて、日本における教育達成の階層差は縮小したと述べた。ただし、1980年代後半以降の進学者からなる若年コーホートでは、親学歴による局所的な格差拡大の動きが生じていることを付け加えた。

　以上、階層と教育に関する三つの規定要因の経年変化を見てきた。これらの知見を総合すると、長期的・大局的に見て、階層と教育に関する指標との関係は、それほど変わっていないようだが、局所的に見ると、拡大や縮小が観察されうるということである。こうした経年変化に関するさまざまな知見は、一見把握しがたく、部分的に矛盾や不一致もあるように思われる。むろん、調査対象とした地域や対象学年、各研究者が用いた分析手法等が少しずつ異なることも、知見が異なる一因だろう。しかし、それ以上に重要で、解釈の際に注意が必要なのは、分析者が対象とした時代区分ではなかろうか。

第8章　学力と学習意欲の長期的な経年変化（1）

　一般的に、比較の際には起点が必要である。上述の先行研究では、この際に起点となる年が、戦後すぐの50年代であったり、80年代であったり、90年代以降であったりしている。つまり、格差が拡大・縮小・維持されているといっても、「いつと比べて」という時代区分に関する明確な視点を欠いていれば、膨大な先行研究の知見に迷いかねない。こうした難しさを乗り越えるために必要なのは、教育拡大にかかわる複数の局面を、あらためて認識することだと思われる。

　たとえば尾嶋（2002）は、出生が1935年以降の戦前生まれのコーホートを第I期、1945年生まれ以降を第II期、1960年生まれ以降を第III期、1970年生まれ以降を第IV期としている。第II期では高度経済成長とともに高校進学率が男女とも9割を超え、第III期では進学率が一時停滞し、第IV期では大学の収容定員の増加とともに、大学・短大への進学率上昇の第2局面となったとされている。香川・相澤（2006）は、高校進学率の上昇している時期を、65%を境に二つに区切って「上昇前期」と「上昇後期」とし、進学率が9割を超えた時期を「高原期」とした。また、近藤・古田（2009）は、1935〜1955年出生、1956〜1970年出生、1971〜1985年出生の3つのコーホート区分を提示し、これらを高等教育進学率の全体的なトレンドから上昇期・停滞期・再上昇期とした。区分の仕方は異なるにせよ、以上の時代区分はいずれも示唆に富む。そして、それらすべてが進学率の上昇、すなわち教育拡大との関係において、その局面を定義していることが特徴的である。

　さらに、先述の階層と教育の関係の経年変化をより深く理解するためには、吉川（2006: 53-58）の提示する四つの局面が重要だろう。吉川の時代区分の特徴は、親子の学歴取得の類似性に着目する点にある。第一局面は、産業化のごく初期の段階であるといい、まず対象者本人の学歴が拡大し始めるが、父親の学歴は低いままの横ばい状態である。第二局面では、対象者学歴と父親学歴がほぼ平行に拡大していく。この間は父学歴を本人学歴が一定の量だけ上回り、その状態が維持されるという純粋な高学歴化期であり、これはおおよそ1935-55年生まれの20年ほどのコーホートに限られるという。つづく第三局面では、本人の平均教育年数が13-14年という天井に達し、その間も父親の学歴がしばらく拡大を続けるという状態になる。親子の学歴取得状況の類似性が徐々に高

159

まってくるというのがこの間の特徴だという。なお、つづく第四局面では、親子の学歴取得状況が平行して横ばい状態になるといい、アメリカなどの先行する社会では、この状況が見られるという。吉川はこれを成熟学歴社会と呼び、現在の日本もこの段階に入っていると見てよいだろう。

　これら四つの局面について重要なのは、だれもが共通に変動を経験する教育拡大期のさなかにあっては、学歴の世代間関係の格差・不平等が表面化しにくいということである。一方で、高学歴化が終焉に近づく第四局面では、人々の学歴に関する見通しがよくなり、学歴を通じた世代間の再生産が意識されやすくなるということである。つまり、教育拡大が終わり、親子間の平均的な学歴取得状況が同程度に近づいてきた現代は、とくに学歴の格差が見えやすい時代であり、そうした時代状況こそが、人々の教育期待や進学意欲に影響を及ぼしていると考えることもできるだろう。

　ここで、吉川（2006: 55）の図にならって、日本社会の高学歴化の局面変化を示す図を作成した（図8-1）。吉川は1995年の社会階層と社会移動調査（SSM調査）データを使用したが、本章では合わせて2005年のSSM調査データを使用し、図の縦軸カテゴリを75年から85年まで延ばした。その結果、親子の学歴取得状況が、若年コーホートにおいて一層近づいてきていることが明らかになった。なお、図内の進学率や教育年数はすべてSSMデータにもとづいており、グラフに若干上下のぶれが見られるが、これは各生年について利用可能なデータ数が100前後と少ないことによる誤差と考えてよい。

　さて、本章では、後述する第1回国際数学教育調査（FIMS）の日本のデータを使用し、1950-51年生まれの学年コーホート（1964年の調査時点で満13歳）を分析対象とする。これは、戦術のとおり、階層と教育の関係を考える際に、教育拡大期が重要なポイントになっていると考えるためである。1950-51年生まれのコーホートは、吉川の分類にならえば純粋な高学歴化期としての第二局面にあたる。図8-1においても、該当する生年の箇所は、棒グラフの高校進学率および大学進学率が急速に拡大している時期であり、折れ線グラフの本人教育年数と父親教育年数は、どちらも並行して拡大している時期にあたる。

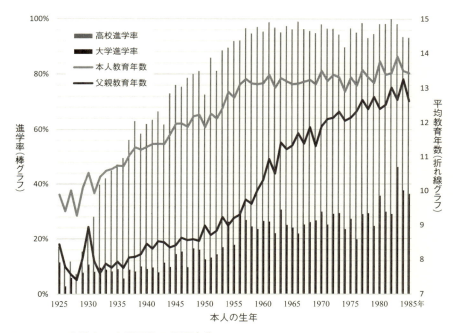

図8-1　日本社会の高学歴化の局面変化
出所：SSM 調査、1995年および2005年データを合併して使用。

2.2. 教育意識への注目

　本章では、社会階層と教育に関する上述の視点に加え、人々の主観的な教育意識に着目する。教育の拡大期にあって、人々は教育の意味やより長い教育を受けることを、どのようにとらえていたのか。本章では、生徒自身の学習意欲や教育に対する目的意識が、階層や学力、教育期待の各要因をつなぐ上で、どのような役割を果たしていたのかを明らかにしてみたい。

　教育を受ける上で人々が感じるモチベーションは、「面白さ」の実感という即時的な意義と、日常生活や職業生活に「役立つ」という、市民的・職業的な意義に区分できる（本田 2005）。前者は教育内容が役立つか否かという観点よりも、知的な発見や創造そのものの喜びを追及するというような、いわゆる学問的な面白さに通じるものである。後者は学習者が学校教育を離れたのちに、市民・家庭人・職業人などとして主体的に生き抜いていくために不可欠で有意義

な道具となるものである。言い替えれば、前者の場合はより長い教育を受けること自体が「目的」であり、後者の場合はそれを通じて何かをするという「手段」がより強く意識されるという対比も可能だろう。

以上、第2節の内容をもとに、本章の分析枠組みを以下のようにまとめた。

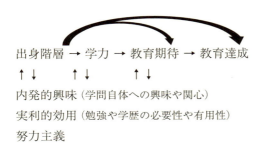

出身階層 → 学力 → 教育期待 → 教育達成
↑↓　　　↑↓　　　↑↓
内発的興味（学問自体への興味や関心）
実利的効用（勉強や学歴の必要性や有用性）
努力主義

教育期待および教育達成に関しては、学力や教育期待を媒介した間接効果のほか、出身階層からの直接効果が想定できる。ただし本章では、実際の教育達成はデータに含まれないため分析から除く。また、教育期待や教育達成に重点を置くため、職業期待や職業達成は今回の分析の視野には含めていない。

3. データと方法

3.1. データの概要

本章では1964年に実施された第1回国際数学教育調査（FIMS）の概要を紹介し、そのデータを用いた基礎分析を行う。本調査は、現在継続して行われている国際理科・数学教育調査（TIMSS）の前身となる調査であり、IEA（国際教育到達度評価委員会）が中心となって行ったものである。近年でこそ一般的になった国際学力調査だが、当時こうした計画は国際教育上も画期的な試みであった。日本国内での調査を中心的に進めたのが日本の国立教育研究所である。この調査がいかに画期的であったかについて、以下の記述がある。

「わが国においては、全国的な規模の学力調査は、これまでいろいろな形

第8章　学力と学習意欲の長期的な経年変化 (1)

で行われてきたが、この調査は、第一に、国際的な規模で行われたことと、それに伴い、すでに学んでいることとともに、未学習の内容をもテストしたこと、第二に、これまでになく広範囲な内容をテストしたこと、第三に、成績だけでなく教育の背景となる各種条件や、成果としての態度とが調査され、これらの関係を明らかにしたことと、とくに態度と成績が同時に調査された点、等においては、画期的なものである」（国立教育研究所 1967: はしがき）

　また日本は、当時この第1回調査において、アジアにおいて唯一正式に参加を呼びかけられた国であった。調査の計画や遂行段階の国際的な会議の場で、日本の諸提案が、高い評価とともに受け入れられたという。

　なお、対象の参加国はオーストラリア、ベルギー、イギリス、フィンランド、フランス、西ドイツ、イスラエル、日本、オランダ、スコットランド、スウェーデン、アメリカの12か国である。

　本調査の対象学年は以下のとおりである（国立教育研究所 1967: 11）。

1a.「調査時点において満13才の生徒、すなわち月単位で数えて13才0月から13才11月までのもの。これは、学習経験の長さの差をまずさしおいて、各国を通じて年齢だけでみて、出発時点を一定しようとする意向に出たものである。」

1b.「調査時点において13才児が大多数を占める学年のすべての生徒。これは出発時点とする学年を全参加国を通じてなるべく統一しようというわけである。」

2.「それぞれの国の、義務教育の修了する最後の学年に属するすべての生徒またはそれに順ずる生徒。」

3.「大学またはそれに順ずる段階に、原則として進み得る全日制コースの、最後の学年に属するすべての生徒。もちろんそのすべてが大学その他の上級校に進学するわけではない。これをさらに分けて

3a. 数学に重点をおいて学習している生徒と

3b. 3a 以外の生徒

とする。」

163

以上のとおり、FIMS は中学 2 年から高校 3 年までを対象とした大規模な調査であった。なお、本章では中学 2 年（13 歳時）のデータを対象に分析を行う。上記の 1a、1b の区別は、日本に限っては不用であったという。国立教育研究所（1967: 11）によると、以下の理由があった。

> 「わが国では、満 6 才で 99.7％のこどもがいっせいに入学し、以降、健康上の理由による以外に落第はなく──この落第者は中学二年においてわずかに 1.2％であるから、大勢に影響なくこれを無視した。（中略）もちろん学業優秀なるが故の学年飛び越えもないから、上記の 1a 集団と 1b 集団は、学年始の 4 月には完全に一致する。従ってわが国では、1a と 1b とは調査時期を 4 月にして同一の標本生徒で代表させることにした。」

ただし、他国では必ずしもそうはいかず、サンプリングや実際の調査上、さまざま困難がともなったようである。

また、標本抽出は以下の手順で行われた。全参加国を通じて望ましい抽出の原則として指示された事項は以下のとおりである。

a. 二段抽出法により、まず標本数を決定し、次にそれについて標本生徒を決定する。

b. 学校を層化するための標識は、i. 性つまり男子校、女子校、共学校の別、ii. 学校の類型、iii. 地理的、行政的領域、iv. 所属する人種的、種族的ないし宗教的集団の別、v. 都会といなかの別、vi. 数学を学習しているかいないか、またその程度の別、vii. 国立公立私立の別。

c. 第二段抽出、すなわち標本生徒の決定は、無作為に行う。

調査の際には、以下の情報が収集対象となった。到達度の背景をなす諸独立変数をなるべく多く集めることを主眼に、国内教育事情報告（国全体に関する情報）、学校調査票（標本校の校長からの学校全体についての情報）、教師質問紙（対象生徒の数学を担当している教師の報告）、生徒質問紙（対象生徒自身から得られるべき家庭条件その他の個人的情報）のそれぞれが、各国専門家の意見を集約して作製された。本章ではこのうち、主に生徒質問紙の内容に限った分析を行う。この

第8章　学力と学習意欲の長期的な経年変化 (1)

生徒質問紙は、生徒についての「事実」に関するものと、学校での指導や数学に対する態度についての「意見」とに分けられていた。

　日本では、事前に家庭に持ち帰って記入させるものを生徒質問紙の「第1部」、調査時間中に即答させるものを「第2部」として、二分して実施された。「このような方式をとったのは、予備調査の結果、このほうが記載内容の正確さをより一層期待しうることが明らかになったからであり、このことについては事前に国際本部の了解を得た」（国立教育研究所 1967: 16）という。

　なお、現在この第1回国際数学教育調査 (FIMS) のデータはスウェーデンのGothernburg 大学の国際比較研究プロジェクトのウェブサイトから入手可能である。以下のリンクより、SPSS 形式で各参加国の個票データをダウンロードすることが可能である。個票データとともに、当時のコードブックをスキャンしたものや、サンプリングの概要とファイルの構造を示したドキュメントが合わせて公開されている（2024/12/05 現在アクセス可能）。
https://www.gu.se/en/center-for-comparative-analysis-of-educational-achievement-compeat/studies-before-1995/first-international-mathematics-study-1964

　このような形でデータが公開される以前は、個票データはシカゴ大学の計算センターに磁気テープとして収納され、研究者の二次分析の目的に限ってデータが公開されていた (Wolf 1967)。

3.2. 本データの意義

　FIMS の日本のデータは、1964 年当時における 13 歳児だけのコーホート（無作為抽出された 2050 名）を対象とした大規模なクロスセクショナルデータであり、数学の学力スコアのほか、父母の教育年数、父職業、家庭と生徒本人それぞれによる教育期待および職業期待の変数や各種の意識項目を有する貴重なデータである。

　SSM 調査のように、調査対象者自身による実際の教育達成に関する変数がないことは階層研究的な観点からはデメリットであるが、一方で生徒の家庭背景や本人の教育期待、教育意識が、回顧質問による回答でなく、当時の状況そのままに答えられている点は重要である。この点は学力指標についても同じで、

165

回顧にもとづく「成績」という形でなく、共通の数学のテストを用いて「学力」が直接測定されているため、これは成績以上に「業績」を示す指標として有用である。

さらに、社会階層に関する項目については、生徒が質問紙を家庭に持ち帰って記入しているため、信頼性が高いといえる。家庭環境等に関する質問のほとんどは、家庭で記入が可能な生徒質問紙の「第1部」にあたるもので、他の類似の調査に比しても欠損値が非常に少ない有効なデータとなっている。

3.3. 変数

本章で分析対象とする変数の概要を以下に示す。括弧内は、元の変数名である。

【父親の学校教育年数 (fed)】

父の学歴 (教育年数) について、「あなたのおとうさんは何年間学校に行きましたか」という質問に対し、6年またはそれ以下 (尋常小学校・国民学校)、7年 (高等小学校1年修了)、8年 (高等小学校卒・国民学校高等科2年卒)、9年 (3年制の乙種実業学校卒・3年制国民学校高等学科卒・新制中学校卒)、9〜13年 (実業補習学校 (青年学校の前身) 卒・青年学校卒)、10年 (4年生の乙種実業学校卒)、11年 (旧制中学校卒・甲種実業学校卒)、12年 (新制高等学校卒)、13年 (昭和18年までの師範学校卒)、14年 (旧制高等学校卒・3年制の専門学校卒・青年師範学校卒・陸士海兵等軍の学校卒・昭和19年以降の師範学校卒・短期大学卒)、15年 (4年生の専門学校卒・高等師範学校卒)、16年 (新制大学 (医学部を除く) 卒)、17年またはそれ以上 (旧制大学卒・新制大学医学部卒・大学院卒) が選択肢としてある。なお、父親の受けた教育を学歴カテゴリとして分析する場合は、6年またはそれ以下を父初等教育、7〜12年を中等教育、13年以上を高等教育とした。

【父親の職業の地位水準 (focc)】

父職の地位水準に関する本変数は、以下の二つの質問文に対する答えをもとにつくられている。「あなたのおとうさんの現在の職業は_____ (おとうさんがいない人は、保護者の現在の職業を書いてください)」「あなたのおとうさんはどういうところで、何をして働いていますか。できるだけくわしく書いてください」(「たとえば〜」として、具体的な仕事を例に詳しい記入例が挙げられ

ている）というものである。

　データセット内にある変数 (focc) は、上記の二つの質問を用いてアフター
コーティングを行った変数である。カテゴリは以下の通りである。父職の社会・
経済的地位水準に関するものは次の10に分類された。1. 高次専門技術者、2.
管理・経営・事業主、3. 低次専門技術者、4. 小事業主（商・工）、5. 事業主（農・
林・魚）、6. 事務・販売人、7. 労働者（熟練・半熟練）、8. 労働者（農・林・魚）、9.
不熟練労働者、10. 分類不能である。カテゴリを縮約した分析を行う際は、以
上のうち、1、2、3、4を「専門・管理」、6を「事務・販売」、7、9を「マニュア
ル」、5、8を「農林漁業」とし、四分類に統合した。（その際10は欠損値とした。）

【数学の学力 (m1pti1~ m1pti70)】

　生徒全員に対して実施された、全70問の数学問題の正答数の合計である。
使用された実際の数学の試験問題は、国立教育研究所 (1967) の巻末にて確認
できる。

【希望する今後の学校教育年数 (yrdesire)】

　「あなたの気持ちでは、今学年が終わってから何年間学校を続けたいと思い
ますか。」という質問に対し、＿＿＿＿年間と、生徒自身が数字を記入するよう
になっている。本変数は「1年未満」が最小値であり、そこから1年刻みで「9
年以上」が最大値となっている。量的変数としてこれを扱う場合、小学校を含
むトータルの教育年数である教育年数に直した。すなわち、9年（中学まで）が
最小値で、17年（大学院卒・それ以上）を最大値とした。また、カテゴリカルな
分析を行う際は、本質問が中学2年生以後の追加の教育年数であるため、1〜
3年を中学校まで、4年を高校まで、5〜7年を短大・専門学校まで、8年を
大学までとした。

　以下に挙げる三変数は、生徒の教育意識に関する項目である。回答選択肢は
「ハイ」「イイエ」「どちらともいえない」の3項目となっており、生徒の各項
目への賛成の度合いに応じて、2, 1, 0（順に肯定、中立、否定）にリコードした。
なお、※がついているものは、回答を逆転させてコードを振ったものである。

【内発的興味】

　本変数は、学習内容への興味や面白さといった、生徒の内発的興味に関する
変数である。「わたしは学校の勉強が好きなほうです」(m1psi24)、「わたしは

どの科目もみな好きです」（m1psi58）、「学校で勉強することはたいてい楽しいから、上級学校に進んでできるだけ長い間勉強を続けたい」（m1psi60）、「学校の勉強は面白くてやりがいがある」（m1psi65）の4項目への賛成の度合いを合計した変数である。

【実利的効用】

　本変数は、生徒が勉強や学歴を「役立つ」とか「大切だ」と思っている度合い、すなわち実利的な効用感に関する変数である。これは以下の5項目への賛成の度合いを合計したものである。「学校で習うことはあまり役に立たないのがふつうだ」※（m1psi30）、「自分の財産つくりや金かんじょうがよくできるようになることが、算数や数学を勉強する第一の目的です」（m1psi36）、「（代数や幾何などの）数学は日常生活の諸問題にあまり役に立たない」※（m1psi39）、「学校生活はさほど楽しいものではないが、よい教育を受けておくことは、やはり大切だと思う」（m1psi46）、「よい職につくためには数学を知っておくことがたいせつである」（m1psi47）。

【努力主義】

　本変数は、生徒が才能や運でなく、努力ややる気によって勉強したり将来を切り開けると思っている度合い、すなわち努力主義に関する変数である。これは以下の7項目への賛成の度合いを合計したものであり、生徒のメリトクラシー的態度を示すものとも言える。「人の成功不成功は運しだいだ」※（m1psi26）、「数学は、やろうと思えばだれでも学べるものだ」（m1psi29）、「やる気さえあれば、数学はたいていの人が学べるものだ」（m1psi48）、「ふつうの知能があれば、かなり高度の数学も勉強できる」（m1psi51）、「むずかしい数学でも、勉強のしかたによっては、高校生ならだれでも理解し活用できるようになる」（m1psi53）、「いっしょうけんめいに努力すればだれでも成功できる」（m1psi55）、「数学を学ぶことのできるのは、特に才能のある人に限られている」※（m1psi61）。

3.4. 分析方法

　今回は基礎的な分析を意図しているため、単純集計によって平均やばらつきを確認することや、クロス集計表を用いて二変数間の関係を把握することをめざす。

第8章　学力と学習意欲の長期的な経年変化 (1)

4.　分析結果

　表 8-1 は本人の期待する教育段階を男女別と全体でみたものである。全体では 56％が「高校まで」の進学を希望しており、短大・専門学校・大学をあわせた「高校以上」とすれば、当時すでに 85％の生徒が、高校以上の教育段階への進学を希望していたことが分かる。また、大学への進学については、とくに男女で大きな差が見られる。30％の男子が大学への進学を希望していたのに対し、女子では 11％のみが大学への進学を希望していた。一方女子では短大・専門学校への進学希望の割合が男子よりも高かった。これは 1964 年当時、四年制大学への進学希望にいまだ男女差が大きかったことを示している。平均的な教育年数に換算すると、男子が 13.1 年、女子が 12.3 年の教育を期待していた。

表8-1　本人の期待する教育段階

	中学まで	高校まで	短大・専門学校まで	大学まで	計
男子	13.5	50.3	6.3	29.8	100.0
	(124)	(461)	(58)	(273)	(916)
女子	17.5	60.7	11.0	11.0	100.0
	(161)	(557)	(101)	(99)	(918)
全体	15.5	55.5	8.7	20.3	100.0
	(285)	(1018)	(159)	(372)	(1834)

注：単位はパーセント。カッコ内は度数。

4.1.　父職業・父学歴と教育期待のクロス集計

　表 8-2 は、父親の職業分類別にみた、本人の教育期待段階である。父職が専門・管理職の場合、本人の教育期待は高校までが 43.3％と最も多く、次に大学までが 36％となっている。父職が事務・販売職、マニュアル職、農林漁業の場合は、いずれも本人が高校までを希望する割合が 6 割強で最も多い。その中でも、事務・販売職の場合は短大・専門学校以上の高等教育を希望する割合が多く、農林漁業では中学までを希望する割合が相対的に多い。マニュアル職は前者二つの中間にある。

　また、「高校まで」「短大・専門学校まで」「大学まで」の 3 カテゴリを合わ

169

表8-2　父親の職業別にみた本人の教育期待

	中学まで	高校まで	短大・専門学校まで	大学まで	計
専門・管理	6.21	43.36	14.41	36.02	100
	(44)	(307)	(102)	(255)	(708)
事務・販売	10.14	60.39	8.21	21.26	100
	(21)	(125)	(17)	(44)	(207)
マニュアル	20.08	62.6	6.3	11.02	100
	(102)	(318)	(32)	(56)	(508)
農林漁業	27.19	64.25	2.61	5.96	100
	(146)	(345)	(14)	(32)	(537)

注：単位はパーセント。カッコ内は度数。

せて「高校以上」の学歴を希望する割合を算出すると、父職が専門・管理職の場合は94％、事務・販売職の場合は90％、マニュアル職の場合は79％、農林漁業の場合は73％となる。

　同様に、表8-3は父親の学歴段階別にみた、本人の教育期待段階である。父親の学歴が初等教育までだと、本人の教育期待は中学または高校までが多い。父親の学歴が中等教育だと、本人の教育期待は高校までが6割で最多である。父親の学歴が高等教育だと、本人が大学までを希望する割合が54％と最も多い。

　また、「高校まで」「短大・専門学校まで」「大学まで」の3カテゴリを合わせて「高校以上」の学歴を希望する割合を算出すると、父学歴が初等教育の場合は62％、中等教育の場合は86％、高等教育の場合は97％となる。

表8-3　父親の学歴と本人教育期待の関係

	中学まで	高校まで	短大・専門学校まで	大学まで	計
父初等教育	37.59	52.48	2.84	7.09	100
	(106)	(148)	(8)	(20)	(282)
父中等教育	14.27	60.04	8.12	17.57	100
	(216)	(909)	(123)	(266)	(1514)
父高等教育	3.26	22.83	19.57	54.35	100
	(6)	(42)	(36)	(100)	(184)

注：単位はパーセント。カッコ内は度数。

4.2. 量的変数の記述統計

　表8-4はつぎに分析対象とする主要な変数の分布を示したものである。父学歴を教育年数でみた場合、平均は9年であり、標準偏差で2.4のばらつきがある。最小値は6年（旧制学歴で尋常小学校または国民学校卒）であり、最大値は17年（旧制学歴で旧制大学卒）である。数学の学力は、70点満点中38.5点が平均で、標準偏差で13.4のばらつきがある。最小値は3点、最大値は67点である。教育期待年数は、12.7年が平均であり、標準偏差で2.1のばらつきがある。父の教育年数と同様、最小値は6年、最大値は17年である。内発的興味は、第3節で示した4項目の合計からなり、平均が3.8、最小値が0、最大値が8となっている。この数値が大きいほど、肯定の度合いが強いことを意味する。実利的効用は、5項目の合計からなり、平均が7.3、最小値が2、最大値が10である。努力主義は7項目の合計からなり、平均が11.4、最小値が1、最大値が14である。

表8-4　主要な指標の度数分布

変数	平均	標準偏差	最小値	最大値	度数
父親の教育年数	9.00	2.43	6.00	17.00	1834
数学学力	38.49	13.44	3.00	67.00	1834
本人の教育期待年数	12.66	2.10	9.00	17.00	1834
内発的興味（4項目の合計）	3.79	1.69	0.00	8.00	1834
実利的効用（5項目の合計）	7.30	1.62	2.00	10.00	1834
努力主義（7項目の合計）	11.43	1.82	1.00	14.00	1834

4.3. 父職業・父学歴別にみた主要変数の平均値

　表8-5は父親の職業別にみた、本人の教育期待年数、数学学力、および教育意識に関する3つの変数（内発的興味、実利的効用、努力主義）の平均値を示したものである。父職が専門職や管理職の場合、本人の平均的な学力および教育期待が相対的に高く、父職がマニュアル職や農林漁業である場合、本人の学力および教育期待が相対的に低い。

　一方で、学習内容への興味や面白さの度合いを示す内発的興味の項目は、父職別にみて、それほど大きな違いが見られない。高次専門職の場合に、内発的

表8-5 父親の職業別にみた主要変数の平均値

	数学学力	教育期待年数	内発的興味	実利的効用	努力主義	度数
高次専門技術者	48.74	14.69	4.44	6.92	12.05	39
管理・経営・事業主	45.82	14.23	4.00	6.80	11.90	210
低次専門技術者	40.50	13.18	3.74	7.20	11.50	121
小事業主（商・工）	42.50	13.46	3.82	7.10	11.43	294
事業主（農・林・魚）	34.57	11.68	3.65	7.60	11.14	467
事務・販売人	39.72	12.89	3.99	7.29	11.83	196
労働者（熟練・半熟練）	35.68	12.20	3.70	7.30	11.30	443
労働者（農・林・魚）	31.50	11.20	3.61	8.16	11.32	44
不熟練労働者	27.25	11.60	4.00	7.65	10.75	20
計	38.49	12.66	3.79	7.30	11.43	1834

興味が4.4ともっとも高く、マニュアル職（ただく不熟練労働者を除く）や農林漁業の場合に3.7以下でやや低いという差はあるが、概して1ポイント以内の差におさまっており、それほど大きな差はないようである。これは、1964年の本調査当時、中学2年生本人の学習意欲や学習への興味が、父職によってそれほど異ならなかったことを示唆している。

　また、勉強や学歴が役立ち、大切だと思う度合いを示す実利的効用については、父職が専門・管理職であるほど、その効用感が若干低い。一方で、マニュアル職や農林漁業であるほどどの効用感が高く、最大で1ポイント以上の差が見られる。これは、父親が専門的・管理的な職業についている子どもほど、日々の勉強や学歴が日常生活や将来のために役立つという意識が薄かったことを示している。勉強や学歴が重要で、役に立つものであるという意識は、むしろマニュアル職や農林漁業の父をもつ子どもの間に多かったということである。

　最後に、やる気や努力によって学習達成や人の成功が決まるという努力主義の度合いは、父が専門・管理職の場合に若干その数値が高く、マニュアル職の場合に若干低いという傾向にある。しかし、不熟練労働者以外は概して1ポイント以内の差におさまっており、こうした努力主義への意識おいて、父職のカテゴリ間で大きな違いは見られなかったといってもよいだろう。最大値が14であることを考慮すると、表内の本変数への回答平均が11～12ポイントであ

第8章　学力と学習意欲の長期的な経年変化（1）

るというのは、父職がいかなる子どもであっても、かなり肯定的な回答がなされたことを示す。これは、調査当時、父職にそれほどかかわりなく、努力やメリトクラシー的価値観があまねく広がっていたことを示す根拠となる。

　表8-6は父学歴（父の教育年数）別にみた、本人の教育期待年数、数学学力、および内発的興味、実利的効用、努力主義の平均値を示したものである。まず、父学歴が長くなるほど、数学の学力が高くなるという傾向がおおむねみてとれる。次に父学歴が長くなるほど、教育期待年数も長くなるという傾向が読み取れる。これは、父の教育年数の差ほどではないものの、最も短い場合で11.5年、長い場合で15.3年という開きを見せている。内発的興味に関しては、父職でみた場合と同様、父の教育年数別にみても、それほど大きな違いは見られない。教育年数が長い場合に、若干数値が大きい傾向も見られるが、概して1ポイント以内の差におさまっている。ここから、父の学歴が高いほど内発的興味が生じやすいといういわゆる「インセンティブ・ディバイド」現象は64年当時では見られなかったといってよいだろう。

　実利的効用に関しては、父の教育年数の長さによって、とくに一定の傾向は見られない。また、努力主義に関しても、すべてのカテゴリの値が似通ってお

表8-6　父親の学歴別にみた主要変数の平均値

	数学学力	教育期待年数	内発的興味	実利的効用	努力主義	度数
6年	31.91	11.46	3.80	7.60	11.29	243
7年	30.70	11.79	3.83	6.92	11.04	53
8年	36.76	12.20	3.66	7.41	11.38	784
9年	39.31	12.70	3.86	7.24	11.29	278
10年	42.45	13.16	3.93	7.43	11.16	44
11年	43.87	13.92	3.89	7.06	11.83	236
12年	40.95	13.86	4.27	6.95	11.91	22
13年	43.50	13.79	3.71	7.14	11.29	14
14年	47.58	14.63	4.06	7.05	11.67	78
15年	47.13	14.47	4.20	7.13	11.33	30
16年	39.71	13.29	4.00	7.29	11.86	7
17年	51.67	15.36	4.09	6.38	11.87	45
計	38.49	12.66	3.79	7.30	11.43	1834

173

表8-7 主要変数間の相関係数

	父教育年数	数学学力	教育期待年数	内発的興味	実利的効用	努力主義
父教育年数	1.000					
数学学力	.335 ***	1.000				
教育期待年数	.446 ***	.490 ***	1.000			
内発的興味	.063 ***	.090 ***	.229 ***	1.000		
実利的効用	-.120 ***	-.239 ***	-.147 ***	.049 *	1.000	
努力主義	.078 ***	.172 ***	.137 ***	.195 ***	.100 ***	1.000

*** $p<.000$, *$<.05$

り、特定の傾向は見られない。この結果から、64年当時には、父学歴にかかわらず、すべての生徒が努力主義を内面化していたということができるだろう。

　表8-7は、主要変数間の相関関係をみたものである。まず、教育期待年数と相関が高いのは、父教育年数および数学学力で、いずれも.4以上の同程度の大きさの相関がある。しかし、数学学力自体が、父教育年数と.3程度の相関をもつため、数学学力は、家庭背景（ここでは父の教育年数）と本人の教育期待年数の関係を、ある程度媒介している可能性がある。教育期待年数を従属変数とみなし、学力を媒介変数として置き、それらのおおもとに階層変数があるというモデルを想定することも可能だろう。本章は基礎的分析を主眼としているが、こうした直接効果と間接効果の大きさにかかわる分析は、今後稿を改めて行っていきたい。

　また、表8-6で見たように、内発的興味と父教育年数の関係は、有意であるが大きくないことが表8-7からも分かる。内発的興味は数学学力との相関も低く、64年当時は父学歴、本人の業績にそれほどかかわらず、生徒たちが学習への内発的興味を持っていたことがうかがえる。ただ、内発的興味があるほど、教育期待は高くなったようである。つまり、勉強に興味があり、面白いと感じていた生徒ほど、より長い教育を求めたという関係性が見てとれる。

　実利的効用に関しては、表8-6でみた父教育年数との関係以上に、数学学力との負の相関が強い。すなわち、学力が低い生徒ほど、勉強や学歴に対して効用感を抱いていたことが分かる。なお、そうした日常生活や将来における勉強の有用性を意識する生徒ほど、教育年数は若干低くなる傾向にあった。

最後に努力主義に関しては、表8-6で見たとおり父学歴との関係は薄いものの、学力、教育期待、および内発的興味それぞれとの弱い相関が見られた。すなわち、勉強に対してやる気や意欲があることは、学力や教育期待の高さ、および内発的な興味とも、それなりの相関があったということである。

図8-2は、実利的効用の指標として用いた5項目のうちの一つで、とくに顕著な傾向を示していた質問（問36：自分の財産つくりや金かんじょうがよくできるようになることが、算数や数学を勉強する第一の目的です）への回答分布をグラフにしたものである。この問いに賛成する割合が高いほど、生徒が算数や数学を勉強する意義を、自分の生活や職業に即してとらえていたということができる。図から分かるように、父の学歴が低いほど、また父親がマニュアル職や農林漁業であるほど、この質問に対する賛成の度合いが高い。さらに、学力別に見ると、学力上位1/4の層での賛成の割合が8％とかなり低く、学力下位1/4の層では、賛成の割合が45％と高くなっている。よって、この質問が示す勉強における実利的効用というのは、階層や学力の高低とは逆の関係にあったと見てよい。

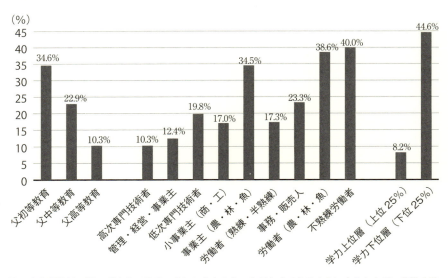

注：生徒質問紙の問36「自分の財産つくりや金かんじょうがよくできるようになることが、算数や数学を勉強する第一の目的です」という質問に対し、「はい」「いいえ」「どちらともいえない」の三つの選択肢のうち、「はい」と答えた者の比率。

図8-2　父親の学歴・職業別にみた「教育の実利的効用（問36）」への賛成の割合

5. 結論

本章では、1964年に行われた第1回国際数学教育調査 (FIMS) の日本のデータを用いて、急速な教育拡大期を背景に、当時中学2年生であった生徒の学力と教育期待、および関連する教育意識がどのようなものであったのかを、父職業や父学歴との関連も交えながら検討した。分析の結果、本人の数学学力および教育期待に対しては、64年当時においても父親の職業と学歴が一定の強い規定力を持っていたことが確認された。一方で、本人の学習や学歴に対するさまざまな教育意識には、父職業や父学歴による差がそれほど顕著に見られなかった。

教育拡大の最中にあった64年当時、学習への内発的興味や努力主義が、中学段階のどの階層の生徒にも普遍的に行き渡っていたという点は、本章が発見した一つの重要な点である。本章の分析によって、学歴社会に対する信仰や努力主義が、当時いかに大衆的に人々の間で内面化されていたかが明らかになった。

またこれと関連して、とりわけ印象的であったのは、少なくとも当時の日本の中学2年の生徒の間では、階層や学力が低い生徒ほど、学習内容や学歴自体の実利的な「有用性」を強く意識している傾向にあったことである。そして、そうした生徒ほど、長い教育を求めない傾向にあることが示された。こうした比較的低階層・低学力の生徒たちは、教育の必要性を強く意識しているものの、実利に資する勉強ができれば、それ以上の長い教育は不要という態度であったことが見てとれる。

一方で、比較的階層と学力の高い生徒の間では、上述の「実利的・日常的な有用性」に対する意義づけは相対的に少し低く、むしろ「勉強それ自体への興味や楽しさ」がより高い教育への期待と結びついていた。高校までの教育を受けることが誰に対しても開かれてくる時代的背景の中で、必ずしも実利と結びつかない学問それ自体への興味・関心が、より高い教育期待と結びついて教育が拡大してきたという事実は、現代の日本における教育の意義を考える上でも、重要な点ではないだろうか。

本章では、60年代という時代的背景のもとで、人々の階層や学力、教育期

待や教育意識がどのように結びついていたのかを分析した。今後はさらに視点を現在へつなげ、より近年のデータを合わせて用いながら、戦後から現在までの長期的な日本社会の変化を念頭においた、教育期待や教育意識の変化を描き出したいと考えている。こうした分析は、学ぶ意味や学校に行くことの価値が少しずつ変わってきていると言われる状況の背後にある社会的要因を明らかにし、「今の生徒たち」の意欲や態度、おかれている状況を理解するためにも役立つだろう。

　今後の課題は三点挙げられる。第一に、本章で行った基礎分析を軸に、多変量解析を行い、教育期待に対する階層と学力の影響について、それぞれがどの程度の独自の寄与力をもつのかという分析を、直接効果や間接効果の検討も含めて行いたい。第二に、今回取り上げた1964年の調査以降、その後もIEAによる国際学力調査はつづき、第2回（1982年）調査、第3回調査（1995年）と、それ以降は4年おきにTIMSS調査が行われている。これらの調査で測定されている学力や意識項目がいかに比較可能であるかを検討した文献（長崎・瀬沼2000）も参考にしながら、今後はそうした現代につながる視点を含めての検討を進めたい。第三に、このデータは国際比較の可能性も秘めている。日本のほか、当時の先進諸国（たとえば米国、イギリス、ドイツなど）と比較して、日本のメリトクラシー的状況がどうであったのか、という「日本的特徴」を探る分析も行っていきたい。

［謝辞］
　本章で使用した図の作成にあたり、2005SSM研究会データ管理委員会よりデータ利用の承認を得ました。

第9章

学力と学習意欲の長期的な経年変化（2）
── 第2回国際数学教育調査（SIMS）の基礎分析 ──

1．問題の所在

本章の目的は、1980年代初頭の日本において、生徒の学力や教育期待、学習への意識がどのようなものであったかを明らかにすることである。高度経済成長期を経た日本では、1970年代後半に高校進学率が90％を超え、ほぼ誰もが高校に行ける時代となった。そうした中等教育の大衆化の中で、80年代という時代は、戦後の教育拡大期を経て、その後90年代以降現代へと続く日本の教育のあり方を定める上で、一つの大きな転換点であったと言えよう。

その一つの根拠が、1984年から87年にかけて行われた臨時教育審議会である。当時の中曽根康弘首相の主導のもとで設置された本審議会では、日本の教育のあり方が長期的かつ幅広い視点から議論された。当時の議論の内容を知るために、1984年10月2日の朝日新聞朝刊「どう考える臨教審へ期待と注文：討論のひろば」と題する記事をひもといてみよう。教育社会学者の天野郁夫は、当時の教育をめぐる状況について、「これまで築き上げてきた学校教育のあり方というものに、基本的な疑問が投げかけられているのではないか」と発言している。その上で、「今回の教育改革の特徴は、子どもたち自身が非常に深刻な問題、校内暴力だとか、非行、落ちこぼれ、学力の低下だとか、これは産業社会に共通して見られるんですが、そういうことにみんなが感づくようになったからだと思うんです」と述べている。

またある議員は、「子どもが目に見えるところでしか評価されなくなったこと、つまり、テストの点数の総和であり、クラスの中の序列であり、学年の中の序列」を問題にしており、別の議員も「教育の画一化、受験を前提とした勉

179

強に非常な弊害がある」としている。このように、教育をめぐって非行や落ちこぼれ、受験競争など、さまざまな「弊害」が出ていたことが人々の間で認識されていたことが、こうした審議会開催の背後にあったことがうかがえる。

　以上のように、日本の教育に対して、国内からはさまざまな疑問が投げかけられていた一方、80年代の日本の教育とは、海外の目から見れば非常にうまくいっているケースとして取り上げられていたことも興味深い。米国では1979年に、戦後の日本の高度経済成長の背景を分析した本としてエズラ・ヴォーゲル著の *Japan as Number One: Lessons for America*（邦題『ジャパン・アズ・ナンバーワン』）がベストセラーになった。この本の中で、日本は犯罪率が低く、人々の教育水準が高く、会社への忠誠心も高いことなどが称賛された。また1987年には米国教育省から *Japanese Education Today: Report from the U.S. Study of Education in Japan* と題された報告書が出版され、日本の教育のしくみや実践が米国への「教訓」として紹介された。

　このように海外からの称賛がある一方で、国内では教育批判が増えており、改革に向けた機運が高まっていたというのが当時の時代状況であると言えよう。むろん、海外からの称賛も、日本国内の批判も、一部を美化したり貶めたりするなど、あくまでも「言説」にすぎない部分もあったため、このようなズレが生まれた一因とも考えられる。いずれにせよ、海外から称賛された光の部分と、日本国内から見て問題であると思われていた影の部分が同居していたところが、80年代の教育の特徴であり、それだけ社会の側で、学校や教育制度に対する期待が大きかった時代であるとも言えよう。

　また、70年代後半からは学習塾に通う子どもの増加が社会的に認知され、「乱塾時代」という言葉も生まれた（毎日新聞社社会部 1977）。文部省は1976年（昭和51年）に学習塾に関する最初の全国調査を実施し、小学生で12％、中学生で38％が通塾していることを明らかにした（文部省大臣官房調査統計課 1978）。その後、1985年（平成60年）にも二度目の学習塾調査を実施し、小学生の17％、中学生の45％が通塾していることを明らかにした（文部省大臣官房調査統計課 1987）。このように、70年代〜80年代にかけて、とくに中学生の通塾率の上昇が著しく、大都市部では小学校低学年の塾通いも倍増したとされている。

　こうした背景をふまえ、図9-1は1995年と2005年のSSM調査データを用

いて、生年コホート別に、高校進学率、大学進学率、本人教育年数、および父親の教育年数をグラフにしたものである。本章で分析対象とする第2回国際数学教育調査（SIMS）の中学生データに該当するコホート（1967-68年生まれ）と、その前回の第1回国際数学教調査（FIMS）の中学生データに該当するコホート（1950-51年生まれ）が分かるよう図中に示している。SIMSが実施された1980-81年では、FIMSが実施された1964年よりも高校・大学の進学率、父子の教育年数ともに伸びていることが分かる。（なお、図中で示しているSSMデータから推計した進学率は、文部科学省の学校基本調査の数値ともおおむね合致している。）具体的には、FIMS世代の高校進学率が79.2％、大学進学率が12.8％、本人教育年数が12.1年、父教育年数が8.8年である一方、SIMS世代の高校進学率が96.0％、大学進学率が25.6％、本人教育年数が13.2年、父教育年数が11.6年であった。とりわけ、吉川（2006）も指摘するように、教育が拡大するに従い、父子の教育年数の差が短くなっていることが注目に値する。FIMS世代では父

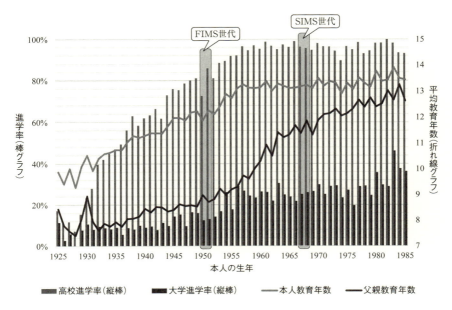

図9-1　日本社会の高学歴化の局面変化
出所：SSM調査、1995年および2005年データを合併して使用。

親と本人の間に、3.3年の教育年数差があったが、SIMS世代ではその差は1.6年に半減している。また、SIMS世代では父親の教育年数が上昇の途上にある一方、本人の教育年数はだんだんと頭打ちに向かっている様子が見てとれる。教育拡大の強い影響を受けてきた親世代と、教育がだんだんと飽和しつつある80年代に生徒であった子世代との間では、教育に対する意識が少しずつ変化していた可能性も想像できよう。また、80年代の様子をつぶさに検討することは、さらに後の世代に向けた変化を検討する上でも重要な意味をもつ。

2. 先行研究と分析枠組み

2.1. 戦後日本における大衆教育社会の成立とその変化

本章では、中等教育が大衆化し、生徒たちがより長い学校教育を受けるようになる中で、社会の教育への視線がいっそう強まった80年代を背景として、当時の日本の生徒の学力や教育期待、学習意欲についての分析を行う。前節で述べたように、80年代という時代背景は、日本の教育の一つの転換点であり、その前後の時代を含めて長期的な視野から理解することが意味をもつ。そのため、本章ではこうした時代を含む教育の変化に焦点を当てた苅谷(1995、2001)を参照し、その主張をふまえた上で分析を進めたい。

苅谷(1995)によれば、戦後の日本社会では、「よい教育→よい仕事→幸福な人生」というサクセス・ストーリーが人々に植えつけられ、より高い学歴をめざす人々の欲求の強さと広がりが、教育機会の拡大につながったという。1970年代半ばに完成した「大衆教育社会」では、学校での成功が将来の社会での成功と強く結びつけられるようになり、「だれでもがんばれば」学力を向上させ、学歴取得競争を通じてより高い地位に到達できるという意識が広まった。しかしその背後では、学力や成績の背後には戦後を通じて一定の階層間格差が存在し、それが見えにくくなっていたに過ぎないと苅谷は指摘する。

また、学ぶ意義の変容に関して、苅谷(1995: 142)は以下のように述べる。学歴社会という社会認識のなかで、「受験学力」は「役に立たないもの」「暗記もの」の知識だと見なされるようになったという。一方で学校がつくりだした階層中立的な文化を、より早く効率的に身につけた者が学歴社会の勝者となった

が、「これら勝者への称賛は、努力や勤勉、あるいは「頭のよさ」を讃えるものではあっても、「教養」や「学問」を身に付けた者への称賛とは明らかに異な」っていた。また、学歴と実力との乖離を問題視する立場からは、こうして獲得された知識は、社会的に有用な専門的知識でさえないとみなされた。ゆえに苅谷は、学歴社会のもとで身につけられるそうした「受験知識」は、教養でも専門的知識でもなく、ひとつの社会層を構成するのに十分な文化的基盤を持たなかったと指摘する。こうした分析から、当時の学歴エリートの間で、学ぶ意義や知識の有用性について、学校での成功という面以外に確固たる信念が薄かったと推察することは可能だろう。

苅谷（2001）は、戦後の急速な教育拡大と階層形成の時期をへて、1980年代以降に行われた教育改革は、教育の階層間格差の拡大に寄与したと主張する。SSM95年調査の分析から、少なくとも80年代までは、中学時代の成績に及ぼす出身階層の影響が弱くなっていたと述べる。とくに本章のSIMS世代にも重なる1956-75年生まれコホート（そのほとんどが70-80年代に中学教育を受けている）は、以前のコホートと比べ、教育機会の拡大を通じて、出身階層の直接的・間接的な提供よりも、本人の学力を通じて教育達成が決まる度合いが強まっていったとする。一方で、高校生を対象とする調査データをもとに、1979年と1997年のデータを比較し、97年になると、母親の学歴や社会階層が低い生徒ほど、学習意欲や学習時間を低下させる者が増えているとして、「インセンティブ・ディバイト」を指摘している。「豊かな社会」の中で学ぶ意味が見つけにくく、学習への動機づけを弱めるのは、すべての若者でなく、特定の階層の若者である（苅谷 2001: 222）であるとして80年代以降の教育改革の方向性に警鐘を鳴らしている。

2.2. 教育拡大期（1960年代）の学力と意欲、教育期待

本章で1980-81年のSIMSのデータを分析するに先立ち、本書の第8章では1964年のFIMSの中学生データを分析し、教育拡大期の生徒の学力や意欲、教育期待に関して、いくつかの知見を得ている。まず中学生の数学学力に関しては、1964年当時において、父親の職業や学歴との相関があった。データ内の数学学力スコア（最小値3、最大値67、平均38.5）と、父親の教育年数（最小値6、

最大値 17、平均 9) の相関は .335 で統計的に有意であり、学力と階層との関係は 1960 年代にもそれなりにあったことが分かっている。教育期待に関しても、父親の職業、学歴のいずれとも関連しており、その一部は学力を媒介したものであったことが推察された。

　一方で、学ぶ意欲や努力の意義といった教育意識に関しては、階層間でそこまで大きな差が見られなかった。たとえば学習内容への興味や面白さの度合いを示す内発的興味や、やる気や努力によって人の成功が決まるという努力主義の度合いは、父職によってほとんど異ならなかった。ただ、内発的興味があるほど、教育期待は高くなったという傾向は見られた。つまり、勉強に興味があり、面白いと感じていた生徒ほど、より長い教育を求めたということである。

　また、勉強や学歴が役立ち、大切だと思う度合いを示す実利的効用については、父職が専門・管理職であるほどその効用感が低く、むしろ父職がマニュアル職や農林漁業の場合に、そのような意識が強かったことが明らかにされた。階層や学力が低い生徒ほど、学習内容や学歴時代の実利的な「有用性」を強く意識していたということである。こうした比較的低階層・低所得の生徒は、教育の必要性を強く意識しているものの、実利に資する勉強ができれば、それ以上の長い勉強は不要という態度であったことが見てとれた。

3. データと変数

3.1. データの概要

　本章では第 2 回国際数学教育調査 (Second International Mathematics Study: SIMS) の概要を紹介し、そのデータを用いた基礎分析を行う。本調査は、国際教育到達度評価委員会 (International Association for the Evaluation of Educational Achievement: IEA) が中心となって行った一連の国際学力調査の一つである。IEA は、異なった文化的、社会的、経済的背景をもつ国々の間で実証的な教育の比較研究を行い、各国の教育到達度と教育諸条件との関係を明らかにすることを目的として運営されてきた非営利の国際学術研究団体である (国立教育研究所 1991)。SIMS は 1964 年に行われた第 1 回国際数学教育調査 (First International Mathematics Study: FIMS) の後続調査であり、その後の経年調査は 1995 年以降、4 年おきに行われ

第9章　学力と学習意欲の長期的な経年変化 (2)

ている国際理科・数学教育調査 (Trends in International Mathematics and Science Study: TIMSS) へと続いていく。

SIMS への参加国は以下の 20 か国・地域である：ベルギー（フラマン語圏、フランス語圏）、カナダ（ブリティッシュ・コロンビア州、オンタリオ州）、イギリス、フィンランド、フランス、香港、ハンガリー、イスラエル、日本、ルクセンブルク、オランダ、ニュージーランド、ナイジェリア、スコットランド、スワジランド、スウェーデン、タイ、米国。調査対象となった学年は、以下のように国際的に定義された（国立教育研究所 1991: 6）。

・「母集団 A：学年の中間時点で、満 13 歳 0 月から 13 歳 11 月の生徒が大多数在籍している学年の生徒。」

・「母集団 B：大学又はそれに準ずる段階に、原則として進みうる全日制コースの最終学年に在学し、数学に重点を置いて学習（週 5 時間以上）している生徒。」

日本では、前回との比較や調査時期などを考慮して、次のように調査対象が定められた。

・中学生（母集団 A）：国、公立中学校第 1 学年の生徒。

・高校生（母集団 B）：全日制高等学校第 3 学年に在籍する生徒のうち、数学 III 等を週 5 時間（5 単位）以上履修している生徒。

なお、前回の FIMS では中学 2 年の 4 月に調査が実施されたが、今回は後述のように縦断調査ということもあり、中学 1 年が対象とされた。中学 1 年の学年末には大多数の生徒は 13 歳児であり、中学 2 年の学年初めにも大多数の生徒が 13 歳児であるため、母集団 A の定義上も問題はなかった。

本章では、この中学 1 年の集団を対象に分析を行う。高校生については今後稿を改めたい。中学生について、計画標本数は 224 学校（うち 222 公立、2 国立）、8000 生徒（うち 7936 公立、64 国立）であり、実際の標本数には若干のずれが生じた。

標本抽出は、中学生の場合、学校規模と地域人口によって層化がなされた。標本校が決定されると、その学校の任意の 1 学級が選ばれ、その学級の生徒全員を対象として調査が行われた。調査は、標本校の校長や数学科担当教師、および標本生徒に対して実施された。調査問題や質問紙の内容には (1) 生徒質問

185

紙、(2) 数学問題、(3) 教師質問紙、(4) 履修状況調査、(5) 指導法に関する質問紙、(6) 学校質問紙が含まれた。本章では、うち生徒質問紙と、数学問題を分析に使用する。

　また、今回の第 2 回調査では、ある一時点での各国の生徒の学習到達度を測るための横断的な調査研究 (Cross-sectional Study) と、教師の指導法が、生徒の成績や態度にどのように影響するかを調べようとする縦断的な調査研究 (Longitudinal Study) という 2 つの調査が実施された。後者については、同一生徒に対して学年初めと学年末に 2 度の調査が実施され、日本では中学生のみについて縦断調査が行われた。ただし、本章では変化の分析は主眼でないため、学年末の調査結果のみを分析に使用する。

　SIMS データは、FIMS データと比べると、継続調査とはいえども若干の違いや特徴がある。上述のように縦断調査の側面をもつことや、中学 1 年を対象としていること、また、意識に関する調査項目が異なっていることなどが挙げられる。FIMS では勉強全般についての意識を尋ねていた一方、SIMS では数学のみに関する意識を尋ねていたり、FIMS では 3 件法であった回答選択肢が SIMS では 5 件法になっていたり、FIMS にはなかった親の教育意識が、SIMS では尋ねられていたりする (調査間の比較については、長崎・瀬沼 2000 も参照)。さらに、FIMS では生徒調査票の一部を親が家で記入していたが、SIMS ではすべて生徒が学校で記入している。この点は、第 4 節で述べるように欠損値の増加につながった可能性もあることは付言しておく。

　なお、現在この SIMS のデータはスウェーデンの Gothernburg 大学の国際比較研究プロジェクトのウェブサイトから入手可能である。以下のリンクより、SPSS 形式で各参加国の個票データをダウンロードすることが可能である。個票データとともに、当時のコードブックをスキャンしたものや、サンプリングの概要とファイルの構造を示したドキュメントが合わせて公開されている (2024/12/05 現在アクセス可能)。

https://www.gu.se/en/center-for-comparative-analysis-of-educational-achievement-compeat/studies-before-1995/second-international-mathematics-study-1980

　日本の調査概要や結果については、国立教育研究所の一連の報告書や出版物

第9章　学力と学習意欲の長期的な経年変化 (2)

(1981、1982、1991) が詳しい。また、一般に向けた英語の関連書籍としては
Robitaile & Garden eds. (1989) や Westbury et al. (1994) などが出版されている。

3.2. 変数

　本章で分析対象とする変数の概要を以下に示す。使用する変数はいずれも生
徒質問紙にある項目を利用する。括弧内はデータ内にある元の変数名である。

【父親の学歴 (yfeduc)】

　父の学歴について、「あなたのお父さんは、今の学校でいえば、どこまで学
校に行きましたか。あてはまるものを1つ選んで、その記号を○で囲みなさ
い」という質問に対し、「ア．中学校、イ．高等学校、ウ．大学・短大など、エ.
わからない」から選択するようになっている。「わからない」のカテゴリは元
データでは区別されておらず、欠損値と一括されている。「今の学校でいえば」
というワーディングにあるように、もし父親が旧制学歴だった場合でも、新制
学歴に直して答えさせる意図が見てとれる。なお、母親についても同様の質問
がされている。これについて、カテゴリ別の集計を行うほか、年数に換算する
場合は9年、12年、16年とリコードして分析を行う。

【父親の職業の地位水準 (yfoccn)】

　父職の地位水準に関する変数は、以下の質問文に対する答えをもとにつくら
れている。質問は、「あなたのお父さん（または男性の保護者）の職業は、つぎの
どれにあたりますか。あてはまるものを選んで、その記号を○で囲みなさい」
という質問に対し、会社員（一般事務系）がア、会社員（一般技術系）がイ、会社
社長・役員、部・課長、工場長、議員など（そこでの経営・管理）がウ、農業経
営者、林業経営者、漁業経営者など（農業、林業、水産業などの事業への従事）がエ、
商店主、工場主など（商業、工業、サービス業などの事業経営）がオ、教師、医師、
技術者、芸術科など（専門的分野の職業）がカ、パートタイムや期間契約がキ、
職についていないがク、わからないがケ、となっている。以上は国内コードと
されており、これらのカテゴリのうちアとオ、イとエ、ウとカをまとめたのが
国際コード (yfocci) となっている（国立教育研究所 1982: 65）が、本章では国内コー

187

ドの方を使用する。

　なお、これらの生徒の父母の職業・学歴については、学習に大きな影響を与えうる家庭要因として国際的な尺度で調べられたが、国立教育研究所の報告書（1991: 46）では「現今の社会状況から、いくつかの国では調査が困難になり、結果として多くの国で無答者の多い不完全なデータしか集められなかった」とされている。じっさい日本のデータについても、欠損値については後述するが、父母の職業や学歴について、「この種の質問を生徒にきくことは、正確さやその他の点で非常に困難で、わが国の生徒の約半数が答えられなかった」（国立教育研究所 1982: 64-65）とされている。

【数学の学力 (ys001～ys040)】

　数学の学力を測るための問題としては中学1年生用として、176題の問題が用意されていたが、そのうち全員共通の問題とされた40題（数学問題IV）であった（国立教育研究所 1982）。そのため、本章ではこの全員共通の問題についての正答数の合計を数学学力の指標とする。なお、他の136題（数学問題III）は4等分され、その中の任意の1セット（34題）が生徒に与えられた（長崎・瀬沼 2000 も参照）。なお、SIMS は縦断調査であったため、該当の中学1年の学年初めにも、上記176題の中から一部を選択して、数学問題IおよびIIが出題されたが、本章では学年末に行われた共通問題のみを数学学力の指標として分析する。

【希望する今後の学校教育段階 (ymoreed)】

　「あなたの考えとしては、中学校卒業後、どの段階まで上級学校へ行きたいと思っていますか」という質問に対し、「1. 上級学校に進学しない（＝中学校まで）、2. 高等学校、各種学校、3. 短期大学、高等専門学校など、4. 4年制大学」の四択から選ぶようになっている。これについて、カテゴリ別の集計を行うほか、年数に換算する場合は9年、12年、14年、16年とリコードして分析を行う。

第9章　学力と学習意欲の長期的な経年変化 (2)

【学習塾・家庭教師など】

「学校の正規の授業や補習授業のほかに、数学を勉強する機会（学習塾や家庭教師など）が、1週間に何時間ぐらいありますか」という質問に対し、「ア．先週＿＿＿時間、イ．平均して1週＿＿＿時間」と記入するようになっており、本章ではイの週当たり平均の方を分析に用いる。なお、第1回調査である1964年のFIMSにも学校外や家での補習機会についての設問があったが、管見の限りではGothernburg大学からの公開データには該当変数が含まれないようであった。

【親の学習期待】

本変数は、両親が生徒本人の数学学習に対してもつ期待を指標化したものである。「両親は、私が一生懸命数学を勉強するようにはげましてくれます」（ypenc）「両親は、私が数学でよい成績をとってほしいと思っています。」（ypwant）の2項目について、賛成の度合いが強いほど大きくなるように合計した変数である。

なお、1964年のFIMSでは、生徒の教育意識に関する項目の回答選択肢は「はい」「いいえ」「どちらともいえない」の3件法となっていたが、今回のSIMSでは、「大反対、反対、どちらともいえない、賛成、大賛成」の5件法が基本となっている。

【数学の学習意欲】

本変数は、数学への興味や意欲といった、生徒の内発的な学習意欲に関する変数である。「数学はおもしろいと思います」（yfun）、「数学ができるようになりたいと本当に思っています」（yiwant）、「数学の授業時間がもっと多ければ良いと思います」（ymormth）、「数について勉強していると私は楽しくなります」（yhappy）、「数学の新しいアイディアを学ぶためには、私は長い時間でも勉強します」（ywrklng）の5項目について、賛成の度合いが強いほど大きくなるように合計した変数である。

なお、質問紙には「できることなら、これ以上数学を習いたいとは思いません」（ynomore）、「数学の勉強にたくさんの時間をとられるのはいやです」

189

（ynotime）という追加 2 つの関連する変数があり、コードを逆転して加算することもできたが、逆転したコードと分析対象の意欲変数との相関がそれほど高くなく、5 つの意欲変数のみで概念を十分にとらえられると考えたため、今回の分析には含めなかった。

【数学の日常的効用感】

　本変数は、生徒が数学の勉強が日常的に「役立つ」と思っている度合い、すなわち日常的な効用感に関する変数である。「日常の問題を解決するのに数学が役立ちます」（yuseday）の 1 項目（5 件法）を使用する。なお、「私は数学を使わなくても日常生活を十分やっていけます」（ygowo）、「数学は日常生活に必要ありません」（ynoneed）という項目もあったが、逆転したコードが必ずしも肯定的な回答と同じ意味を持つわけではないため、今回の分析ではあえて前者の 1 項目のみに絞った。

【数学の職業的効用感】

　本変数は、生徒が数学の勉強が職業上「重要だ」と思っている度合い、すなわち職業的な効用感に関する変数である。「収入の多い仕事につくためには、数学を知っていることが重要です」（ymthjob）の 1 項目（5 件法）を使用する。なお、類似する変数として、「大部分の数学は、仕事の上で実際に使われています」（ypract）、「ほとんどの人は、仕事の上で数学を使いません」（ynouse）、「数学の知識は、ほとんどの職業で必要ありません」（ynotnec）という実務上の使われ方に関する項目もあったが、前者の 1 項目が職業的な効用感をもっとも的確にとらえており、他の項目を合計することであえて概念をあいまいにする必要はないと考えたため、1 項目のみに絞った。

　なお、1964 年の FIMS ではこれ以外に、生徒が才能や運でなく、努力ややる気によって勉強したり将来を切り開けると思っている度合い、すなわち努力主義やメリトクラシーに関する一連の項目が存在したが、SIMS ではそれらの項目はなかった。また上記の意識変数は SIMS ではいずれも「数学」に関するものに特定されている点に注意を要する。FIMS の意識変数は、必ずしも教科

第9章　学力と学習意欲の長期的な経年変化 (2)

を数学に限定しないものが多かった点と対照的である。

4. 分析結果

4.1. 変数の記述統計量

　本章は基礎分析を目的としており、変数ごとの基礎集計や二変数間の関係を分析することを主軸に稿を進める。表9-1 は分析に使用する変数の記述統計量を示したものである。父職業は 1 から 8 までの値をとるカテゴリ変数である（連続変数ではないが、平均と標準偏差は便宜的に表中に示している）。父学歴を教育年数でみた場合、平均は 12 年であり、標準偏差で 2.45 のばらつきがある。最小値は中学までの 9 年、最大値は大学までの 16 年である。数学の学力は、40点満点中 27.6 点が平均で、標準偏差で 7.40 のばらつきがある。最小値は 3 点、最大値は 40 点である。なお、以上三つの変数については、一定の欠損値が存在することも付記しておく。前節で示したとおり、親の職業や学歴については、生徒の約半数が答えていない。調査対象者 7785 人のうち、父職業については43.5%、父教育年数については 55.5% が欠損値となっている。これら二変数については、相当の欠損値が存在することを念頭に置いて分析や解釈を進める必要がある。生徒の数学学力についても、24.9% とほぼ 4 分の 1 が欠損値となっ

表9-1　分析に使用する変数の記述統計量

	平均	標準偏差	最小値	最大値	度数	欠損値の割合
父職業（国内コード）	2.97	1.71	1	8	4397	43.5%
父教育年数	12.05	2.45	9	16	3506	55.0%
数学学力	27.60	7.40	3	40	5845	24.9%
教育期待年数	13.47	1.85	9	16	7664	1.6%
学校外の数学学習	2.08	3.05	0	40	7016	9.9%
親の学習期待	7.86	1.60	2	10	7676	1.4%
数学学習意欲	15.85	2.49	5	25	7611	2.2%
日常的効用感	3.71	0.93	1	5	7675	1.4%
職業的効用感	3.28	1.02	1	5	7689	1.2%
性別（女子ダミー）	0.49	0.50	0	1	7785	0.0%

ている。なお、父の職業や学歴が欠損しているのはどのような生徒かを把握するため、欠損カテゴリも含めて数学学力の平均値を集計したところ、父職業が欠損している生徒の数学学力の平均値は27.3とほぼ平均並み（0.3ポイント低いのみ）であった。また、父学歴が欠損している生徒の数学学力の平均値は27.2（0.4ポイント低いのみ）と、いずれも学力面では平均からそれほど大きく乖離していなかった。しかし、父職や学歴を用いた分析の際は、念のためそのような生徒データの欠損が含まれることを考慮の上で検討を進める。

　教育期待年数は、13.5年が平均であり、標準偏差で1.85のばらつきがある。父の教育年数と同様、最小値は9年、最大値は16年である。学校外の数学学習は、週当たりの平均が2時間で、標準的なばらつきは3である。最小値が0であるとおり、学校外でまったく数学の塾や家庭教師を利用しない生徒がいる一方、最大で週40時間そうした学習をする生徒がいる。親の学習期待は、第3節で示した2項目の合計からなり、最大値10のうち平均が7.86とおおむね高いことが見て取れる。数学の学習意欲は、5項目の合計からなり、最大値25のうち平均が15.85となっている。日常的効用感は1項目のみからなり、5件法の最大値5のうち、平均が3.71と全般的に高いことが分かる。職業的効用感も1項目からなり、最大値5のうち平均が3.28となっている。

4.2. 教育期待のクロス集計

　表9-2は本人の期待する教育段階を、男女別にみたものである。男女ともに、高校、各種学校までを希望するものでほぼ半数となっているが、それ以降の教育段階については男女差が見られる。男子では短大、高専までが14.0%、4年生大学までが34.1%であり、女子では短大、高専までが26.0%、4年生大学までが22.7%となっている。1967-68年生まれで、SIMSが実施された1980-81年に中学1年であった世代の間では、いまだ女子は男子よりも大学への進学希望が10ポイント以上低い状況にあったことが分かる。では、女子は男子に比べて学力が低かったかというと、少なくとも数学の学力に関して、そのような傾向は見られない。表は省略するが、数学の学力平均値を男女別に計算したところ、男性が27.65点、女性27.54点で、両者の間に統計的に優位な差はなかった。

第9章　学力と学習意欲の長期的な経年変化 (2)

表9-2　本人の期待する教育段階

	中学まで	高校、各種学校まで	短大、高専まで	4年制大学まで	計
男子	2.9	49.0	14.0	34.1	100.0
	(114)	(1931)	(552)	(1343)	(3940)
女子	1.9	49.4	26.0	22.7	100.0
	(71)	(1839)	(969)	(845)	(3724)
計	2.4	49.2	19.9	28.6	100.0
	(185)	(3770)	(1521)	(2188)	(7664)

表9-3 は、父親の職業別にみた本人の教育期待である。なお、父職がパート・契約と無職の場合はカテゴリごとのケース数が少ないので解釈に若干の注意を要する。まず、父親がいずれの職業の場合も、中学までを希望する割合は小さく、大半が高校までかそれ以上の学歴を希望している。これは、冒頭で見たSSMデータを用いたグラフとも対応しており、高校進学率が人々の間で9割を超えていたこととも対応している。4年生大学を希望する割合は、父職が専門職や経営・管理職である場合にもっとも高く、4割以上となっている。次に4年制大学希望の割合が高いのは、父職が一般事務系の会社員の場合で、3割強となっている。さらに父職が一般技術系の会社員、小事業主である場合に25％前後と続き、父職が農林漁業、パート・契約、無職である場合いさらに

表9-3　父親の職業別にみた本人の教育期待

	中学まで		高校、各種学校まで		短大、高専まで		4年制大学まで		計	
専門職	0.7	(2)	30.8	(88)	21.3	(61)	47.2	(135)	100.0	(286)
経営・管理	1.7	(10)	37.7	(222)	20.4	(120)	40.2	(237)	100.0	(589)
一般事務系	2.5	(29)	46.5	(541)	17.3	(201)	33.8	(393)	100.0	(1164)
一般技術系	1.1	(11)	50.7	(489)	23.6	(227)	24.6	(237)	100.0	(964)
小事業主	1.2	(9)	50.1	(378)	22.2	(167)	26.5	(200)	100.0	(754)
農林漁業	3.5	(20)	60.9	(346)	17.1	(97)	18.5	(105)	100.0	(568)
パート・契約	4.8	(1)	61.9	(13)	9.5	(2)	23.8	(5)	100.0	(21)
無職	6.7	(2)	63.3	(19)	16.7	(5)	13.3	(4)	100.0	(30)
計	1.9	(84)	47.9	(2096)	20.1	(880)	30.1	(1316)	100.0	(4376)

注：単位はパーセント。カッコ内は度数。

低い傾向にある。

　表9-4 は、父親の学歴別にみた本人の教育期待である。なお、本章では親学歴を見る際に父学歴で統一しているが、これは冒頭の SSM データを用いた進学率、教育年数に関する図や、FIMS を用いた前章で行った分析との整合性を取るためである。母学歴でも同様の分析を行ったが、結果（クロス集計表の割合など）はおおむね変わらないことを付記しておく。父職で見た場合よりも、父学歴別に見た方が、カテゴリ間の差が顕著に出ている。とくに、4 年制大学までを希望する割合が、父が大学・短大卒の場合に 5 割以上ともっとも高くなっている。

表9-4　父親の学歴別にみた本人の教育期待

	中学まで	高校、各種学校まで	短大、高専まで	4年制大学まで	計
父中学校	2.1	60.3	18.5	19.1	100.0
		(580)	(178)	(184)	(962)
父高等学校	1.7	46.9	20.8	30.6	100.0
	(30)	(828)	(368)	(541)	(1767)
父大学・短大	0.7	23.5	20.3	55.6	100.0
	(5)	(180)	(155)	(425)	(765)
計	1.6	45.5	20.1	32.9	100.0
	(55)	(1588)	(701)	(1150)	(3494)

注：単位はパーセント。カッコ内は度数。

4.3. 父職業・父学歴別にみた主要変数の平均値

　表9-5 は、父親の職業別にみた主要変数の平均値である。まず数学学力については、父職が専門職の場合に 30.5 点、父職が無職の場合に 24.4 点と上下に若干の開きがあり、全体的なグループ間の差も有意となっている。しかし、平均からの差は上下ともに一標準偏差よりも小さく、この差はそれほど大きくないと見てよいだろう。つまり、80 年代初頭の当時、中学生の数学学力の階層間格差はあったものの、その差はそれほど大きくなかったものと考えられる。

　次に教育期待年数は、表9-3 でカテゴリ別にみた関係を連続変数として見たものであるが、父親が専門職の場合に 14.3 年ともっとも長く、無職の場合に

194

第9章　学力と学習意欲の長期的な経年変化（2）

表9-5　父親の職業別にみた主要変数の平均値

	数学学力	教育期待年数	学校外の数学学習	親の学習期待	数学学習意欲	日常的効用感	職業的効用感
専門職	30.52	14.29	2.02	8.07	16.29	3.67	3.09
経営・管理	28.33	13.97	2.14	8.06	16.03	3.71	3.17
一般事務系	27.54	13.62	2.09	7.91	15.89	3.73	3.25
一般技術系	27.45	13.42	2.05	7.79	15.89	3.73	3.32
小事業主	28.07	13.47	2.08	7.75	15.90	3.73	3.26
農林漁業	26.92	12.98	1.74	7.70	15.87	3.74	3.25
パート・契約	26.67	13.00	0.67	7.43	16.16	3.50	3.38
無職	24.43	12.67	2.08	7.57	15.83	3.77	3.27
カテゴリ間の有意差（分散分析）	***	***		***	***		*

*** $p<.001$, ** $<.01$ * $<.05$

12.7 年ともっとも短い。グループ間の差も有意である。ただし、平均からの差は上下ともに一標準偏差よりも小さく、あくまで年数として見た場合は、この差もそれほど大きくないと見ることができる。

　学校外の塾や家庭教師などの数学学習時間は、カテゴリ間で見ると若干の長短はあるものの、ほぼ平均の週2時間程度となっており、統計的に有意な差はない。つまり、80年代初頭には、父親の職業に関係なく、学校外の塾や家庭教師が色々な子どもの間で、一定程度利用されていたことが分かる。

　親の子どもの学習への期待については、父が専門職、経営・管理職であるほど若干期待が高いという傾向にあり、グループ間の有意差ではあるが、表9-1でみたように、そもそもこの期待スコアの上限値が10であるため、当時は父の職業にかかわらず、親が子どもの学習への励ましや期待を持っていたと見てよいだろう。

　数学の学習意欲についても同様で、グループ間の差は有意であるが、実質的な差は非常に小さい。1964年当時の中学2年生を対象としたFIMSを分析した本書の第8章においても、生徒の学習意欲や学習への興味が、父職によってそれほど異ならなかったことを明らかにしている。よって本結果は、80年代初頭においても、この傾向が維持されていたことを示している。

195

「数学が日常の問題を解決するのに役立つ」かという日常的効用感は、父職業の違いに寄らずほぼ一定で、統計的な有意差もない。つまり、数学が日常の問題解決に役立つという意識は、父職にかかわらず生徒の間で同程度共有されていたことが分かる。一方で、「収入の多い仕事につくためには数学を知っていることが大切」だと考える職業的効用感については、これまでの傾向と逆で、父職が専門職、経営・管理職の場合ほど、そうした意識が低いことが見てとれる。むろんこの差は大きなものではないが、父の職業階層が低いほど、勉強の実利的効用を強く意識するという傾向は、1964年のFIMSを分析した森（2016）でも明らかにされていた点である。とりわけ、FIMSの生徒質問紙の中で「自分の財産つくりや金かんじょうがよくできるようになることが、算数や数学を勉強する第一の目的です」という問いに対しては、父の職業階層や学歴が低いほど、また生徒本人の数学学力が低いほど、肯定的に答える傾向にあった。1980-81年のSIMSにおいても、若干ではあるがこの傾向が維持されていた点は興味深い。

表9-6は、父親の学歴別にみた主要変数の平均値である。まず数学学力について、父の学歴が高くなるほど、学力も高くなる傾向が分かる。ただしこれも先ほど同様、有意差はあるもののそれほど大きな差ではないと見てよいだろう。教育年数については、やはり父親が大学・短大の場合に年数が顕著に長くなっている。学校外の数学学習については、父職別に見たときとは異なり、父学歴の三カテゴリで見た場合、とくに父学歴が大学・短大である場合に若干長くなっている。つまり、子どもを週あたりどのくらい学習塾や家庭教師に行かせるかという点で、父親の職業よりも、学歴の方が影響していたことが見てとれ

表9-6　父親の学歴別にみた主要変数の平均値

	数学学力	教育期待年数	学校外の数学学習	親の学習期待	数学学習意欲	日常的効用感	職業的効用感
父中学校	27.10	13.07	1.87	7.65	15.76	3.72	3.32
父高等学校	27.80	13.59	1.89	7.89	15.95	3.73	3.25
父大学・短大	29.94	14.61	2.37	8.19	16.36	3.72	3.11
カテゴリ間の有意差（分散分析）	***	***	***	***	***		***

*** p<.001, ** <.01 * <.05

る。親の教育期待については父学歴が長いほど若干高くなる傾向にあり、数学学習意欲についても同様である。日常的効用感については表9-5と同様に生徒間の差はなく、職業的効用感についても表9-5で見たのと同様、父学歴が低いほど、勉強の実利的効用が意識されやすい傾向が見てとれる。

4.4. 主要変数間の相関係数

表9-7は、主要変数間の相関関係をみたものである。なお、父の職業は連続変数に直すことが難しいため、本表には含めていない。まず、本人の教育期待年数と相関が高いのは、父教育年数および数学学力で、前者は.285、後者は.414の相関がある。父の教育年数が高いほど本人の教育期待は高まりやすいのはこれまでと同様であるが、それ以上に生徒本人の数学学力が高い場合に、教育期待が高い傾向にあったことが分かる。なお、当時、数学学力自体が父教育年数との間にどの程度の相関を持っていたかと言えば、本分析からみる限り.134とそこまで大きくない。父学歴別の具体的な数学の学力スコアも、表9-6で見たとおりそこまで大きな差はなかった。SIMSとは数学学力のスケールや測定問題が異なるため、単純な比較はできないが、1964年のFIMSの場合、数学学力と父教育年数との間の相関は.335であった。よって少なくとも1980年代初頭には、階層と学力との関係は以前よりも弱まり、父職業には一定の影響を受けつつも、学力の高い生徒ほどより長い教育を受けることを望んでいた、と解釈できるのではないだろうか。じっさい学力の高い生徒の数学学習意欲は

表9-7　主要変数間の相関係数

	父教育年数	数学学力	教育期待年数	学校外の数学学習	親の学習期待	数学学習意欲	日常的効用感	職業的効用感
父教育年数	1.000							
数学学力	0.134 ***	1.000						
教育期待年数	0.285 ***	0.414 ***	1.000					
学校外の数学学習	0.057 ***	-0.120 ***	0.007	1.000				
親の学習期待	0.116 ***	0.066 ***	0.162 ***	0.055 ***	1.000			
数学意欲	0.079 ***	0.215 ***	0.143 ***	0.035 **	0.159 ***	1.000		
日常的有用性	0.001	0.017	0.040 ***	0.029 *	0.174 ***	0.232 ***	1.000	
職業的有用性	-0.070 ***	-0.220 ***	-0.139 ***	-0.031 **	-0.003	-0.321 ***	-0.041 ***	1.000

*** p<.001, ** <.01 * <.05

高く、意欲の高い生徒ほど教育期待が高い傾向にあったことも表9-7から見てとれる。

一方で、「数学が職業のために必要だ」という職業的効用感については、これまで見てきたのと同様に、父学歴との間に負の相関があることが分かる。また、数学学力とも負の相関をもつ。「数学ができないとよい収入の仕事につけない」というのは、とりわけ数学学力の低い、数学が苦手な生徒にとって、危機感のように感じられた意識なのかもしれない。さらに、数学への学習意欲と、この職業的効用感はマイナス.321の相関を持っており、「数学が楽しく、もっと勉強したい」という内発的な興味や意欲と、職業のために必要だという実利的な効用感が、1980年初頭にこれほど乖離していたことは注目に値する。苅谷（1995: 42）はかつて、学歴社会という社会認識が成立し、学歴と実力との乖離を問題視する見方がはびこる中で、「教育を通じて獲得される知識は、社会的に有用性をもつ専門的知識でさえない」という見方が存在したことを指摘した。数学への純粋な学問的な興味と、職業につながる実利的な有用性とが、ある種切り離されて存在していたというのは、80年代初頭の日本についての重要な発見かもしれない。

なお、学習塾や家庭教師を通じた数学の学校外学習は、数学学力と弱い負の相関があり、平均的に見れば、数学の学校外学習はどちらかというと学力の低い生徒に利用されていた傾向にあることもうかがえる。

5. 結論

本章では、1980-81年に行われた第2回国際数学教育調査（SIMS）の日本のデータを用いて、高校進学率が9割を超え、学歴社会と言われた時代を背景に、当時13歳であった生徒の学力と教育期待、および関連する教育意識がどのようなものであったのかを、父親の職業や学歴との関連も交えながら検討した。分析の結果、1980年代初頭の当時において、父職業と本人の数学学力との間には弱い相関があり、本人の教育期待の背後には父職業や本人の数学学力の一定の影響があったことが分かった。

一方で、苅谷（2001）が指摘したような、親の学歴や職業によって生徒の意

欲や興味に格差が生じやすいという「インセンティブ・ディバイド」現象は、1980年代初頭においてもそれほど顕著に観察されることはなかった。数学への興味や意欲は、父の職業や学歴と弱い関連性があったものの、全体的なばらつきは小さく、階層とはあまり関係なく共有されていた意識だと言ってよいだろう。また、数学が日常生活の問題解決に役立つという意識にも、階層差はなかった。一方で、数学の職業的な有用性については、階層や学力の低い生徒ほど強く有していたというのが本章の発見であり、これは本書の第8章が第1回国際数学教育調査（FIMS）を用いて明らかにした点とも共通している。

　全般的に見て、SIMSのデータでは学力の生徒間の格差が小さく、学習への興味・意欲や日常的な有用性といった「学ぶことの意義」は、多くの生徒にあまねく共有されていたことが分析から明らかになった。少なくとも2000年代以降から社会的に注目され、現在まで問題視されてきた学力や意欲の格差というのは、80年代初頭のデータを見る限りでは、そこまで大きくなかったと言ってよいだろう。

　本章は、1980年代初頭の日本の生徒の学力や教育意識を振り返ることを通じて、近年の格差をめぐる議論をあらためて長期的な視点から見直すための一助になるだろう。今後の課題は、本章で明らかになった傾向を、さらに1995年以降の国際数学・理科教育調査（TIMSS）のデータと接続して考えていくことである。FIMSも含め、1960年代から80年代を経て、2000年代以降に至るまでの階層と学力、意欲をめぐる経年変化を描き出せればと考えている。

　［謝辞］
　本章で使用した図の作成にあたり、2015SSM研究会データ管理委員会よりデータ利用の承認を得ました。

終　章

結論と示唆

　終章では各章の知見をまとめた上で、本書の学術的な貢献と政策的示唆について論じる。本書は日本の教育の特徴を明らかにする上で「効果」と「格差」の両方に着目し、研究者の依拠する理論的アプローチや用いる調査、分析手法等によっていかに現実のとらえ方に齟齬が生じうるかを示した。

1. 各章の知見のまとめ

　第1章では、近年の日本の教育政策における重要な転換点としての「ゆとり教育」の実施とそこからの脱却について、国内外の議論を概観した上で、データにもとづいた検証を行った。国際数学・理科教育動向調査（TIMSS）を用いて、ゆとり教育の議論があった1999年から2019年にかけての、日本の中学2年生の家庭背景と学力との関係の推移を検討した。家に本があまりない、つまり家庭の教育環境が豊かでない生徒の学力が一時期低下して学力格差が若干広がったが、近年は学力向上を重視する教育政策の影響のもとで、全体の学力水準は上昇傾向にある。しかし、家に本の多い家庭の生徒の学力も一緒に上がっているがゆえ、家庭背景による学力の格差は、1999年に比べれば開いたままの状態にある。実証データから分かる限りでは、少なくとも学力水準に関して、「脱ゆとり」の政策転換は功を奏したとみられる。一方で学習意欲の格差（すなわち意欲の全体的な水準が上昇していてもその学力間格差が狭まっていないこと）については、引き続き丁寧な検証が必要である。

　加えて第1章では、ゆとり教育と学力低下論争の含意について、教育問題のとらえ方（危機の認識）という観点から検討を行った。重要なことは、「危機」に関する言説がはびこる中で、二項対立的なものの見方にとらわれて、従来日本

201

の教育が持っていた強みまでを手放さないことである。こうした認識論は、国内外の日本の教育に対する見方の違いからも浮き彫りになることを述べた。

第2章では中学生の学校外の学習時間に注目し、その背景および効果について分析した。まず TIMSS データを用いて、学習時間と家庭背景との相関が日本を含む各国でどう異なるかを検討した結果、日本は家庭背景に関わらず中学生が宿題に一定の時間を費やす一方、通塾と家庭背景との相関は国際的に見ても高いことが分かった。

次に東京大学社会科学研究所とベネッセ教育総合研究所の共同調査である「子どもの生活と学びに関する親子調査」を用い、学習時間（宿題、自習、通塾）の背景と効果を分析した。日本では政令市・23区において他の市部や町村と比べて宿題時間が相対的に短い一方、通塾の時間が相対的に長い傾向を発見し、とくに中2〜中3時における地域差への注目の必要性を見出した。また因果効果に関して、成績に対して有意な正の影響をもつのは通塾時間である一方、宿題時間は成績に有意な差をもたらさない傾向を示した。ただし、宿題時間は授業の楽しさや教科への好感度に対しては有意な影響をもつ傾向が見られた。

第3章では家庭と学校それぞれが学力に及ぼす影響を統計的に区別するため、TIMSS データを用いたマルチレベル分析を行った。日本の学力研究では、階層的視点にもとづいて家庭背景が学力格差に及ぼす影響を検討する研究と、学校効果の視点にもとづいて望ましい成果を挙げている学校のさまざまな特徴を探る研究とが併存してきたことがこの章の分析の背景としてあった。

分析の結果、日本の中学校は学校間格差が相対的に小さく、公立中学のみに限定した場合、学校レベルの社会経済的地位が学力に及ぼす影響は統計的に有意でなくなることが分かった。また、日本の中学校では社会経済的地位の低い生徒に対しても学校の資源は相対的に均等に配分されており、学校の学業や規律・安全などの風潮も格差が小さい状況であることが分かった。このことから日本では「家庭の不利」と「学校の不利」の重なりが相対的に小さいことが推察され、学校が格差を押しとどめるメカニズムを理解する必要性が示された。

第4章では、国・私立中学への進学が生徒の進学期待と学業上の自己効力感に及ぼす影響について検討した。日本の先行研究では、私立中学へ進学する生徒の背景として多くの要因が明らかにされてきたが、実際に進学した際の効果

202

についての実証研究はいまだ少ない。TIMSS データを用いた傾向スコアによる分析の結果、国・私立中学へ進学した生徒は、公立に進学した類似の特徴をもつ生徒と比べて進学期待が高まりやすく、とくに階層の低い生徒の進学期待が高まりやすいことが分かった。また国・私立中学へ進学すると学業的な自己効力感が弱まりやすく、とくに学力の高い生徒の学業的な自己効力感が弱まりやすいことが分かった。

　第5章では公立小学校から中学受験を経て国立・私立の中学または公立中高一貫校（中等教育学校）に進学することで、本人の成績や学習意欲、学校生活への意識がどのように変化するのかをパネルデータを用いて分析した。ベネッセ教育総合研究所の「子どもの生活と学びに関する親子調査」の第1ウェーブ（2015年）から第4ウェーブ（2018年）のデータを用いて、小6から中1の間に学校の設置主体が公立からそれ以外に変化したケースに着目して分析したところ、受験による進学は生徒の学業成績・勉強時間・学習意欲に対して負の影響をもつ一方で、宿題時間や授業や学校の楽しさに対して正の影響をもつことが明らかになった。

　第6章では前章の課題につづき、中3までのより長いスパンで、中学受験による進学が生徒の学業や学校適応に及ぼす影響を検討した。昨今、中学受験のメリットは学習塾や親向けのメディアで強調されがちだが、少なくとも中学在学中の学びに関して、統計的にその正の効果は一般に思われているほど大きくない可能性が明らかになった。

　より具体的には、公立小から公立中へ進学した生徒と、公立小から私立中（国立・公立一貫校を含む）へ進学した生徒について、学校生活や学びに対する意識や行動が小6〜中3の間にどのように変化するかを成長曲線モデルで示した。私立中学に進学することの影響は、まず多面的な指標で概観すると正負のそれぞれの影響、あるいは影響がないパターンのいずれもがあった。効果の大きさは性別や成績、親学歴によって変わりうるが、私立中進学者全体で見れば正の効果はさほど大きいとは言えず、その効果は中3にかけて縮小する傾向にあった。次に学校や授業への好感度に関する変化が生じる理由を詳細に分析したところ、授業への好感度に関しては学校でのアクティブラーニング系の授業頻度や生徒の教員に対するポジティブな認識が背後で関連している可能性が示された。

203

第7章ではOECD生徒の学習到達度調査（PISA調査）の国際報告書から、家庭背景と学力の関係を示す複数の指標を取り上げ、それらの違いに言及しながら日本の位置づけを解釈した。日本の生徒の学力は国際的に見ると高水準で、得点の低い生徒の割合も低い。社会経済的背景（ESCS）と学力の関係も、PISA調査の国際報告書によれば望ましい部類に入っている。一方で指標や教科によっては、日本でESCSの差が学力に大きく影響を与える場合もあることが確認された。

　このように複数の指標を用いて多角的に家庭背景と学力の関係を検討することで、なぜ研究者によって格差の実態のとらえ方が異なるのか、その理由の一端が見えてくる。たとえば日本の学力水準が全体的に上がっている中で、不利な家庭背景の生徒が有利な生徒を「逆転」する可能性が11 〜 13%台（OECD最大でも15 〜 16%台）であることをどこまで問題視すべきかについては、他国の状況（例：家庭背景による差を学力に直結させないような「不平等に抗う仕組み」がどの程度実現されているか）にも目配りしながら注意深く検討していく必要がある。

　第8章では、1964年に行われた第1回国際数学教育調査（FIMS）の日本のデータを用いて、急速な教育拡大期を背景に、当時の中学2年の生徒の学力と教育意識がどのようなものであったのかを検討した。分析の結果、本人の学力と教育期待に対しては、父親の職業と学歴が一定の強い規定力を持っていたことが確認された。一方で、本人の学習や学歴に対するさまざまな教育意識には、父職業や父学歴による差がそれほど顕著に見られなかった。教育拡大の最中にあった64年当時、学習への内発的興味や努力主義が、中学段階のあらゆる社会階層の生徒に普遍的に行き渡っていたという点は本章の重要な知見である。

　また、当時の日本の中学2年の生徒の間では、階層や学力が低い生徒ほど、学習内容や学歴自体の実利的な「有用性」を強く意識する傾向にあり、そしてそうした生徒ほど、長い教育を求めない傾向にあることが示された。一方で、比較的階層や学力の高い生徒の間では、学習の「実利的・日常的な有用性」に対する意識は相対的に低く、むしろ「勉強それ自体への興味や楽しさ」がより高い教育期待と結びついていた。

　第9章では、1980-81年に行われた第2回国際数学教育調査（SIMS）の日本のデータを用いて、高校進学率が9割を超え、学歴社会と言われた時代を背景

に、当時13歳であった生徒の学力と教育期待、および関連する教育意識がどのようなものであったのかを検討した。分析の結果、1980年代当時、父職業や父学歴と、本人の数学学力との間には弱い相関があり、本人の教育期待の背後には父職業や本人の数学学力の一定の影響があったことが分かった。

一方で、苅谷 (2001) が指摘したような、親の学歴や職業によって生徒の意欲や興味に格差が生じやすいという「インセンティブ・ディバイド」現象は、1980年代初期においてそれほど顕著に観察されることはなかった。数学への興味や意欲は、父の職業や学歴と弱い関連性があったものの、全体的なばらつきは小さく、階層とはあまり関係なく共有されていた意識であった。また、数学が日常生活の問題解決に役立つという意識にも、階層差はなかった。全般的に見て、SIMS のデータでは学力の階層格差が小さく、学習への意欲・興味や日常的な有用性といった「学ぶことの意義」が多くの生徒にあまねく共有されていたことが示された。少なくとも2000年代以降から社会的に注目され、現在まで問題視されてきた学力や意欲の格差は、80年代初頭のデータを見る限りでは、そこまで大きくなかったことが見いだされた。

2. 日本の教育システムと学力・学習意欲の格差

この節では、本書の分析から明らかになった知見と先行研究をふまえ、日本の義務教育段階の教育システムにおける学力や学習意欲の格差について考察する。

本書の第1章や第7章で示した通り、日本の教育システムは、国際的に見たときに高い学力水準を維持しており、家庭背景が異なる生徒に対しても、学校が一定の学力水準を担保している。とくに第1章では、家庭の蔵書数に関係なく、2011年から2019年に中学2年生の平均的な数学学力が向上したことを示し、この背後には「脱ゆとり」の教育政策のもとで、学校が授業時間を増加させたことが一因にあると論じた。こうした状況は、かつて「ゆとり教育」政策のもとで、公立学校の下支え機能が弱くなったことが指摘された状況 (苅谷ほか2002) とは明らかに異なっている。同じく第1章の TIMSS データを用いた分析によれば、中学2年生全体の数学の学力水準は1999年よりも2019年の方

が高くなっていた。とくに、最も蔵書数の少ない（0～10冊の）生徒群の平均学力については、この20年の間にいったん低下したものの、2019年には1999年と同水準まで回復していることが示された。一方で、蔵書数がより多い（0～10冊以外の）生徒群の学力がいずれも1999年より2019年時点で高くなっているため、全体としての格差は以前よりも広がっている。これはすなわち、絶対的な学力水準が向上しつつも、家庭背景による相対的な格差が広がっているという状況である。

この分析が示唆するのは、学力の「水準」と「格差」をいったん区別してとらえるべきだという点である[1]。むろん、家庭の社会経済的背景による相対的な学力格差を今以上に縮小すべきだという点に異論はない。しかし、現に社会経済的に最も不利な層の絶対的な学力水準が維持されていても、より有利な層の学力が同時に上昇することによって相対的な差が広がっているという現象を、われわれはどう見なしたらよいのか。たとえば、小6の中学受験の準備段階におけるSES上位層の勉強時間や学力の伸びは、学校がいくら下支えを頑張っても縮めることが難しい「上への差」であり、こうした差は公立学校が十分に役割を果たしていても生じうる。学力格差を語る際、学力の水準を抜きにして相対的な差だけを見ている限り、学校の役割は家庭背景による差の陰に隠れて見えにくくなる。とりわけ教員の多忙化や勤務環境の改善が指摘されている昨今の状況下において、義務教育段階の生徒の学力が高水準で維持されていること自体は、日本の教育システムの強みとして正当に評価されねばならない。この全体的な底上げという成果の背後には、学校や教員の地道な貢献があることが認識されるべきである。

日本の義務教育段階の教育システムの特徴としてもう一つ重要なのは、第3章で示したように、中学段階までの学校間の学力格差が国際的に見て比較的小さいという点である。この点は、国内の先行研究の知見とも合致する（川口2009、垂見2014b）。この背景には、戦後の日本の教育システムが、教員の広域人事制度や指導内容の全国的な統一、教育資源の平等な配分といった教育の標準化を進めたことがある（苅谷2009）。Alexander（2016）は、米国のコールマン報告から続いてきた学力の形成要因に関する議論について、家族と学校の影響を分けて分析する試みには限界があり、家族、地域、学校が重なり合って子ど

もの学力に影響を与えると主張している。とくに、貧困地域に住む子どもたちが三重に不利な状況に置かれることが学力向上を阻む大きな要因であるというが、この点で日本の義務教育段階では、家庭の不利と学校の不利が顕著に重なることが少ない。このように、学校間や地域間の経済的な差が教育機会に影響を与えないようにする取り組みは、今後も日本が教育システムの強みを維持する上で重要である。

　むろん、第2章で示した通り、日本の教育システムにおいては、学校が大多数の生徒に一定の学力水準を保証する一方で、学習塾などの学校外教育が格差に影響を与える余地がある。先行研究でも Matsuoka (2018) が、日本の義務教育が平等主義的である一方、塾や家庭教師などの「影の教育」における不平等が存在することを指摘している。さらに、日本では高校段階の学校間格差が大きく、高校進学の段階で家庭背景による格差がより顕在化することが指摘されている (LeTendre 1994、多喜 2010、藤原 2012、垂見 2019、松岡 2019)。

　こうした標準化と差異化のせめぎ合いは、以下のような国際比較研究の知見とも合致する。多国間の学力調査データを用いた分析によれば、標準化された教育システムでは、家庭の社会経済的背景による学力格差が小さいという (Van de Werfhorst & Mijs 2010、Bodovski et al. 2020)。しかしながら、他方で標準化されたシステムの下でも、裕福な家庭が子どもを有利な環境に置くことで、進学や学外教育機会における格差が維持されることが指摘されている (Triventi et al. 2020、Traini 2022)。こうした知見は、標準化と競争が並存する日本の教育システムに対しても重要な視点を提供している。

　したがって、日本の教育システムのどの側面や時点で平等が保たれ、どこで格差が拡大しやすいのかを、今後も丁寧に論じていく必要がある。たとえば本書の第2章では、中学1～2年時の学習時間（宿題、自習、通塾の総計）には差が出にくい一方で、中学3年時に通塾による差が出やすいことを示した。これは学習時間についての知見であるが、学力に関しては学年段階が上がるほどに拡大する傾向にあることがこれまでにも示されており（中西 2017、中村 2019a）、さらにその経時的なメカニズムについての解明も進みつつある（数実 2017）。また、本書の第2章では学習時間の構造が地域によっても異なり、都市規模が大きくなるほど中3時の通塾時間の割合が大きい一方、都市規模が小さいほど宿題時

間の割合が大きいことを示した。学習時間だけでなく、学力や進学に関しても地域によって影響する要因やプロセスが異なることはこれまでにも示されている（耳塚 2007、有海 2011 など）。とくに耳塚（2007）は学力格差の形成が地域的背景によって異なることを示し、都市部では家庭の経済的・文化的要因が学力に与える影響が地方都市よりも顕著であることを明らかにしている。

　また、本書の第 1 章や第 8 章、第 9 章の知見を接合することにより長期的な経年変化の視点からみると、現在の日本では 80 年代までと比べて、学力と学習意欲の両面で家庭の SES による差が出やすい状況にあることも示唆された。近年、社会経済的背景による学力格差が拡大している傾向は、日本に限らず国際的な傾向であることも指摘されている（Chmielewski 2019）。今後はこうした大局的な視点もふまえつつ、現代の日本における学力や学習意欲の格差について検討する必要がある。さらに、第 7 章で示したように、家庭の社会経済的背景による「格差」の示し方にはいくつもの方法があり、用いる SES 指標や分析手法によって、格差の見え方は異なる[2]。このように「格差」の定義や概念を吟味し、多面的に測定することも必要である。

3. 効果研究の課題

3.1.「教育の効果」の種類

　前節で述べたように、学力や学習意欲の「格差」メカニズムの解明が進む中で、教育の「効果」に関する理論枠組みの構築はいまだ発展途上にある。本節では、学校教育を含む教育の効果とは何であり、それをどのように測定すべきかについて、本書の知見や先行研究をもとに整理する。教育の効果を理論的に示し、実証的に測定するためには、まず教育の効果という概念について精緻な理解が必要である。そのために本書では、教育の効果を以下の 4 つの種類に分けて考えることが有効であると提案したい。

① 政策やプログラムの効果 (Policy-specific effects)

　学校内外で、特定の教育政策や介入プログラムが生徒の学力やその他の成果に与える影響を指す。本書で行った検証は、宿題や通塾の効果がそれにあたる。

先行研究では、学習方略の影響（須藤 2010）、習熟度別指導の影響（須藤 2013）、学級規模の効果（中西・耳塚 2019）、学習時間や宿題の効果（耳塚・中西 2021）などがその一例である。効果の対象が明確で測定可能であり、近年では統計的因果推論にもとづく手法を用いて検証されることも多い。

② 教師の効果（Teacher effects）

教師個人の指導能力や授業方法、生徒との関わり方が生徒の学力や学習意欲などに与える影響を指す。本書では第 6 章で尊敬できる教師の影響に触れたほか、先行研究では授業方法の影響（山田 2004、須藤 2007、鳶島 2015、前馬 2016）、社会的マイノリティの子どもと向き合う教員文化（中村 2019b）、教師からの承認や分かるまで教える指導の効果（岡部 2021）、教師の同僚性の構築（原田 2021）といった研究がここに入る。なお、教育の効果に関するメタ分析の結果をまとめた海外の研究によれば、学力や学習に対するさまざまな影響のうち、教師の影響が大きいとされている（ハッティ著＝山森訳 2018）。

③ 学校の効果（School effects）

学校間の比較により、特定の学校に通うことが生徒の学力や学習に与える影響を指す。学校の教育資源や設備、カリキュラム、学校や学級の文化、教師の質、同級生の影響など、上述の①と②の要因も含んだ学校全体の包括的な影響をみる研究がここに位置づけられる。日本の先行研究では、「効果のある学校」研究（鍋島 2003、川口・前馬 2007、志水編 2009）や学力保障のための学校の取り組み（若槻・知念編 2019）、学力格差克服に向けた学校の取り組み（耳塚・浜野・冨士原編 2021）などがこのカテゴリに入る。個別の学校だけでなく、学校の集まりとして形成される公立・私立といった学校セクターやトラッキングの影響をここに含める場合、本書の分析のうち、第 4 章〜第 6 章の私立学校の効果に関する研究がここに入る。

④ 学校制度の効果（Schooling effects）

個々の学校間の差異をこえて、学校教育全体が学力や社会に与える影響を指す。上述の③との違いは、特定の学校ではなく、教育制度そのものの影響に焦

点を当てる点にある。本書において、日本の義務教育制度が国際的に見て高い学力水準を保障しているといった視点は、これに近い。この4番目の視点は、米国の教育社会学で一定の研究蓄積のあるSeasonal Comparison（季節による比較）の研究とも関連する。米国でHeyns (1978) に始まり、Entwistle & Alexander (1992) などの研究を経て、Downey et al. (2004) が浮き彫りにしたのは、学校がない夏季休業中という状況と対比した際の、学期中に学校制度があること自体の意味であった。Downey et al. (2004) は、学校期間中は学力が均一に成長する一方、学校のない期間には家庭環境などの影響で格差が広がるとし、学校は格差を生むのではなく抑制する役割を果たしていると論じた。

　以上のように、一口に教育の効果と言っても、異なるレベルの効果がありうる。以下では、具体的に教育の効果を測定する上で必要となる検討点をさらに整理する。

3.2. 調査データの性質と研究手法の進展

　教育の効果の測定方法は、調査データの性質や分析手法の進展とも関連している。たとえば本書の第3章で採用したマルチレベル分析を用いた手法は、学校単位と生徒単位など、入れ子状になったデータに適用可能であり、学校の影響と家庭の影響を切り分けて分析するのに適している（Raudenbush & Byrk 2002）。国内の先行研究でも、川口 (2009) や多喜 (2010) がこの手法を用いている[3]。こうした分析を行う際、本書の第3章で課題として残ったのが、学校の教育実践のような比較的変化しやすい学校の要因が、果たして学力に影響を及ぼす独立変数であるのか、それとも学校のもともとの学力水準を受けて形成される側面もあるのかという点である。この点で、質的調査を用いた学校の効果に関する研究と比べ、一時点の質問紙調査のデータを用いた計量的な研究は、たとえ分析手法を工夫したとしても因果関係の識別が難しいことが生じうる。学校の効果を分析する上で、二時点以上のデータがあることが望ましいことは、川口・前馬 (2007) がすでに指摘した通りであり、本書でもその点を強調したい。同様に、近年はトラッキングの実質的な効果を因果的に推定するためには、生徒の事前の学力 (prior achievement) に関する情報の考慮が不可欠だとされている（Esser 2016）。数実 (2017) がパネル調査データを用いて適用した双方向の因

終　章　結論と示唆

果関係を識別する分析手法も、こうした手法の進展に含まれる。

　また、統計的因果推論（Schneider et al. 2007）の考え方は、教育の効果をとらえる上で有効とされる一つの視点である。ランダム化比較実験の枠組みを参考にしつつ、実際には実験を行わない調査データに対して、疑似的な実験手法を適用して教育の因果効果を明らかにする方法が、近年までに大きく発展してきた。疫学や統計学、経済学や社会学といった複数の分野でこうした研究手法への探求が進んだ結果、教育を対象とした分析においても、政策や実践の効果を厳密に評価し、その成果をエビデンスとして活用するといった機運が一部で進んでいる。

　教育の効果をとらえる上で、統計的因果推論の手法が重要とされる理由は、こうした枠組みのもとで純粋な比較対象を統計的に構築し、これまで見えにくかった正味の（実質的な）因果効果を評価できる点にある。こうしたモデルは、単に統計分析上の特殊な技巧であるというよりも、教育の「効果」をどのように概念化し、とらえるかという点で重要な試みである。たとえば本書の第4章では、私立中学への進学の効果をこの枠組みのもとで検討した。このように、社会経済的に恵まれた家庭の生徒が選抜された後に受ける教育の影響については、経済学の分野でも研究されている。一例として、「自然実験」の考えに大きく貢献したとされるヨシュア・アングリストを共著者に含む論文では、米国の都市部のエリート校の因果効果を回帰不連続デザインで分析し、エリート校への進学が学力や大学進学に与える効果は限定的であると結論づけている（Abdulkadiroğlu et al. 2014）。これにより、学校選択が教育成果を大きく左右するという「エリート校神話」には疑問が投げかけられている。

　むろん、こうした手法に対しては、割り当てが完全にランダムでない場合に交絡因子の影響が残る可能性があることや、結果が特定の状況や集団に限定され、他の文脈に適用できるとは限らないといった批判はありうる。しかしこうした研究の視角は、これまで直感的に信じられてきた関係性や常識を再考する契機となる。また、こうした手法を用いることで、「似た条件同士での比較」が具体的にどのような意味を持つのかを理解しやすくなる。

　むろん、従来の回帰分析も、共変量を統制して条件をそろえるという意味では、因果関係の探求に十分貢献してきた。データの性質によっては、実際に統

211

計的因果推論を適用した分析と、重回帰分析を行った分析との間で、結果に大きな齟齬が見られない場合もありうる。ただし、前者において特徴的なのが、より意識的に、処置群と統制群を設定する点である。さらに言えば、因果推論を行うための複数の手法間で、想定する比較対象は異なっている。本書の第4章〜第6章で用いた各手法の比較対象を整理すると、次のようになる。

- 傾向スコアマッチング：処置を受けたグループと受けていないグループの比較
- 固定効果モデル：変化前と変化後の同じ個人の状態の比較
- 成長曲線モデル：時間に伴う成長パターンのグループ間での比較

　このように、観察データにもとづくそれぞれの手法は、異なる視点から因果推論を補完する役割を果たす。教育効果の測定においては、比較基準により効果や格差の解釈が変わりうるが、さまざまな手法の特徴や限界をふまえた上で、教育の効果を多角的にとらえることが重要である。

3.3. エビデンスにもとづく効果研究への批判

　教育の分野においてエビデンスにもとづく政策や実践が適用されることの危うさや課題については、国内外でさまざまに指摘がなされてきた。たとえば石井 (2015) は、教育は単純な因果モデルに還元できないプロセスであり、学校や教師の実践的な判断を支えるためには、技術的な知識とともに、教師自身の経験や質的研究の知識も重要であると論じている。とりわけ、外部の評価指標や画一的な教育目標が優先されることで、教師が主体的に判断する余地が減り、教育実践が形式化・空洞化するリスクは避けねばならないだろう。西野 (2024) も米国の事例をもとに、「教師の効果」を測定する際、可視化しやすい学力テストの指標だけで効果をとらえることの問題点を指摘している。また知念 (2019) は、「エビデンスに基づく」教育改革の重要性が指摘される中で、統計的に処理した結果は、学校の置かれた社会的文脈の影響をそぎ落とす傾向にあるとしている。

　このように、教育の効果研究の知見を現実社会に適用する上では、ランダム化比較実験の発想に依拠した研究の有用性を認めつつ、それだけに依存しない

議論を進めていく必要がある。その上で、数値化しにくい側面や未測定のアウトカムを見逃さず、質的研究の知見もふまえて、教育実践の多様な側面を分析することが必要である。本書の第4章〜第6章で論じた私立中学の効果についても、複数の従属変数について多角的な分析を重ねた背後には、そのような意図があった[4]。

3.4. 効果測定における文脈の重要性

教育の効果は条件や文脈に依存し、家庭の社会経済的背景や学校、地域の文脈によってもその影響は異なりうる。こうした点への検証はこれまでにも多く積み重ねられてきたが、とくに社会科学における因果推論を論じる上で、石田浩は効果の異質性に着目することの重要性を指摘した。石田によれば、「対象となるすべての人間・集団に共通する普遍的な因果効果を推定するのか、必ずしも普遍的にすべてに共通のものではなく、集団間での違い（異質性、多様性）のあることを認めるのか」が、結果を解釈する上で異なる立場を生むという（石田 2012: 11）。この意味で、教育の格差と効果を考える際、SESの低い層と高い層の生徒の間で、教育の効果が異なる可能性がある、という視点を持っておくことは有効である。

Raudenbush & Eschmann（2015）によれば、とくに子どもの年齢が低い場合、家庭と学校の指導環境の違いは、高SESの子どもよりも低SESの子どもにおいて顕著である。この意味で、学校教育が社会における平等化を担保する根拠となる。ただし、指導の恩恵を受けられるかどうかは、生徒自身の習熟度（スキル）にも依存するという。そして、子どもたちが成長するにつれてスキルの差が広がりやすくなり、高SESの生徒は学校教育から一層多くの恩恵を受ける傾向が見られることから、結果的に学校教育が不平等を拡大する要因になり得るともしている。

Raudenbushらはこのような知見から、学校教育が、とくに人生の初期において、強力な平等化の力となりうると示唆している。その上で、「不利な立場にある生徒に対して、綿密に計画された指導や熟練した教師、そして効果的に学校を運営するための協力的な取り組みが、学校が社会において平等化の役割を果たす能力を高めるだろう」（Raudenbush & Eschmann 2015: 466）と述べている。

こうした効果の異質性に関する視点は、国や地域レベルでも適用可能である。コールマン報告がかつて家庭背景の影響を重視し、学校資源の改善のみでは格差解消が難しいとした点に対し、Heyneman & Loxley (1983) は、低所得国では学校の資源や教師の質が生徒の学力に与える影響が、家庭背景よりも大きいことを示した。つまり、教育の効果が一律ではなく、社会的・経済的文脈によって異なることを示したのである。この視点は、コールマン報告が家庭背景の影響を一般化しがちであった点に対する補完として位置づけられる。すなわち、ハイネマンとロックスリーによる報告は、学校が平等化の役割を果たす可能性が国や状況に応じて異なることを明らかにし、教育政策の文脈依存的な性質を強調したと言える。

3.5. 効果が「ない」（または小さい）ことの重要性

教育の効果を分析する際、思われたほどの効果がない場合も、それ自体が意味をもつこともありうる。たとえば先述の4つの効果のタイプに照らせば、①～③の学校や実践の効果が小さくても、④の学校制度の効果が大きいといった議論は成り立ちうる。とくに標準化された日本の小学校教育において、すべての生徒に平等な処遇を行った結果、生徒間や学校間の差があまり観察されない場合であっても、全体の学力や非認知スキルが上昇するなど、教育システム全体に正の効果がある場合は、効果の小ささを必ずしもネガティブにとらえる必要はない。それはむしろ、「差がついていない」（格差が小さい）ということでもある。また、仮に私立学校の効果が限定的であるという示唆が得られた場合、公立を含めた日本の教育システムが一定の平等性を持っていることを評価する契機にもなる。さらに、社会経済的背景の厳しい学校において、たとえ熱心な教育が行われても効果が出ない場合もありうる（高田 2016）が、こうした場合は、第3章の先行研究で挙げた社会経済的背景の影響を考慮した上での学校効果の測定（タイプB効果）が意味をもつ例であるかもしれない。

4. 示唆と提言

教育社会学において、格差と効果をめぐる統合的な理解は依然として大きな

課題である。日本の教育研究では、教育格差を明らかにしそのメカニズムを分析する葛藤理論の視点[5]と、教育の社会的役割やシステムの効果を評価する機能主義の視点[6]とが並立してきた。しかし、これらは対立的なものではなく、補完的な視点としてとらえるべきである。社会の不平等を批判的にとらえつつ、教育システムが果たしている役割やその成果を評価するためには、これらの視点を統合する努力が不可欠である。

　今後、仮に社会の格差が今以上に広がった場合、学校にはさらなる不平等是正の役割が求められる。そのため、学校の使命の大きさを認識し、その役割を果たすために政策的支援を強化する必要がある。本書では、以下の三つの視点から具体的な方向性を提案する。

4.1. 格差を縮小するための取り組みを進めること

　前節の Raudenbush & Eschmann（2015）も指摘しているように、人生の初期において、学校教育が社会における平等化に貢献する余地が大きい。国内外の研究によれば、学力格差は小学校入学以前から生じているとされる。よって就学前の段階から、とくに困難を抱える子どもや家庭に対して、不足している資源を補う仕組みの整備が必要である。この際、家庭の社会経済的背景が、生徒の学力が進学におよぼすプロセスや経路を十分に理解するために、量的研究と質的研究を統合したアプローチが有効である。また、本書で示した教育効果研究の枠組みを活用し、たとえば成長曲線モデルを用いて生徒の学力の「伸び」に影響を与える要因を解明することを通じ、現実の改善に向けた効果的な介入策を探る学術的な取り組みが可能だろう。この際に、「誰にとって、どのような社会的な文脈のもとで」ある介入策がより効果的になりうるかといった、効果の異質性や社会的文脈を考慮した計量分析が有効となろう。

　また学校教育が格差の縮小機能をさらに高めるには、教育資源の効果的な配分が欠かせない。日本の公立学校では生徒の社会経済的背景による教員配置の差が小さい一方で、不利な生徒に対して質の高い教員を意図的に配置するような政策が日本以上に進んでいる国もあるとされる（Akiba et al. 2007）。今後は日本の教育システムが維持してきた従来の平等性（苅谷 2009）の強みを維持しつつ、さらに家庭背景の影響を緩和するための公正（Equity）の視点を含む政策が求め

られる。具体的には、とくに困難な生徒を多く抱える学校に対して追加の人員配置を行い、生徒が集中して学習できる環境を整えるといった政策がありうる。こうした学校を特定する上では、全国レベルの量的調査の丁寧な分析が意味をもつ。

4.2. 全員が安心して通える公立学校制度を維持すること

前項のように困難を抱える生徒や学校に対してはもちろん、学校教育全体が社会を支える役割を評価し、教員が力を十分に発揮できるよう、国や自治体、学校の各レベルで、環境改善や支援をさらに進めることが必要である。今後も日本の義務教育段階の学校が、今まで通りの高い学力水準を維持するためには、家庭が持ち込む格差を縮小する責務を学校だけに押しつけることは適切ではない。たとえば、教育効果のメタ分析において効果が高いと言われる教員の生徒に対する丁寧なフィードバック（ハッティ著＝山森訳 2018）を行うためには、教員の時間的かつ精神的な余裕が不可欠である。しかしながら、現在は学習指導要領で求められる指導内容は多く、それ以外の事務的な業務負担を含めて、教員に多くの負担がかかっている（神林 2017）。

学校が平等化装置としての役割を果たすためには、教育現場の負担を軽減し、教員が専門職としての力を十分に発揮できる環境を整えることが急務である[7]。日本の教員による教科指導のあり方は、第 1 章で見たようにかつて海外から称賛され、高く評価されていた。一方で近年の国内のメディア等での言説では、教職の専門性に言及するものはほとんどなく、教員を単なる労働者として見る向きが多い。日本の学校教育や教職員による貢献は、見えにくいが、適切に評価されるべきである。近年では小松・ラプリー（2021）が『日本の教育はダメじゃない』と題した著書でそのような発信をしているが、実際のデータがこうした言説を指示する側面があるならば、研究者は格差メカニズムの解明や発信とともに、そうした側面についても事実の解明と発信を行うことが必要である。そのように言説のバランスをとることが、教員が誇りを持って働ける環境を整える上で一つの機運につながるのではないかと考える。

終　章　結論と示唆

4.3. 家庭の不利と学校の不利を重ねないこと

　学校が家庭の不利をそのまま背負い込む状況を避けるため、さらに社会全体で考えるべき論点がある。耳塚（2007）は、私立中学校や塾といった「脱出先」の存在が学力格差を固定化し、拡大する要因となっていることをかつて指摘した。とくに大都市圏では、家庭の経済力や教育投資が格差を生む構造があることが明らかにされ、こうした指摘は本書の知見とも合致する。たとえば私立中学に関しては、現状で「効果」がそこまで大きくないとしても、現状では都内の23区内の一部の地域で、かなり私立中進学率の高い状況がある。こうした偏りが今以上に進めば、Alexander（2016）が米国の事例をもとに懸念した学校・家庭・地域の不利の重なりが大きい状態になりかねない。それは、その地域に住むすべての成員にとって、望ましいことではないだろう。

　こうした状況を改善するには、私立学校や塾への過度な依存を減らし、公立学校の質を一層充実させることへの社会的な合意が必要である。必要なのは、行政や学校だけでなく、保護者も含めた社会全体が協力して、よりよい公教育のあり方を考え、維持することである[8]。

　上記の点に加えて、教育と社会の接続や研究者の社会的な役割を考える上で、もう2点を述べたい。

4.4. スキルを適切に評価すること

　本書で日本の生徒の学力水準が高いことを繰り返し論じたが、これはOECDの国際成人力調査（Programme for the International Assessment of Adult Competences: PIACC）の結果を見ても同様である。2011年と2022年に実施された過去2回のPIACC調査において、日本の16〜65歳の成人は世界的に見ても高いスキル（読解力、数学的思考力、問題解決能力）を維持しており、これは16〜24歳の若年層に限っても同様である。また日本では、高等教育を受けた成人とそうでない成人の間でスキルの差が国際的に見たときに比較的小さく、大学の学位を持たない人々のスキルが一部の国の大卒者の平均よりも高いとされる（OECD 2024a: 13-15）。

　PIACC調査の詳細な分析によれば、スキルが高いこと自体は、学歴の高さとは独立して、経済的地位に一定の影響をもつ（Araki 2020）。しかしながら、

217

日本では学力の高い水準を維持しつつも、社会や労働市場においてそのスキルが十分に活かされていないという課題が指摘されている（OECD 2024b）。

とくにデジタル関連やチームワーク、リーダーシップ等のスキルの不足や、最終学歴の学問分野が現在の仕事に直結していないことによるスキルのミスマッチが生じているとされる（OECD 2024b: 7）。少子高齢化が進む中で、学歴だけでなくスキル自体の価値を適切に評価し、社会全体で効率的に人材を活用する仕組みを整えることが必要である。

4.5. 研究者のスタンスと責務について

教育分野の研究者は、分野内外の分断やパラダイムの断絶を乗り越え、協力して現実の社会問題に向き合うべきである。一方で教育システムが社会の安定や秩序を支える役割を正確に認識し、その強みを明らかにしながら知見を発信する責務がある。他方で、教育システムのどこで不平等や排除などの葛藤が生じているかを明らかにし、その対処について講じていく必要がある。これらはよりよい社会を築くための両輪である。

科学的方法にもとづく研究は社会の認識や議論を前進させる力を持つ。今後も本書で示したような日本の教育の強みを失わないためには、国際比較を含めて日本の教育の長所を見つめ直し、それを維持・発展させる方策を考えることが必要である。たとえば、現在の国内の議論では、教育格差に関する指摘が重要な役割を果たしている一方で、日本の教育の問題点を過度に強調する言説が人々のあきらめを助長し、システムのもつポジティブな側面を見過ごしてしまう傾向がないだろうか。現在の日本の学校や教員は、その負担や努力に比して、その貢献が正当に評価されていない。日々の学校や教育システムの貢献を適切に評価し、その価値を社会に伝えることで、人々の公教育への信頼を高め、それを公的に支える機運を高めていくことができるだろう。

5. 限界と展望

本書では、国際学力調査やパネル調査のデータを活用し、学力スコアや豊富な背景変数、国際比較や経年変化が分析可能な調査設計といった強みを生かし

た研究を展開した。しかし、国際比較においては指標の意味や測定方法の違いが依然として課題であり、日本の教育システムの位置づけを明らかにすることを主目的とする本書でも、この点を十分に解決できているわけではない。また、日本以外の他国の結果について、なぜそのような結果になるのかを文脈的に考察する余地があり、多国間のより厳密な比較研究は今後の課題である。

　国際学力調査には強みだけでなく、むろん限界も存在する。たとえば、一時点のデータであるために「効果」の探求には限界がある。この点については、本書で国内のパネル調査を用いることで一定の補完を試みた。また、たとえば高校段階の国際学力調査を用いて日本の教育の特徴を論じる場合、少数ではあるが、高校に進学しない生徒が母集団に含まれず、また不登校の生徒や特別支援教育のニーズを持つ生徒、外国籍の不就学の子どもなどを十分に捕捉できないという問題もある。調査から漏れる集団への配慮が不十分である点は、各国の特徴を評価する際に留意すべき点である。また今後の日本の教育や社会を考える上でも、こうした集団に焦点を当てた研究は欠かせないであろう。

　さらに、国際比較というくくりで日本の教育をみることに対して、日本国内の地域差の方が重要ではないかという意見がありうる。それは、関心をもつ事象の単位や文脈によってはもっともな意見である。しかし同時に、「日本」という単位や文脈だからこそ見える（あるいは、逆にそうでないと見えない）知見があることも事実である。われわれは結局のところ、何らかの意味での「比較」を通してこそ物事をよりよく認識できるのであり、本書では日本の教育という文脈を、国際比較や経年変化を交えて明らかにしようとしたことを強調しておきたい。

注
1) これまでの学力研究においても、一定以上の学力水準に達しているかどうかを「通過率」という概念で示した上で学力格差を解明する試みも行われてきた。
2) 本書内でも、章によって用いる調査データが異なることから、SES関連の指標の定義や構成方法は一貫していない。
3) ただし多喜 (2010) は「効果」という視点でなく、不平等という視点から社会経済的背景が学力におよぼす影響を分析している。

219

4) ただし、本書の分析は私立中学在学中の学習時間や学業意識、学校適応面での効果に限られ、学力や大学進学をアウトカムとした分析は今後の課題である。むろん、私立学校への進学がよりよい地位達成につながる可能性があるという研究の知見（西丸 2008、濱本 2021）もあり、こうしたアウトカムに関しては今後因果推論の枠組みを適用することなどを通じ、さらに探求を深めていく必要がある。

5) 葛藤理論とは、カール・マルクスに端を発し、階級や社会階層、身分集団ほかさまざまな集団間の葛藤に焦点をあてた理論である。機能主義と異なり、社会の不平等を暴露や告発することを通じ、社会変革への行動や主張を行う学者もこれまでに存在してきた。近年の日本の教育格差をめぐる多くの研究の根底にあるのも、このアプローチであると言える。

　　クーン（Kuhn, T. S.）によれば、「パラダイム」とは「一般に認められた科学的業績で、一時期の間、専門家に対して問い方や答え方のモデルを与えるもの」である。それは、科学者たちが世界を見る一般的な方法であり、どんな研究テーマをとりあげるべきか（問い方）、どのような種類の理論が受容されるか（答え方）を指示する基本的な枠組である」（柴野・菊池・竹内 1992: 5）。

6) 機能主義の考えは、教育が社会の安定やシステムの維持に寄与し、学んだ教育の中身が機能的かつ実質的に将来の地位や達成に寄与するという見方をとる。機能主義に対しては社会の成員間の価値の一致を前提とするため、後述する葛藤理論的な見方に比べると過度に調和的で楽観的であるという批判もある。

　　教育社会学のパラダイムは、この機能主義から始まり、人的資本の経済理論、方法的実証主義、教育の葛藤理論、教育研究における相互作用主義といったように、いくつかの学派や思想の伝統に分けられることがこれまでに整理されてきた（カラベル・ハルゼー編 1980、柴野・菊池・竹内 1992: 8）。

7) こうした状況を改善するには、教育現場における人員の増加や支援体制の強化、業務量の削減が必要である。現在でも、たとえば「学校をプラットフォームとした総合的な子供の貧困対策の推進」のもとでスクールソーシャルワーカーの配置などが進んでいるが、今後も教員の負担が真に軽減されるような対策が必要である。

8) ここで言う「公教育」には私立学校も含まれる。現行の私立学校法は、私立学校の特性や自主性を尊重しつつ、公共性を高めることを掲げている。私立学校は、建学の精神や独自の校風を存立理由とする一方で、公教育の一翼を担うものとして「公の性質」（教育基本法第6条第1項）を有するとされている。

参考文献

【日本語文献】

相澤真一, 2011,「教育アスピレーションからみる現代日本の教育の格差——趨勢変化と国際比較を通じて」石田浩・近藤博之・中尾啓子編『現代の階層社会2——階層と移動の構造』東京大学出版会, 123-137.

赤林英雄・直井道生・敷島千鶴編, 2016,『学力・心理・家庭環境の経済分析——全国小中学生の追跡調査から見えてきたもの』有斐閣.

荒牧草平, 2000,「教育機会の格差は縮小したか——教育環境の変化と出身階層間格差」近藤博之編『日本の階層システム3——戦後日本の教育社会』東京大学出版会, 15-35.

————, 2002,「現代高校生の学習意欲と進路希望の形成——出身階層と価値志向の効果に注目して」『教育社会学研究』71: 5-23.

有海拓巳, 2011,「地方／中央都市部の進学校生徒の学習・進学意欲——学習環境と達成動機の質的差異に着目して」『教育社会学研究』88: 185-205.

有田伸, 2013,「変化の向き・経路と非変化時の状態を区別したパネルデータ分析——従業上の地位変化がもたらす所得変化を事例として」『理論と方法』28(1): 69-86.

有田伸・仲修平, 2021,「変化の向き等を区別したパネルデータ分析の実践——それでも使いたいあなたに」東京大学社会科学研究所パネル調査プロジェクトディスカッションペーパーシリーズ No.134.

石田淳, 2015,『相対的剥奪の社会学——不平等と意識のパラドックス』東京大学出版会.

石森広美, 2009,「シンガポールにおける TLLM 政策と教師の意識——能動的学習への転換」『東北大学大学院教育学研究科研究年報』58(1): 293-303.

石井英真, 2015,「教育実践の論理から『エビデンスに基づく教育』を問い直す——教育の標準化・市場化の中で」『教育学研究』82(2): 216-228.

石田浩, 2012,「社会科学における因果推論の可能性」『理論と方法』27(1): 1-18.

市川伸一, 2002,『学力低下論争——その功罪と課題』筑摩書房.

卯月由佳, 2004a,「《教育機会の平等》の再検討と《公共財としての教育》の可能

性——公立学校からの退出を事例として」『教育社会学研究』74: 169-187.

卯月由佳, 2004b, 「小中学生の努力と目標——社会的選抜以前の親の影響力」『女性の就業と親子関係——母親たちの階層戦略』本田由紀編, 勁草書房, 114-132.

卯月由佳・末冨芳, 2016, 「世帯所得と小中学生の学力・学習時間——教育支出と教育費負担感の媒介効果の検討」『NIER Discussion Paper Series』No.002, 国立教育政策研究所.

江草由佳, 2017, 「OECD 生徒の学習到達度調査（PISA 調査）の実施とデータ利用——PISA2015 年調査の日本における実施から」『情報管理』60(1): 28-36.

大久保将貴, 2021, 「パネルデータ分析における固定効果モデルの取扱説明書」『社会科学研究』55: 55-68.

岡部悟志, 2021, 「教師からの承認・分かるまで教える指導が学力に与える影響」耳塚寛明・浜野隆・冨士原紀絵編著『学力格差への処方箋——「分析」全国学力・学習状況調査』勁草書房, 142-151.

岡部恒治・戸瀬信之・西村和雄, 2002, 『分数ができない大学生』東洋経済新報社.

尾嶋史章, 1990, 「教育機会の趨勢分析」菊池城司編『現代日本の階層構造 3——教育と社会移動』東京大学出版会, 25-55.

尾嶋史章, 2002, 「社会階層と進路形成の変容——90 年代の変化を考える」『教育社会学研究』第 70 集, 125-142.

尾嶋史章編著, 2001, 『現代高校生の計量社会学——進路・生活・世代』ミネルヴァ書房.

お茶の水女子大学編, 2014, 『平成 25 年度 全国学力・学習状況調査（きめ細かい調査）の結果を活用した学力に影響を与える要因分析に関する調査研究』.

お茶の水女子大学, 2023, 「令和 4 年度『保護者に対する調査の結果を活用した効果的な学校等の取組やコロナ禍における児童生徒の学習環境に関する調査研究』」.

香川めい・相澤真一, 2006, 「戦後日本における高卒学歴の意味の変遷——教育拡大過程前後の主観的期待と客観的効用の継時的布置連関」『教育社会学研究』78: 279-301.

数実浩佑, 2017, 「学力格差の維持・拡大メカニズムに関する実証的研究」『教育社会学研究』101: 49-68.

————————, 2019,「学業成績の低下が学習時間の変化に与える影響とその階層差――変化の方向を区別したパネルデータ分析を用いて」『理論と方法』34(2): 220-234.

片岡栄美, 2009,「格差社会と小・中学受験：受験を通じた社会的閉鎖, リスク回避, 異質な他者への寛容性」『家族社会学研究』21(1): 30-44.

片瀬一男, 2005,『夢の行方：高校生の教育・職業アスピレーションの変容』東北大学出版会.

カラベル・ハルゼー編, 潮木守一・天野郁夫・藤田英典編訳, 1980,『教育と社会変動――教育社会学のパラダイム展開　上』東京大学出版会.

苅谷剛彦, 1995,『大衆教育社会のゆくえ――学歴主義と平等神話の戦後史』中央公論社.

————————, 2000,「学習時間の研究」『教育社会学研究』66: 213-230.

————————, 2001,『階層化日本と教育危機――不平等再生産から意欲格差社会へ』有信堂高文社.

————————, 2002,『教育改革の幻想』筑摩書房.

————————, 2004,「「学力」の階層差は拡大したか」苅谷剛彦・志水宏吉編『学力の社会学――調査が示す学力の変化と学習の課題』岩波書店, 127-152.

————————, 2009,『教育と平等――大衆教育社会はいかに生成したか』中央公論新社.

苅谷剛彦・志水宏吉・清水睦美・諸田裕子, 2002,『調査報告「学力低下」の実態』岩波書店.

苅谷剛彦・志水宏吉編, 2004,『学力の社会学――調査が示す学力の変化と学習の課題』岩波書店.

川口俊明, 2006,「学力格差と『学校の効果』――小学校の学力テスト分析から」『教育学研究』73(4): 350-362.

————————, 2009,「マルチレベルモデルを用いた『学校の効果』の分析――『効果的な学校』に社会的不平等の救済はできるのか」『教育社会学研究』84: 165-184.

————————, 2011,「日本の学力研究の現状と課題」『日本労働研究雑誌』53(9): 6-15.

————————, 2013,「学力調査からみる公立と私立」『福岡教育大学紀要』62: 11-

19.

――――, 2014,「国際学力調査からみる日本の学力の変化」『福岡教育大学紀要』63(4): 1-11.

――――, 2017,「全国学力・学習状況調査において運用可能な SES 代替指標の検討」, 福岡教育大学編『平成 28 年度文部科学省委託事業「学力調査を活用した専門的な課題分析に関する調査研究」研究成果報告書』, 32-41.

――――, 2023, 「SES 指標の作成」福岡教育大学「令和 4 年度文部科学省委託事業『学力調査を活用した専門的な課題分析に関する調査研究』研究成果報告書」, 18-24.

川口俊明・前馬優策, 2007,「学力格差を縮小する学校」『教育社会学研究』80: 187-205.

神林寿幸, 2017,『公立小・中学校教員の業務負担』大学教育出版.

岸政彦・石岡丈昇・丸山里美, 2016,『質的社会調査の方法――他者の合理性の理解社会学』有斐閣.

吉川徹, 2006,『学歴と格差・不平等――成熟する日本型学歴社会』東京大学出版会.

木村治生, 2018,「データで考える子どもの世界　第 2 回 学習時間について考えるデータ集」, ベネッセ教育総合研究所.

木村治生, 2020,「「子どもの生活と学び」研究プロジェクトについて――プロジェクトのねらい, 調査設計, 調査対象・内容, 特徴と課題」東京大学社会科学研究所・ベネッセ教育総合研究所編『子どもの学びと成長を追う――2 万組の親子パネル調査から』勁草書房.

厚生労働省, 2020,『2019 年国民生活基礎調査の概況』.

国立教育研究所, 1967,『国際数学教育調査――IEA 日本国内委員会報告書』.

――――, 1981,『中学・高校生の数学の成績――第 2 回国際数学教育調査中間報告』第一法規出版.

――――, 1982,『中学・高校生の数学成績と諸条件――第 2 回国際数学教育調査国内報告』第一法規出版.

――――, 1991,『数学教育の国際比較――第 2 回国際数学教育調査最終報告』第一法規出版.

国立教育政策研究所編, 2005,『第 23 回教育研究公開シンポジウム「国際学力調

査に見る我が国の学力の現状と指導法の改善」』報告書.

————, 2013,『TIMSS2011 算数・数学教育の国際比較——国際数学・理科教育動向調査の 2011 年調査報告書』明石書店.

————, 2019,『生きるための知識と技能 OECD 生徒の学習到達度調査（PISA）2018 年調査報告書』.

————, 2024. 生きるための知識と技能 8 OECD 生徒の学習到達度調査（PISA）2022 年調査国際結果報告書.

胡中孟徳, 2019,「学校完全 5 日制による土曜日の生活時間の変化」『教育社会学研究』104: 259-278.

小針誠, 2002,「小・中学生の学業成績と学校外学習時間に関する一考察——社会階層を媒体として」『子ども社会研究』8: 79-91.

————, 2004,「階層問題としての小学校受験志向——家庭の経済的・人口的・文化的背景に着目して」『教育学研究』71(4): 42-54.

小松光・ジェルミー・ラプリー, 2021,『日本の教育はダメじゃない——国際比較データで問いなおす』筑摩書房.

近藤博之, 2012,「社会空間と学力の階層差」『教育社会学研究』90: 101-121.

近藤博之・古田和久, 2009,「教育達成の社会経済的格差——趨勢とメカニズムの分析」『社会学評論』59(4): 682-698.

酒井朗, 2014,『教育臨床社会学の可能性』勁草書房.

柴野昌山・菊池城司・竹内洋編, 1992,『教育社会学』有斐閣.

志水宏吉, 2009,『全国学力テスト——その功罪を問う』岩波書店.

————, 2020,『学力格差を克服する』筑摩書房.

志水宏吉編著, 2009,『「力のある学校」の探究』大阪大学出版会.

志水宏吉・伊佐夏実・知念渉・芝野淳一, 2014,『調査報告「学力格差」の実態』岩波書店.

シム・チュン・キャット, 2005,「高校教育における日本とシンガポールのメリトクラシー——選抜度の低い学校に着目して」『教育社会学研究』76: 169-186.

————, 2009,『シンガポールの教育とメリトクラシーに関する比較社会学的研究——選抜度の低い学校が果たす教育的・社会的機能と役割』東洋館出版社.

ジュディス・シンガー, ジョン・ウィレット著, 菅原ますみ監訳, 2012,『縦断デー

タの分析 1——変化についてのマルチレベルモデリング』朝倉書店.

ジョン・ハッティ著, 山森光陽監訳, 2018, 『教育の効果——メタ分析による学力に影響を与える要因の効果の可視化』図書文化社.

白川俊之, 2021, 「子どもによる社会経済的背景の報告とその妥当性：高校生と母親調査の追跡調査データを用いて」『社会と調査』27: 64-75.

白波瀬佐和子編, 2006, 『変化する社会の不平等——少子高齢化にひそむ格差』東京大学出版会.

須藤康介, 2007, 「授業方法が学力と学力の階層差に与える影響——新学力観と旧学力観の二項対立を超えて」『教育社会学研究』81: 25-44.

————, 2008, 「国際学力調査で見る中学生の学力——学習指導要領施行の前後で何が変わったのか」チャイルドリサーチネット掲載論文.

————, 2010, 「学習方略が PISA 型学力に与える影響——階層による方略の違いに着目して」『教育社会学研究』86: 139-158.

————, 2011, 「私立中高一貫校の学校階層構造——マクロ・ミクロデータの分析から」『学校教育研究』26: 99-111.

————, 2012a, 「私立中高一貫校における中入生と高入生の比較分析——中学受験のメリット・デメリットの実証的検討」『東京大学教育学研究科紀要』52: 193-201.

————, 2012b, 「中高一貫校進学が難関大学進学に与える影響——東京都全高校データベースの分析から」チャイルドリサーチネット掲載論文.

————, 2013, 『学校の教育効果と階層——中学生の理数系学力の計量分析』東洋館出版社.

盛山和夫, 2004, 『社会調査法入門』有斐閣.

代玉, 2021, 「中国の 21 世紀型教育改革からの示唆」恒吉僚子・額賀美紗子編『新グローバル時代に挑む日本の教育——多文化社会を考える比較教育学の視座』東京大学出版会, 193-208.

高田一宏, 2019, 「『効果』が現れにくい学校の課題——子どものウェルビーイングの観点から」志水宏吉・高田一宏編著『マインド・ザ・ギャップ！——現代日本の学力格差とその克服』大阪大学出版会, 202-229.

高山敬太, 2018, 「PISA 研究批評——国際的研究動向と『日本』の可能性」『教育学研究』85(3): 332-343.

多喜弘文, 2010,「社会経済的地位と学力の国際比較――後期中等教育段階における教育と不平等の日本的特徴」『理論と方法』25(2): 229-248.

――――, 2020,『学校教育と不平等の比較社会学』ミネルヴァ書房.

武内真美子・中谷朱里・松繁寿和, 2006,「学校週5日制導入に伴う補習教育費の変化」『季刊家計経済研究』69: 38-47.

橘木俊詔・松浦司, 2009,「誰が子どもを私立に通わせるのか」『学歴格差の経済学』勁草書房, 89-110.

谷崎奈緒子, 2008,「誰が中学受験の準備をするのか――地域の教育構造に着目して」『進路選択と教育戦略に関する実証研究』SSJDA リサーチペーパーシリーズ 38: 87-98.

田端健人, 2024,「家庭の蔵書数は SES（社会経済的状況）の代替指標として適切か？――全国学力・学習状況調査, PISA, TIMSS の多面的分析による検証」『宮城教育大学教職大学院紀要』5: 93-100.

垂見裕子, 2014a,「家庭の社会経済的背景（SES）の尺度構成」お茶の水女子大学編『平成 25 年度 全国学力・学習状況調査（きめ細かい調査）の結果を活用した学力に影響を与える要因分析に関する調査研究』, 13-41.

――――, 2014b,「家庭の社会経済的背景による不利の克服 (2)――学校内学力格差が小さい学校の取組」お茶の水女子大学編『平成 25 年度 全国学力・学習状況調査（きめ細かい調査）の結果を活用した学力に影響を与える要因分析に関する調査研究』, 109-118.

――――, 2017,「小学生の学習習慣の形成メカニズム――日本・香港・上海の都市部の比較」『比較教育学研究』55: 89-110.

――――, 2019,「階層による学校間格差の国際比較――学力・職業観・学習姿勢・学習習慣」川口俊明編著、志水宏吉監修『日本と世界の学力格差――国内・国際学力調査の統計分析から』明石書店, 84-104.

知念渉, 2017,「社会空間の多次元性と SES――多重対応分析を用いて」『平成 28 年度文部科学省委託事業「学力調査を活用した専門的課題分析に関する調査研究」研究成果報告書』福岡教育大学, 75-84.

知念渉, 2019,「調査の概要」若槻健・知念渉編著, 志水宏吉監修『学力格差に向き合う学校――経年調査からみえてきた学力変化とその要因』明石書店, 25-46.

「中央公論」編集部・中井浩一編, 2001,『論争・学力崩壊』中央公論新社.

恒吉僚子, 1992,『人間形成の日米比較——かくれたカリキュラム』中央公論社.

————, 2008,『子どもたちの三つの「危機」——国際比較から見る日本の模索』勁草書房.

恒吉僚子・額賀美紗子編, 2021,『新グローバル時代に挑む日本の教育——多文化社会を考える比較教育学の視座』東京大学出版会.

都村聞人・西丸良一・織田輝哉, 2011,「教育投資の規定要因と効果——学校外教育と私立中学進学を中心に」『現代の階層社会 1 格差と多様性』東京大学出版会, 267-280.

徳永智子, 2023,「移民の若者との協働から学校を問う——参加型アクションリサーチの試み」『教育学年報』14: 57-79, 世織書房.

鳶島修治, 2015,「学力の階層差と授業方法の関連：マルチレベル分析による検討」『社会学研究』95: 1-23.

————, 2016,「読解リテラシーの社会経済的格差：PISA2009 のデータを用いた分析」『教育社会学研究』98: 219-239.

外山美樹, 2008,「教室場面における学業的自己概念——井の中の蛙効果について」『教育心理学研究』56(5): 560-574.

豊永耕平, 2018,「中学受験選択を促すものは何か——階層・地域要因と中学受験の再生産」東京大学教育学研究科紀要 58: 21-29.

豊永耕平, 2023,『学歴獲得の不平等——親子の進路選択と社会階層』勁草書房.

長崎榮三・瀬沼花子, 2000,「IEA 調査にみる我が国の算数・数学の学力」『国立教育研究所紀要』129: 43-77.

中澤渉, 2012,「なぜパネル・データを分析するのが必要なのか——パネル・データ分析の特性の紹介」『理論と方法』27(1): 23-40.

中澤渉, 2013,「通塾が進路選択に及ぼす因果効果の異質性——傾向スコア・マッチングの応用」『教育社会学研究』92: 151-174.

中西啓喜, 2017,『学力格差拡大の社会学的研究——小中学生への追跡的学力調査結果が示すもの』東信堂.

中西啓喜・耳塚寛明, 2019,「固定効果モデルによる学級規模が学力に与える効果推定——全国学力・学習状況調査における学校パネルデータを利用した実証分析」『教育社会学研究』104: 215-236.

長松奈美江，2018，「階級・階層研究における多様な職業的地位尺度の比較分析」『日本労働研究雑誌』697: 18-28.

中村瑛仁，2019a，「学力の階層差とその経年変化の動態——潜在曲線モデルを用いた分析から」川口俊明編著、志水宏吉監修『日本と世界の学力格差——国内・国際学力調査の統計分析から』明石書店，133-152.

中村瑛仁，2019b，『〈しんどい学校〉の教員文化——社会的マイノリティの子どもと向き合う教員の仕事・アイデンティティ・キャリア』大阪大学出版会.

中村高康・藤田武志・有田伸，2012，『学歴・選抜・学校の比較社会学』東洋館出版社.

中村高康編，2010，『進路選択の過程と構造——高校入学から卒業までの量的・質的アプローチ』ミネルヴァ書房.

中村 亮介，2012，「ゆとり教育が教育達成度に与えた効果の実証分析：義務教育期間中の授業時間数の効果についての分析」『季刊家計経済研究』95.

中村亮介・直井道生・敷島千鶴・赤林英夫，2016，「親の経済力と子どもの学力——家庭環境は学力形成にどのような影響を与えるか？」赤林英雄・直井道生・敷島千鶴編『学力・心理・家庭環境の経済分析——全国小中学生の追跡調査から見えてきたもの』有斐閣.

中室牧子，2015，『「学力」の経済学』ディスカヴァー・トゥエンティワン.

中室牧子・津川友介，2017，『「原因と結果」の経済学——データから真実を見抜く思考法』ダイヤモンド社.

鍋島祥郎，2003，『効果のある学校——学力不平等を乗り越える教育』部落解放・人権研究所.

西島央，2015，「中学生の学びの新たな地域差と『体験活動量』の差——2015年の特徴と2020年に向けた課題」『「第5回学習基本調査」報告書』，ベネッセ教育総合研究所.

西野倫世，2014，『現代アメリカにみる「教師の効果」測定——学力テスト活用による伸長度評価の生成と功罪』学文社.

西丸良一，2008a，「大学進学におよぼす国・私立中学校進学の影響」『教育学研究』75(1): 24-33.

————，2008b，「国・私立中学校の学歴達成効果」米澤彰純編『2005年SSM調査シリーズ5 教育達成の構造』2005年SSM調査研究会，99-111.

西村幹子, 2006,「ゆとり教育下における私立中学生の親の態度と行動分析——教育費と学校選択に注目して」『リーディングス日本の教育と社会 第1巻 学力問題・ゆとり教育』日本図書センター, 169-190.

野崎華世・樋口美雄・中室牧子・妹尾渉, 2018,「親の所得・家庭環境と子ども学力関係——国際比較を考慮に入れて」『NIER Discussion Paper Series』No.008. 国立教育政策研究所.

濱本真一, 2012,「公立中高一貫校拡大の規定要因分析——学校タイプによる傾向の違いに着目して」『社会学年報』41: 115-125.

濱本真一, 2015,「中学校選択の不平等：国私立中学校に関する階層差と地域差に着目して」東京大学社会科学研究所附属社会調査・データアーカイブ研究センター編『2014年度参加者公募型二次分析研究会「子どもの生活 保護者の教育意識」研究成果報告書』217-230.

濱本真一, 2018,「教育機会不平等構造の中の中学校——国私立中学校進学の格差と学歴達成効果」古田和久編『2015年社会階層と社会移動全国調査報告書 教育I』pp. 141-153.

原純輔・盛山和夫, 1999,『社会階層——豊かさの中の不平等』東京大学出版会.

原田信之, 2021,「高い成果をもたらす要因は何か——J. ハッティの学習への効果研究との照合」耳塚寛明・浜野隆・冨士原紀絵編著『学力格差への処方箋——「分析」全国学力・学習状況調査』勁草書房, 239-251.

樋田大二郎, 1993,「プライバタイゼーションと中学受験——英国の教育改革と日本の中学受験の加熱化」『教育社会学研究』52: 72-91.

樋田大二郎・耳塚寛明・岩木秀夫・苅谷剛彦編著, 2000,『高校生文化と進路形成の変容』学事出版.

平沢和司・古田和久・藤原翔, 2013,「社会階層と教育研究の動向と課題——高学歴化社会における格差の構造」『教育社会学研究』93: 151-191.

平尾桂子, 2004,「家族の教育戦略と母親の就労——進学塾通塾時間を中心に」本田由紀編『女性の就業と親子関係 母親たちの階層戦略』勁草書房, 93-113.

福岡教育大学, 2017,「平成28年度文部科学省委託事業『学力調査を活用した専門的課題分析に関する調査研究』研究成果報告書：児童生徒や学校の社会経済的背景を分析するための調査の在り方に関する調査研究」.

————, 2023,「令和4年度文部科学省委託事業『学力調査を活用した専門的

な課題分析に関する調査研究』研究成果報告書」.

藤原翔, 2012,「高校選択における相対的リスク回避仮説と学歴下降回避仮説の検証」『教育社会学研究』91: 29-49.

藤原翔, 2015,「教育意識の個人間の差異と個人内の変化――「働き方とライフスタイルの変化に関する全国調査」(JLPS) データを用いた分析」『社会と調査』15: 40-47.

古田和久, 2016,「学業的自己概念の形成におけるジェンダーと学校環境の影響」『教育学研究』83(1): 13-23.

古田和久, 2018,「出身階層の資本構造と高校生の進路選択」『社会学評論』69(1): 21-36.

ベネッセ教育研究開発センター, 2008,『研究所報 Vol. 48――中学校選択に関する調査報告書』.

ベネッセ教育総合研究所, 2016,『「第 5 回学習基本調査」報告書 [2015]』.

星野崇宏, 2009,『調査観察データの統計科学――因果推論・選択バイアス・データ融合』岩波書店.

本田由紀, 2005,『若者と仕事――「学校経由の就職」を超えて』東京大学出版会.

毎日新聞社社会部, 1977,『乱塾時代：進学塾リポート』サイマル出版会.

前馬優策, 2016,「授業改革は学力格差を縮小したか」志水宏吉・高田一宏編著『マインド・ザ・ギャップ！――現代日本の学力格差とその克服』大阪大学出版会, 81-106.

松岡亮二, 2019,『教育格差――階層・地域・学歴』筑摩書房.

松下佳代, 2014,「PISA リテラシーを飼いならす――グローバルな機能的リテラシーとナショナルな教育内容」『教育学研究』81(2): 150-163.

耳塚寛明, 2007,「小学校学力格差に挑む――だれが学力を獲得するのか」『教育社会学研究』80: 23-39.

耳塚寛明・中西啓喜, 2021,「社会経済的背景別に見た学力に対する学習の効果」耳塚寛明・浜野隆・冨士原紀絵編著『学力格差への処方箋――「分析」全国学力・学習状況調査』勁草書房, 61-76.

耳塚寛明・浜野隆・冨士原紀絵編著, 2021,『学力格差への処方箋――「分析」全国学力・学習状況調査』勁草書房.

三輪哲, 2013,「パネルデータ分析の基礎と応用」『理論と方法』28(2): 355-366.

森いづみ, 2014,「中学生の進学期待の経年変化とその要因――TIMSS1999-2011を用いた分析」『応用社会学研究』56: 141-153.

――――――, 2016,「教育拡大期における学力と教育期待――第1回国際数学教育調査（FIMS）の基礎分析」『応用社会学研究』58: 183-197.

――――――, 2017a,「国・私立中学への進学が進学期待と自己効力感に及ぼす影響――傾向スコアを用いた分析」『教育社会学研究』101: 27-47.

――――――, 2017b,「大衆化する中等教育のなかの学力・教育期待――第2回国際数学教育調査（SIMS）の基礎分析」『応用社会学研究』59: 209-222.

――――――, 2021,「中学受験による進学が学業と学校生活に及ぼす影響――公立小学校から国私立中学・中高一貫校への進学による変化」『子どもの自立に影響する要因の学際的研究――「子どもの生活と学びに関する親子調査」を用いて』SSJDA リサーチペーパーシリーズ 77: 1-13.

――――――, 2023,「私立中学への進学の効果――学校と授業への好感度に注目して」『SSJDA リサーチペーパーシリーズ』87（子どもの生活と学びの変化にかかわる要因の解明――親子パネル調査を用いた分析 研究成果報告書）: 21-44.

文部科学省, 2019,『令和元年度 学校基本調査報告書』文部科学省.

文部省大臣官房調査統計課, 1978,『昭和51年度 児童生徒の学校外学習活動に関する実態調査』.

文部省大臣官房調査統計課, 1987,『昭和60年度 児童・生徒の学校外学習活動に関する実態調査報告書』.

山田哲也, 2004,「教室の授業場面と学業達成」苅谷剛彦・志水宏吉編『学力の社会学――調査が示す学力の変化と学習の課題』岩波書店: 99-126.

ローレンス・マクドナルド編著, 広田照幸監修, 菊地栄治・山田浩之・橋本鉱市監訳, 2009,『リーディングス日本の教育と社会 20――世界から見た日本の教育』日本図書センター.

ロバート・K. マートン著, 森東吾・森好夫・金沢実・中島竜太郎共訳, 1961,『社会理論と社会構造』みすず書房.

若槻健・知念渉編著, 志水宏吉監修, 2019,『学力格差に向き合う学校――経年調査からみえてきた学力変化とその要因』明石書店.

【英語文献】

Abdulkadiroğlu, Atila, Joshua Angrist, and Parag Pathak. 2014. "The Elite Illusion: Achievement Effects at Boston and New York Exam Schools." Econometrica 82(1): 137-196.

Agirdag, Orhan, Mieke Van Houtte, and Piet Van Avermaet. 2012. "Why Does the Ethnic and Socio-economic Composition of Schools Influence Math Achievement? The Role of Sense of Futility and Futility Culture." *European Sociological Review* 28(3): 366-378.

——————. 2018. "The Educational Consequences of Being an Ethnic Minority: Mechanisms of Peer Influence." *Teachers College Record* 120(12): 1-34.

Aizawa, Shinichi, Mei Kagawa, and Jeremy Rappleye (Eds.) 2018. *High School for All in East Asia: Comparing Experiences*. Routledge.

Akiba, Motoko, Gerald K. LeTendre, and Jay P. Scribner. 2007. "Teacher Quality, Opportunity Gap, and National Achievement in 46 Countries." *Educational Researcher* 36(7): 369-387.

Alexander, Karl L., James Fennessey, Edward L. McDill, and Ronald J. D'Amico. 1979. "School SES Influences--Composition or Context?" *Sociology of Education* 52(4): 222-237.

Alexander, Karl. 2016. "Is It Family or School? Getting the Question Right." *RSF: The Russell Sage Foundation Journal of the Social Sciences* 2(5): 18-33.

Andrew, Megan and Robert M. Hauser. 2011. "Adoption? Adaptation? Evaluating the Formation of Educational Expectations." *Social Forces* 90(2): 497-520.

Araki, Satoshi. 2020. "Educational Expansion, Skills Diffusion, and the Economic Value of Credentials and Skills." *American Sociological Review* 85(1): 128-175.

Avvisati, Francesco. 2020. "Measuring Socioeconomic Status in PISA: A Review and Some Suggested Improvements." *Large-Scale Assessments in Education* 8(8): 1-37.

Avvisati, Francesco, and Celine Wuyts. 2024. *The Measurement of Socio-Economic Status in PISA: A Review of Recent Experiments and Changes*. OECD Education Working Paper No. 321. Paris: Organisation for Economic

Co-operation and Development.

Baker, David P., Brian Goesling, and Gerald K. LeTendre. 2002. "Socioeconomic Status, School Quality, and National Economic Development: A Cross-National Analysis of the "Heyneman-Loxley Effect" on Mathematics and Science Achievement." *Comparative Education Review* 46(3): 291-312.

Battle for Kids. 2019. *Partnership for 21st Century Skills (P21).*

Becker, Sascha O. and Andrea Ichino. 2002. "Estimation of Average Treatment Effects Based on Propensity Scores." *The Stata Journal* 2(4): 358-377.

Benveniste, Luis, Martin Carnoy, and Richard Rothstein. 2003. *All Else Equal: Are Public and Private Schools Different?* New York: Routledge.

Bodovski, Katerina, Ismael Munoz, Soo-yong Byun, and Volha Chykina. 2020. "Do Education System Characteristics Moderate the Socioeconomic, Gender, and Immigrant Gaps in Math and Science Achievement?" *International Journal of Sociology of Education* 9(2): 122-154.

Bozick, Robert, Karl Alexander, Doris Entwisle, Susan Dauber, and Kerri Kerr. 2010. "Framing the Future: Revisiting the Place of Educational Expectations in Status Attainment." *Social Forces* 88(5): 2027-2052.

Bryk, Anthony, Valerie E. Lee, and Peter B. Holland. 1993. *Catholic Schools and the Common Good*. Cambridge, MA: Harvard University Press.

Buchmann, Claudia and Hyunjoon Park. 2009. "Stratification and the Formation of Expectations in Highly Differentiated Educational Systems." *Research in Social Stratification and Mobility* 27(4): 245-267.

Bukodi, Erzsébet and John H. Goldthorpe. 2013. "Decomposing 'Social Origins': The Effects of Parents' Class, Status, and Education on the Educational Attainment of Their Children." *European Sociological Review* 29(5): 1024-1039.

Byun, Soo-yong, Matthew J. Irvin, and Bethany A. Bell. 2015. "Advanced Math Course Taking: Effects on Math Achievement and College Enrollment." *The Journal of Experimental Education* 83(4): 439-468.

Caponera, Elisa, and Bruno Losito. 2016. "Context Factors and Student Achievement in the IEA Studies: Evidence from TIMSS." *Large-Scale*

Assessments in Education 4: 12.

Cave, Peter. 2007. *Primary School in Japan: Self, Individuality and Learning in Elementary Education.* Routledge.

Chmielewski, Anna K. 2019. "The Global Increase in the Socioeconomic Achievement Gap, 1964 to 2015." *American Sociological Review* 84(3): 517–544.

Chmielewski, Anna K., Hanna Dumont, and Ulrich Trautwein. 2013. "Tracking Effects Depend on Tracking Type: An International Comparison of Students' Mathematics Self-Concept." *American Educational Research Journal* 50(5): 925–957.

Chudgar, Amita and Thomas F. Luschei. 2009. "National Income, Income Inequality, and the Importance of Schools: A Hierarchical Cross-National Comparison." *American Educational Research Journal* 46(3): 626–658.

Cobb, Casey D. and Gene V. Glass. 2021. *Public and Private Education in America: Examining the Facts.* ABC-CLIO.

Coleman, James S., Ernest Q. Campbell, Carol J. Hobson, James McPartland, Alexander M. Mood, Frederick D. Weinfeld, and Robert L. York. 1966. *Equality of Educational Opportunity.* Washington, D.C.: U.S. Government Printing Office.

Coleman, James, Thomas Hoffer, and Sally Kilgore. 1982. "Cognitive Outcomes in Public and Private Schools." *Sociology of Education* 55(2): 65–76.

Coleman, James S. and Thomas Hoffer. 1987. *Public and Private High Schools: The Impact of Communities.* New York: Basic Books.

Cummings, William K. 1980. *Education and Equality in Japan.* Princeton University Press.

Deaton, Angus. 2002. "Policy Implications of the Gradient of Health and Wealth." *Health Affairs* 21(2): 13–30.

DeCoker, Gary, and Christopher Bjork. 2013. *Japanese Education in an Era of Globalization: Culture, Politics, and Equity.* New York: Teachers College Press.

DeCoker, Gary. 2002. *National Standards and School Reform in Japan and the*

United States. New York: Teachers College Press.

Downey, Douglas B. 2020. *How Schools Matter: Why Our Assumption About Schools and Inequality Is Mostly Wrong.* Chicago: University of Chicago Press.

Downey, Douglas B. and Dennis J. Condron. 2016. "Fifty Years since the Coleman Report: Rethinking the Relationship between Schools and Inequality." *Sociology of Education* 89(3): 207–220.

Downey, Douglas B., Paul T. Von Hippel, and Beckett A. Broh. 2004. "Are Schools the Great Equalizer? Cognitive Inequality during the Summer Months and the School Year." *American Sociological Review* 69(5): 613–635.

Dronkers, Jaap and Peter Robert. 2008. "Differences in Scholastic Achievement of Public, Private Government–Dependent, and Private Independent Schools: A Cross–National Analysis." *Educational Policy* 22(4): 541–577.

Dumay, Xavier and Vincent Dupriez. 2008. "Does the School Composition Effect Matter? A Quantitative Analysis of the Literature." *British Educational Research Journal* 34(4): 467–494.

Entwisle, Doris R. and Karl L. Alexander. 1992. "Summer Setback: Race, Poverty, School Composition, and Mathematics Achievement in the First Two Years of School." *American Sociological Review* 57(1): 72–84.

Esser, Hartmut. 2016. "Sorting and (Much) More: Prior Ability, School Effects, and the Impact of Ability Tracking on Educational Inequalities in Achievement." In Hadjar, Andreas, and Christiane Gross (Eds.) *Education Systems and Inequalities.* Policy Press: 95–114.

Evans, M.D.R., Jonathan Kelley, Joanna Sikora, and Donald J. Treiman. 2010. "Family Scholarly Culture and Educational Success: Books and Schooling in 27 Nations." *Research in Social Stratification and Mobility* 28(2): 171–197.

Fujihara, Sho. 2020. "Socio-Economic Standing and Social Status in Contemporary Japan: Scale Constructions and Their Applications." *European Sociological Review* 36(1): 1–14.

Goodman, Roger, and David Phillips. 2003. *Can the Japanese Change Their Education System?* Oxford: Symposium Books.

Goodman, Roger. 2003. "The Why, What and How of Educational Reform in Japan." In R. Goodman and D. Phillips (Eds.). *Can the Japanese Change Their Educational System?* Oxford, UK: Symposium Books, 7–30.

Gordon, June A., Hidenori Fujita, and Takehiko Kariya (Eds.). 2010. *Challenges to Japanese Education: Economics, Reform, and Human Rights.* Teachers College Press.

Green, Andy. 2000. "Converging Paths or Ships Passing in the Night? An 'English' Critique of Japanese School Reform." *Comparative Education* 36(4): 417–435.

Guo, Shenyang and Mark W. Fraser. 2010. *Propensity Score Analysis: Statistical Methods and Applications.* SAGE Publications.

Halaby, Charles N. 2004. "Panel Models in Sociological Research: Theory into Practice." *Annual Review of Sociology* 30(1): 507–544.

Heyneman, Stephen P. and William A. Loxley. 1983. "The Effect of Primary-School Quality on Academic Achievement across Twenty-Nine High- and Low-Income Countries." *American Journal of Sociology* 88(6): 1162–1194.

Heyns, Barbara. 1978. *Summer Learning and the Effects of Schooling.* New York: Academic Press.

Husen, Torsten (Ed.). 1967. *International Study of Achievement in Mathematics. A Comparison of Twelve Countries* (Vols. 1–2). Stockholm: Almqvist and Wiksell.

Ishida, Hiroshi, and Satoshi Miwa. 2012. "School Discipline and Academic Achievement in Japan." In Richard Arum and Melissa Velez (Eds.). *Improving Learning Environments: School Discipline and Student Achievement in Comparative Perspective (Studies in Social Inequality)*, 163–195. Stanford, CA: Stanford University Press.

Kariya, Takehiko, and Jeremy Rappleye. 2020. *Education, Equality, and Meritocracy in Comparative Perspective: Japan, China, and the United States.* Oxford: Oxford University Press.

Keskpaik, Siiri, and Thierry Rocher. 2011. "La mesure de l'équité dans PISA: Pour une décomposition des indices statistiques." *Revue Éducation et*

Formations 80: 69–78.

Leestma, Robert, Robert L. August, Betty George, Lois Peak, Nobuo Shimahara, William K. Cummings, Nevzer G. Stacey, and William J. Bennett. 1987. *Japanese Education Today. A Report from the U.S. Study of Education in Japan.* Washington, D.C.: U.S. Department of Education.

LeTendre, Gerald K. 1994. "Distribution Tables and Private Tests: The Failure of Middle School Reform in Japan." *International Journal of Educational Reform* 3(2): 126–136.

——————. 1999a. *Competitor or Ally? Japan's Role in American Educational Debates.* Routledge.

——————. 1999b. *Learning to Be Adolescent: Growing Up in U.S. and Japanese Middle Schools.* New Haven: Yale University Press.

——————. 2000. *Learning to Be Adolescent: Growing Up in U.S. and Japanese Middle Schools.* New Haven: Yale University Press.

LeTendre, Gerald K. and Rebecca Erwin Fukuzawa. 2001. *Intense Years: How Japanese Adolescents Balance School, Family, and Friends.* New York: Routledge.

Lewis, Catherine C. 1995. *Educating Hearts and Minds: Reflections on Japanese Preschool and Elementary Education.* New York: Cambridge University Press.

Long, Kody, and Rachel Renbarger. 2023. "Persistence of Poverty: How Measures of Socioeconomic Status Have Changed Over Time." *Educational Researcher* 52(3): 145–155.

Loo, Janice. 2018. *Teach Less, Learn More.* Singapore Infopedia, Ministry of Education, Singapore.

Lubienski, Christopher A. and Sarah Theule Lubienski. 2013. *The Public School Advantage: Why Public Schools Outperform Private Schools.* Chicago: University of Chicago Press.

Marks, Gary N. 2015. "Are School–SES Effects Statistical Artefacts? Evidence from Longitudinal Population Data." Oxford Review of Education 41(1): 122–144.

—————. 2024. "No Substantive Effects of School Socioeconomic Composition on Student Achievement in Australia: A Response to Sciffer, Perry, and McConney." Large-scale Assessments in Education 12(8).

Marsh, Herbert W. 1987. "The Big Fish Little Pond Effect on Academic Self-Concept." *Journal of Educational Psychology* 79(3): 280-295.

Matsuoka, Ryoji. 2018. "Inequality in Shadow Education Participation in an Egalitarian Compulsory Education System." *Comparative Education Review* 62(4): 565-586.

McLanahan, Sara, Laura Tach, and Daniel Schneider. 2013. "The Causal Effects of Father Absence." *Annual Review of Sociology* 39(1): 399-427.

Morgan, Stephen L. 2001. "Counterfactuals, Causal Effect Heterogeneity, and the Catholic School Effect on Learning." *Sociology of Education* 74(4): 341-374.

Morgan, Stephen, L. and Christopher Winship. 2007. *Counterfactuals and Causal Inference: Methods and Principles for Social Research*. Cambridge University Press.

Mori, Izumi. 2016. "Trends in Socioeconomic Achievement Gap in Japan: Implications on Educational Inequality." 東京大学社会科学研究所ディスカッションペーパーシリーズ 外国語シリーズ (F) F-179.

Mullis, Ina V. S., Michael O. Martin, Pierre Foy, Dana L. Kelly, and Beth Fishbein. 2020. *TIMSS 2019 International Results in Mathematics and Science*. Boston College, TIMSS & PIRLS International Study Center.

O'Connell, Michael. 2019. "Is the Impact of SES on Educational Performance Overestimated? Evidence from the PISA Survey." *Intelligence* 75: 41-47.

OECD, 2019, "Students' Socio-Economic Status and Performance," *PISA 2018 Results (Volume II): Where All Students Can Succeed*, OECD Publishing, pp. 49-62.

—————. 2001. *Knowledge and Skills for Life: First Results from PISA 2000*. Paris: OECD Publishing.

—————. 2004. *Learning for Tomorrow's World: First Results from PISA 2003*. Paris: OECD Publishing.

—————. 2011. *Against the Odds: Disadvantaged Students Who Succeed in School*. Paris: OECD Publishing.

—————. 2018. *Equity in Education: Breaking Down Barriers to Social Mobility*. *PISA*. Paris: OECD Publishing.

—————. 2023. *PISA 2022 Results (Volume I): The State of Learning and Equity in Education*. PISA. Paris: OECD Publishing.

—————. 2024a. *Survey of Adult Skills 2023: Insights and Interpretations*. Paris: OECD Publishing.

—————. 2024b. *Survey of Adult Skills 2023 – Country Notes: Japan*. Paris: OECD Publishing.

Okano, Kaori. 1999. *Education in Contemporary Japan: Inequality and Diversity*. Cambridge: Cambridge University Press.

Ong Ye Kung. 2018. "Opening Address at the Schools Work Plan Seminar." Ministry of Education, Singapore.

Pallas, Aaron M., Doris R. Entwisle, Karl L. Alexander, and Stluka, M. Francis. 1994. "Ability-Group Effects: Instructional, Social, or Institutional?" *Sociology of Education* 67(1): 27–46.

Park, Hyunjoon. 2008a. "Home Literacy Environments and Children's Reading Performance: A Comparative Study of 25 Countries." *Educational Research and Evaluation* 14(6): 489–505.

—————. 2008b. "The Varied Educational Effects of Parent-Child Communication: A Comparative Study of Fourteen Countries." *Comparative Education Review* 52(2): 219–243.

—————. 2013. *Re-Evaluating Education in Japan and Korea: Dealing with Structural Inequalities*. New York: Routledge.

Peak, Lois. 1993. *Learning to Go to School in Japan: The Transition from Home to Preschool Life*. Berkeley: University of California Press.

Pokropek, Artur, Francesca Borgonovi, and Catherine McCormick. 2017. "On the Cross-Country Comparability of Indicators of Socioeconomic Resources in PISA." *Applied Measurement in Education* 30(4): 243–258.

Raudenbush, Stephen W. and Anthony S. Bryk. 1992. *Hierarchical Linear*

Models: Applications and Data Analysis Methods. Thousand Oaks, CA: SAGE Publications, Inc.

——————. 1995. "Hierarchical Linear Models: Applications and Data Analysis Methods." *Sage Publications*.

——————. 2002. *Hierarchical Linear Models: Applications and Data Analysis Methods*. 2nd ed. Thousand Oaks, CA: Sage Publications.

Raudenbush, Stephen W. and J. Douglas Willms. 1995. "The Estimation of School Effects." *Journal of Educational and Behavioral Statistics* 20(4): 307–335.

Raudenbush, Stephen W. and Robert D. Eschmann. 2015. "Does Schooling Increase or Reduce Social Inequality?" *Annual Review of Sociology* 41(1): 443–470.

Robitaille, David F. and Robert A. Garden (Eds.). 1989. *The IEA Study of Mathematics II: Contexts and Outcomes of School Mathematics*. Oxford: Pergamon Press.

Roesgaard, Marie H. 1998. *Japanese Education and the Cram School Business*. Copenhagen: NIAS Press.

Rohlen, Thomas P. 1983. *Japan's High Schools*. Berkeley: University of California Press.

Rohlen, Thomas P. and Gerald K. LeTendre. 1996. *Teaching and Learning in Japan*. Cambridge University Press.

Rosenbaum, Paul R. and Donald B. Rubin. 1983. "The Central Role of the Propensity Score in Observational Studies for Causal Effects." *Biometrika* 70(1): 41–55.

Rumberger, Russell W. and Gregory J. Palardy. 2005. "Does Segregation Still Matter? The Impact of Student Composition on Academic Achievement in High School." *Teachers College Record* 107(9): 1999–2045.

Rutkowski, David, and Leslie Rutkowski. 2013. "Measuring Socioeconomic Background in PISA: One Size Might Not Fit All." *Research in Comparative and International Education* 8(3): 259–278.

Rutkowski, Leslie, and David Rutkowski. 2013. "Measuring Socioeconomic

Background in PISA: One Size Might Not Fit All." *Research in Comparative and International Education* 8(3): 259-278.

Schleicher, Andreas, and Stefano Scarpetta. 2024. Survey of Adult Skills 2023: Insights and Interpretations. OECD Publishing.

Schneider, Barbara, Martin Carnoy, Jeremy Kilpatrick, William H. Schmidt, and Richard J. Shavelson. 2007. *Estimating Causal Effects: Using Experimental and Observational Designs*. Washington, DC: American Educational Research Association.

Sciffer, Michael G., Laura B. Perry, and Andrew McConney. 2022. "The Substantiveness of Socioeconomic School Compositional Effects in Australia: Measurement Error and the Relationship with Academic Composition." *Large-scale Assessments in Education* 10(21).

Shimahara, Nobuo K. and Akira Sakai. 1995. *Learning to Teach in Two Cultures: Japan and the United States*. New York: Garland Publishing.

——————. 1996. *Learning to Teach in Two Cultures: Japan and the United States*. New York: Garland Publishing.

Sirin, Selcuk R. 2005. "Socioeconomic Status and Academic Achievement: A Meta-Analytic Review of Research." *Review of Educational Research* 75(3): 417-453.

South, Scott J., Ying Huang, Amy Spring, and Kyle Crowder. 2016. "Neighborhood Attainment over the Adult Life Course." *American Sociological Review* 81(6): 1276-1304.

Stevenson, Harold W. and James W. Stigler. 1992. *The Learning Gap: Why Our Schools Are Failing and What We Can Learn from Japanese and Chinese Education*. New York: Simon & Schuster.

Stigler, James W. and James Hiebert. 1999. *The Teaching Gap: Best Ideas from the World's Teachers for Improving Education in the Classroom*. New York: Free Press.

Takayama, Keita. 2008. "Beyond Orientalism in Comparative Education: Challenging the Binary Opposition between Japanese and American Education." *Asia Pacific Journal of Education* 28(1): 19-34.

Teo, Juin Ee, Deng, Zongyi, Lee, Christine Kim-Eng, and Lim, Christina. 2013. "Teach Less, Learn More: Lost in Translation." In Deng, Zongyi, Gopinathan, Saravanan, and Lee, Christine Kim-Eng (Eds.). *Globalization and the Singapore Curriculum: From Policy to Classroom*. Springer, 99-117.

Tobin, Joseph J., David Y. H. Wu, and Dana Davidson. 1989. *Preschool in Three Cultures: Japan, China, and the United States*. New Haven: Yale University Press.

Traini, Claudia. 2022. "The Stratification of Education Systems and Social Background Inequality of Educational Opportunity." *International Journal of Comparative Sociology* 63(1-2): 10-29.

Trilling, Bernie, and Charles Fadel. 2012. *21st Century Skills: Learning for Life in Our Times*. Jossey-Bass.

Triventi, Moris, Jan Skopek, Nevena Kulic, Sandra Buchholz, and Hans-Peter Blossfeld. 2020. "Advantage 'Finds Its Way': How Privileged Families Exploit Opportunities in Different Systems of Secondary Education." *Sociology* 54(2): 237-257.

Tsukada, Mamoru. 1992. *Yobiko Life: A Study of the Legitimation Process of Social Stratification in Japan*. Lanham: University Press of America.

Tsuneyoshi, Ryoko. 2001. *The Japanese Model of Schooling: Comparisons with the United States*. New York: Routledge.

—————. 2004. "The New Japanese Educational Reforms and the Achievement "Crisis" Debate." *Educational Policy* 18(2): 364-394.

—————. 2018. *Globalization and Japanese "Exceptionalism" in Education: Insiders' Views into a Changing System*. New York: Routledge.

UNESCO. 2021. *Global Education Monitoring Report, 2021/2: Non-State Actors in Education: Who Chooses? Who Loses?* Paris: UNESCO.

Van de Werfhorst, Herman G. and Jonathan J. B. Mijs. 2010. "Achievement Inequality and the Institutional Structure of Educational Systems: A Comparative Perspective." *Annual Review of Sociology* 36(1): 407-428.

Vogel, Ezra. 1979. *Japan as Number One: Lessons for America*. Cambridge: Harvard University Press.

Wagmiller Jr., Robert L., Elizabeth Gershoff, Philip Veliz, and Margaret Clements. 2010. "Does Children's Academic Achievement Improve when Single Mothers Marry?" *Sociology of Education* 83(3): 201-226.

Walford, Geoffrey. 1990. *Privatization and Privilege in Education*. London: Routledge.

Westbury, Ian, Corinna A. Ethington, Lauren A. Sosniak, and David P. Baker. 1994. *In Search of More Effective Mathematics Education: Examining Data from the IEA Second International Mathematics Study*. New Jersey: Ablex Publishing.

White, Merry. 1988. *The Japanese Educational Challenge: A Commitment to Children*. New York: Free Press.

Willis, David B. and Jeremy Rappleye. 2011. *Reimagining Japanese Education: Borders, Transfers, and the Public Good*. Oxford: Symposium Books.

Willms, J. Douglas. 2006. *Learning Divides: Ten Policy Questions About the Performance and Equity of Schools and Schooling Systems*. Montreal: UNESCO Institute for Statistics.

————. 2010. "School Composition and Contextual Effects on Student Outcomes." *Teachers College Record* 112(4): 1008-1037.

Willms, J. Douglas, and Luciana Tramonte. 2019. "The Measurement and Use of Socioeconomic Status in Educational Research." *The SAGE Handbook of Comparative Studies in Education*: 17-35.

Wolf, Richard M. 1967. *International Study of Achievement in Mathematics: A Comparison of Twelve Countries: Data Bank Manual*. Hamburg: IEA.

Yonezawa, Akiyoshi, Yuto Kitamura, Beverley Yamamoto, and Tomoko Tokunaga (Eds.). 2018. *Japanese Education in a Global Age: Sociological Reflections and Future Directions*. Springer.

初出一覧

序章：書き下ろし

第1章・第2章・第3章：書き下ろし

第4章：「国・私立中学への進学が進学期待と自己効力感に及ぼす影響——傾向スコアを用いた分析」『教育社会学研究』101：27-48.（2017年）

第5章：「中学受験による進学が学業と学校生活に及ぼす影響——公立小学校から国私立中学・中高一貫校への進学による変化」『SSJDA リサーチペーパーシリーズ』77：1-13.（2021年）

第6章：「私立中学への進学の効果——学校と授業への好感度に注目して」『SSJDA リサーチペーパーシリーズ』87：21-44.（2023年）

第7章：書き下ろし

第8章：「教育拡大期における学力と教育期待：第1回国際数学教育調査（FIMS）の基礎分析」『応用社会学研究』58：183-198.（2016年）

第9章：「大衆化する中等教育のなかの学力・教育期待——第2回国際数学教育調査（SIMS）の基礎分析」『応用社会学研究』59：209-222.（2017年）

終章：書き下ろし

あとがき

　これまで国内外の様々な場所やコミュニティに身を置いて研究を行ってきた。そうした中、自分の研究上の立ち位置はどこなのか、また研究者としての軸はどこにあるのか、常に自問する日々だった。本書でパラダイムのすれ違いといった点に言及したのは、自身の研究経験の中で、研究者の問題設定のしかた自体が、所属する社会や研究集団によって規定される側面があると感じていたからである。

　本書のもとになった研究を進めるにあたり、実に多くの方々のお世話になった。まず上智大学の相澤真一先生には、前職にあたる日本学術振興会特別研究員 -RPD として受け入れていただいたことに加え、上智大学教育学科の大学院の英語の講義や、海外の学生に向けたサマーセッションの講義の機会をいただいたことが本書の一部に生かされており、深く感謝申し上げる。

　東京大学社会科学研究所 附属社会調査・データアーカイブ研究センターでは、上智大学に転出するまでの数年間、上司として三輪哲先生に大変お世話になった。社研時代の著者の目標を支援して下さり、学振 RPD への申請にあたっても快く推薦状を書いて下さったことに、感謝の念がたえない。同様に社研の在職中に上長でいらした石田浩先生には、業務や研究会等でさまざまにお世話になったことに加え、著者が国際学力調査データの分析を行ってきたことが縁で、2023 年度から国立教育政策研究所のフェローとして活動する際のきっかけを作っていただいた。他にも社研時代に多くの先生方から貴重な刺激をいただき、著者の在職時に所長を務められた玄田有史先生には、自身の研究の軸を打ち出そうともがいていた当時の著者の状況を理解した上で、「一生一作」（一つでよいので満足のいく著作を世に送り出せればいい）との言葉をかけていただいた。

　現在フェローとして所属している国立教育政策研究所・国際共同研究室の大野彰子部長、大塚尚子先生を含め、同研究室の皆様には著者が PISA 調査の指標や分析、調査実施過程について理解を深める上で、多くのご教示をいただい

246

あとがき

ている。皆様のチームワークとスピード感のある仕事ぶりや、調査の実施と公開にかかわる多大な努力に敬意を表したい。

東京大学大学院の在籍時に指導教員としてお世話になった恒吉僚子先生には、本書の中心的なテーマである国際的視点から日本を見るという点で、常に示唆を受けてきた。恒吉先生の東京大学の退官時のご講演でうかがった、「辺境を楽しめ」という言葉を今も胸に刻んでいる。

ここにはお名前を挙げきれないが、著者の最初の職場である立教大学社会学部にて、温かな交流を持ったり、多くの示唆をいただいたりした先生方のこともなつかしく思い出す。在職中には本書の内容の一部となった研究テーマについて、立教大学学術推進特別重点資金（立教SFR）の支援を受けたことにも御礼を申し上げる。

著者が米国の博士課程に在籍中に指導教員としてお世話になった、ペンシルバニア州立大学の故 Suet-ling Pong 教授にも感謝の念をささげたい。著者が教育のデータを用いた因果推論の分析を行うことを勧めて下さったのは、Pong 教授に他ならない。同じく同大学にて、Gerald LeTendre 教授や David Baker 教授など、日本の教育システムや国際比較に造詣の深い先生方に出会えたことは僥倖であった。

東大社研のデータアーカイブセンターが主催した二次分析研究会に参加する中で、ベネッセ教育総合研究所の木村治生先生にもお世話になった。著者の私立中学の効果に関する分析をウェブコラムとして発信する機会をいただいたことや、本書で使用している「子どもの生活と学びに関する親子調査」の実査を担う上で多大なご貢献をなさっていることに感謝と敬意をお伝えしたい。また、お忙しい中さまざまな研究会の開催を支援して下さった藤原翔先生にも、感謝申し上げる。

研究仲間として、高山敬太先生と大和洋子先生には、国際的な共同研究を通じて日本の教育の特徴を一緒に議論する機会をいただき、多くの示唆を得た。また多喜弘文先生、荒木啓史先生と共著で国際比較の視点からみた教育と階層のレビュー論文を執筆させていただいたことは、大きな励みとなった。両氏を含め、現在所属している社会階層と社会移動（SSM）調査研究会のメンバーの方々からも多くを学んでいる。

本書の出版にあたっては、大学院生時代から学習塾の研究でお世話になり、出版社へつないで下さった小宮山博仁先生に感謝申し上げたい。また、明石書店の安田伸氏および上智大学の研究推進センターには、学術図書の刊行に至るプロセスでご支援をいただいたことに御礼申し上げる。とくに明石書店の森富士夫氏には、複数回にわたる本書の校正時において、丁寧かつ辛抱強くご対応下さったことに、厚く御礼を申し上げたい。

　現所属先である中央大学経済学部では、社会学の講義を担当し、授業やゼミで学生たちからも多くの刺激を受けている。学術的なテーマを学生にかみ砕いて説明する際には、先述の国立教育政策研究所での仕事や、一時期、私立中学のテーマについてメディアの取材を受けて一般発信を行った経験も役立っていると感じる。

　本書の初稿の完成にあたっては、日本学術振興会特別研究員 -RPD 制度の多大な恩恵を受けた。大学で教育・研究・校務の三本柱を回し、研究時間が限られるところに子どもの出産と育児が加わると、子どもを通じて新たに見える世界やつながりにありがたみを感じる一方で、時には思うように研究の段取りや見通しがつかないこともあった。3 年間の RPD 制度は、そうした研究者としての困難を乗り越えるための大事な支援制度であった。この制度の採用期間中に「日本型教育システムのもとでの学業意識と人間形成——計量分析によるアプローチ」とした研究課題について十分な研究時間を確保できたことにより、あきらめずに研究を続けてこられたと思う。

　最後に個人的なことになるが、子どもを日々一緒に育ててくれる夫や、双方の家族、保育園や小学校、学童の先生方にも感謝の念を伝えたい。また、敬愛する両親にもありがとうと伝えたい。元気に成長してくれるわが子にも感謝している。今後は海外への研究発信や、国内での論文投稿等に引き続きチャレンジしながら、自身の研究をさらに深めていきたい。

【謝辞】
　本研究は JSPS 科研費 26780482、20K13899、21J40111 の助成を受けたものです。

あとがき

　また、本書の出版にあたっては、独立行政法人日本学術振興会 2024 年度科学研究費助成事業（科学研究費補助金、研究成果公開促進費、24HP5136）の交付を受けました。

2024 年 12 月

森 いづみ

索 引

E

ESCS　137-143, 145, 147, 148, 151-154, 204

I

IDB Analyzer　32, 148

IDE　19, 29, 33, 38, 42, 48

IEA（国際教育到達度評価学会）　14, 32, 82, 162, 177, 184

ISCO　141, 148

N

NCES　38, 48

O

OECD（経済協力開発機構）　14, 27, 28, 31, 32, 78, 137, 138, 140-148, 151-154, 204, 217, 218

P

PIACC　217

PISA　14, 15, 19, 20, 27, 28, 44, 48, 78, 137-144, 146, 148, 151, 152, 154, 204

Plausible Values　32, 38, 76

S

School SES Composition（学校の SES構成、学校 SES）　63-65, 68, 69, 71-75

SES　19, 39, 41, 48, 63-65, 68-75, 83, 85, 88, 89, 94, 137-144, 146, 151-153, 206, 208, 213, 219

Socioeconomic Gradient　142

T

TIMSS　15, 19, 20, 29, 33-37, 39, 42, 44, 48, 50, 51, 60, 63-71, 73-76, 82, 90, 93, 111, 157, 158, 162, 177, 185, 199, 201-203, 205

TLLM　32, 41, 48

い

因果関係　12, 48, 75, 210, 211

因果効果　12, 51, 59, 60, 65, 73, 75, 84, 88, 107, 108, 111, 112, 135, 136, 202, 211, 213

インセンティブ・ディバイド　173, 199, 205

う

ウエイト　32, 38, 76, 148

か

学習時間　19, 23-26, 48-51, 53, 60, 61, 103, 105, 106, 111, 115, 122, 134, 135, 183, 195, 202, 207-209, 220

学習指導要領　23, 24, 26, 40, 47, 48, 77, 216

学力低下　10, 11, 26, 28-32, 34, 37, 44, 47, 48, 201

学校間格差　64, 67, 68, 71, 74, 202, 207

学校基本調査　77, 95, 109, 181

葛藤理論　17, 215, 220

251

き

疑似実験的な手法　12, 13
機能主義　17, 215, 220

け

傾向スコア法　84
傾向スコアマッチング　19, 93, 212

こ

効果のある学校　11, 71, 209
国際学力調査　9, 13-15, 18, 32-34, 37, 44, 60, 76, 162, 177, 184, 218, 219
国立教育政策研究所　15, 27, 28, 37, 38, 82, 141, 154, 162, 164, 165, 167, 184, 186, 188
固定効果モデル　19, 51, 59, 60, 65, 97, 102-105, 107, 108, 112, 136, 212

し

質的調査　21, 210
社会階層　18, 49-52, 60, 113, 135, 138, 154, 156, 157, 160, 161, 166, 183, 204, 220
社会階層と社会移動調査（SSM調査）　110, 158, 160, 161, 165, 180, 181
社会経済的勾配（Socioeconomic Gradient）　142-144, 146
社会経済的背景　9, 17, 19, 44, 45, 50-52, 63, 64, 68, 69, 71, 74, 79, 137, 142-144, 152, 204, 206-208, 213-215, 220
社会経済文化的背景　38, 39, 137, 141, 142, 145, 147
重回帰分析　19, 51, 55-58, 85, 87-89, 212
授業研究　29
処置群　85-87, 94, 108, 212

し

私立学校　16, 19, 68, 71, 73, 74, 78, 79, 84, 85, 88-90, 110, 111, 113, 135, 209, 214, 217, 220
私立中学　20, 27, 64, 68, 69, 71, 74, 75, 77-96, 102, 105, 109-112, 114, 134, 135, 202, 203, 211, 213, 217, 219, 220

せ

成長曲線モデル　19, 113, 114, 119, 123, 126-133, 135, 136, 203, 212, 215
全国学力・学習状況調査　17, 41, 50, 140, 151

そ

相対的剥奪　81
素質教育　32

た

第1回国際数学教育調査（FIMS）　19, 20, 44, 155, 160, 162, 164, 165, 176, 181, 183-186, 189, 190, 194, 195-197, 199, 204
第2回国際数学教育調査（SIMS）　19, 20, 44, 179, 181-186, 188, 189, 190, 192, 196-199, 204, 205
タイプA効果　64
タイプB効果　64, 214

ち

中学受験　20, 26, 77, 78, 82, 95-98, 100, 101, 102-109, 111, 112, 128, 134, 203, 206
中高一貫（校）　26, 74, 78, 91, 95-101, 105, 109, 110, 111, 113, 114, 203

索引

と

東京大学社会科学研究所　51, 60, 108, 113, 136, 202
統計的因果推論　209, 211
統制群　87, 212

は

パネル調査　13, 18-20, 49, 51, 93, 95-97, 108, 109, 111-113, 135, 140, 210, 218, 219

ふ

文化資本　39, 140, 152, 153

へ

ベネッセ教育総合研究所　24, 25, 48, 51, 60, 96, 108, 113, 136, 202, 203

ま

マルチレベルモデル　19, 64, 73

も

文部科学省　30, 181
文部省　23, 180

ゆ

ゆとり教育　10, 19, 23, 25-27, 29, 30, 32, 37, 40-42, 48, 77, 201, 205

ら

ランダム化比較実験　12, 211, 212

れ

レジリエンス　142, 146

ろ

ロジスティック回帰分析　85

●著者紹介

森いづみ（もり・いづみ）

1981年　神奈川県生まれ。

2012年　ペンシルバニア州立大学大学院教育学研究科 教育理論と政策（Educational Theory and Policy）専攻 Ph.D.

2013年より立教大学社会学部助教，2015年より東京大学社会科学研究所附属社会調査・データアーカイブ研究センター助教のち准教授，2021年より上智大学・日本学術振興会特別研究員-RPD。

2024年　中央大学経済学部准教授。

専門分野は教育社会学，比較教育学，社会調査データの計量分析。

国際学力調査からみる日本の教育システム
──教育による〈効果〉と〈格差〉の計量分析─

2025 年 2 月 28 日　初版第 1 刷発行

著　者	森 いづみ
発行者	大 江 道 雅
発行所	株式会社 明石書店

　　　　　〒101-0021　東京都千代田区外神田6-9-5

電　話	03（5818）1171
Ｆ Ａ Ｘ	03（5818）1174
振　替	00100-7-24505

　　　　　https://www.akashi.co.jp

装丁　　　清水肇（prigraphics）
印刷・製本　モリモト印刷株式会社

（定価はカバーに表示してあります）　　　　　　　　　ISBN978-4-7503-5871-0

JCOPY〈出版者著作権管理機構　委託出版物〉
本書の無断複製は著作権法上での例外を除き禁じられています。複製される場合は、そのつど事前に、出版者著作権管理機構（電話 03-5244-5088、FAX 03-5244-5089、e-mail:info@jcopy.or.jp）の許諾を得てください。

よい教育研究とはなにか 流行と正統への批判的考察

ガート・ビースタ著
亘理陽一、神吉宇一、川村拓也、南浦涼介訳
●2700円

PISA2018年調査 評価の枠組み 学習到達度調査(PISA)

OECD編著 国立教育政策研究所監訳
●5400円

生きるための知識と技能8 OECD生徒の学習到達度調査(PISA)

2022年調査国際結果報告書
国立教育政策研究所編
●5400円

学習環境デザイン 革新的教授法を導く教師のために

OECD教育研究革新センター編著
冨田福代監訳、篠原康正、篠原真子訳
●5400円

現代韓国の教育を知る 隣国から未来を学ぶ

松本麻人、石川裕之、田中光晴、出羽孝行編著
●3500円

「教育輸出」を問う 日本型教育の海外展開(EDU-Port)の政治と倫理

高山敬太、興津妙子編著
●2600円

教育は社会をどう変えたのか 個人化をもたらすリベラリズムの暴力

桜井智恵子
●4500円

海外の教育のしくみをのぞいてみよう

日本、ブラジル、スウェーデン、イギリス、ドイツ、フランス
園山大祐編著
●3000円

図表でみる教育 OECDインディケータ(2024年版)

OECD編著 大久保彩、稲田智子、上野さよ、坂本千佳子、平澤靖美、松原香理、矢倉美登里訳
●8600円

諸外国の教育動向 2023年度版

文部科学省編著
●3600円

公正と包摂をめざす教育

OECD編著 佐藤仁、伊藤亜希子監訳
OECD「多様性の持つ強み」プロジェクト報告書
●5400円

国際高等教育 教育・研究の展開をみすえる

花田真吾
●3000円

スウェーデンの優しい学校 FIKAと共生の教育学

戸野塚厚子
●2200円

「多様な教育機会」をつむぐ

公教育の再編と子どもの福祉 ジレンマとともにある可能性
森直人、澤田稔、金子良事編著
●3000円

「多様な教育機会」から問う

公教育の再編と子どもの福祉 ジレンマを解きほぐすために
森直人、澤田稔、金子良事編著
●3000円

教員環境の国際比較 専門職としての教員と校長

OECD国際教員指導環境調査(TALIS)2018報告書[第2巻]
国立教育政策研究所編
●3500円

〈価格は本体価格です〉